本书为教育部人文社会科学重点研究基地重大项目"共同富裕背景下的数字政府建设研究：数字包容、决策范式与实施路径"（22JJD630024）的研究成果

中山大学 中国公共管理研究中心
CENTER FOR CHINESE PUBLIC ADMINISTRATION RESEARCH, SUN YAT-SEN UNIVERSITY

中山大学 政治与公共事务管理学院
SCHOOL OF GOVERNMENT, SUN YAT-SEN UNIVERSITY

公共治理的数字化转型

（2022）

DIGITAL TRANSFORMATION OF PUBLIC GOVERNANCE（2022）

数字经济与治理创新

Digital Economy and Governance Innovation

郑跃平 等 ………… 著

社会科学文献出版社
SOCIAL SCIENCES ACADEMIC PRESS (CHINA)

编委会

出版说明

经反复酝酿，中山大学中国公共管理研究中心、中山大学政治与公共事务管理学院决定在"十四五"期间推出两个年度研究报告——《人民美好生活需要与社会政策创新》和《公共治理的数字化转型》。这两个报告将基于持续的、具有全国意义的调查和数据收集，向读者呈现两个重要领域主观态度与客观情势方面的发展、变化与趋向，并分析其对于治理变革的意义和政策意涵。

这两个年度研究报告主题的确定，源于我们从两个时间轴线出发对公共治理重大问题的判断。

其一，公共治理的研究要面向新时代，首先就是要面向新时代的主要矛盾，亦即人民日益增长的美好生活需要和不平衡不充分的发展之间的矛盾。《人民美好生活需要与社会政策创新》年度研究报告正是要持续关注不同区域的人们在教育、医疗、儿童和老年照护、就业等方面的民生需要，包括福利态度方面的差异与动态变化，尝试全面地呈现党和政府在解决新时代主要矛盾方面取得的进展和存在的挑战，并基于社会政策的专业分析提出建设性的思路。

其二，公共治理的研究还要有引领时代的未来意识。在这方面，新一轮科技革命，尤其是数字化和人工智能的发展，不仅在重塑政府权能和政府行为，而且在重塑政府行为的对象以及二者之间的关系，甚至正在对传统政府管理的知识系统构成颠覆性冲击。《公共治理的数字化转型》年度研究报告将重点关注公共治理场景中的数字技术应用、公共服务的数字化与智能化转型、数字化时代的政府监管创新、大数据的价值发掘与数据治理、数字经济与数字产业发展、数字化时代的伦理风险及其防范等议题，为我们国家的公共治理在数字文明时代走在前列提供学术支持。

我们期望这两个年度研究报告的持续出版，能够部分地彰显公共管理学和政治学作为公共治理之学的现实感与实践品格。当然，两个年度研究报告的规划，也与我们中心、学院学科建设的优势和抱负高度关联。经过多年积累，我们的社会政策研究团队日益壮大，而且具备了显著的国际学术影响力，在"社会中国"建设研究方面建树颇丰；近年来，我们着力加强数字治理方向的学术研究与社会服务，建立了高质量的政产学研网络，研究布局全面推开，在政务服务的数字化与智能化转型等领域已经取得了显著进展。

我们将把这两个年度研究报告当作一项持续的事业予以推进。以品质可靠的数据为基础研究提供支持，同时在研究报告的基础上孵化出高质量的决策咨询成果，这是我们的初衷。更进一步，在充分积累的基础上，建成各自领域内开放式的数据库，为学界同仁提供学术公共品，也是我们计划中的一部分。

中山大学中国公共管理研究中心

中山大学政治与公共事务管理学院

中山大学国家治理研究院

2022 年 6 月

目 录

第一章 数字经济的兴起、构成与价值

在过去几十年里，计算机、互联网、人工智能等数字技术取得了巨大突破，推动数字经济逐步崛起。数字经济作为各类数字技术与经济活动融合、演进迭代的产物，推动着人类生产方式变革、社会关系再造以及社会经济结构变迁，并在更多领域、更大范围与更深层次的技术变革与产业变革中，成为推动经济发展转型、重塑全球经济发展格局的重要力量。本部分将从数字经济的兴起、概念与特点、内容与构成，以及数字经济的价值四部分展开探讨，描绘数字经济这一新兴领域全貌，呈现数字经济发展的特点与趋势。

一 数字经济的兴起

（一）数字经济兴起的时代背景

近几十年来，以数字技术的快速发展和迭代更新为技术基础，以数字技术衍生产业为模式支撑，以技术发展下社会需求和经济发展的转型升级为内驱力，以各国数字经济发展政策为强大外驱力，数字经济从萌芽走向成熟，从技术端深入社会端，重塑传统的经济产业和社会结构，并逐步上升为多国国家战略的高度，成为驱动全球经济发展的新动能和重要引擎。

1. 数字技术的兴起为发展提供机遇

现代信息技术的诞生和发展是数字经济兴起的基础。20 世纪 40 年代，人类社会发明了电子计算机和集成电路，极大地提高了信息处理和知识储存的能力；50 年代，电子计算机等信息技术逐渐向其他领域扩展，信息技

术与其他经济部门的交互形态初步显现，对经济生活逐步产生影响；60 年代，美国阿帕网的创建标志着互联网技术的诞生。互联网技术推动信息交流和共享的需求不断增长，并衍生出向市场提供信息产品和信息服务的经济部门。在技术创新与经济交互的大背景下，1962 年马克卢普提出了"信息经济"的概念，认为从事信息生产和服务的劳动力是美国就业人员的重要组成部分，信息产业正在成为美国经济中的一支重要力量。

随着信息技术的进一步渗透，经济领域的信息活动以"信息产业"的形式出现逐步成为常态。20 世纪七八十年代，大规模集成电路和微型处理器的创造，以及在软件领域取得的突破性成果，推动信息技术在其他经济领域更加广泛深入地扩散与应用，产业融合的现象也在信息技术的催化下逐渐萌发。一方面，信息产业、通信产业、软件业等部门的融合创造了新的产业，这是数字经济的基础产业；另一方面，这些基础产业与其他一、二、三产业部门进一步融合，提升了其他产业部门的信息化水平，因而推动经济活动中的信息获取/处理效率和生产交易效率不断提高，信息技术对经济社会的影响不断深化。

20 世纪八九十年代，互联网技术日益成熟并被广泛接入，全球性的互联网络开始广泛普及，生成的海量数据超出原有分散终端的处理能力，云计算、大数据等数字技术快速发展。随着技术的创新发展，数字技术快速从信息产业外溢到其他产业，在使传统部门信息化速度加快的同时，产生新的生产要素，催生出新的商业模式，电子商务就是这一新商业模式的代表。电子商务借助互联网开放的网络环境，基于客户端/服务端应用模式，实现消费者网上购物、网上支付。与此同时，企业内部、供应商、客户和合作伙伴之间也广泛利用电子业务共享信息，实现业务流程和生产管理的数字化，极大地提高了生产和交易效率，打破了信息边界和服务边界，逐渐成为基于信息产业和产业融合衍生的新业态新模式，并催生出产业结构调整下新的产业融合形态，推动着经济结构的持续变革。在此背景下，以数字技术赋能经济的"数字经济"概念被学界提出并引发广泛关注。

此后，随着 3G 移动通信网络的普及和移动智能终端的出现，数字经济发展进入移动化阶段，共享经济、平台经济等新业态新模式迅猛成长。近年来，随着大数据、云计算、物联网、人工智能等技术发展并进入商业化应用，数字技术赋能商业变革的作用进一步增强，并加快向各行业渗透，推动经济向数字化、网络化、智能化方向转型。数字经济的规模得到极大扩大，范围得到极大扩展，逐步涵盖以数字技术为支撑、以数据为生产要素的多元商业模式和产业形态，呈现越发强劲的发展态势。

2. 社会需求与经济发展转型升级驱动数字经济发展

数字经济的兴起，还来自需求端和经济发展转型升级的驱动。随着互联网的发展，世界主要国家网民数量迅速增加。1990 年，美国网民数量仅198 万人，日本网民数量仅 2 万余人，每百人中超过 1 人使用互联网的国家为零。而到 2000 年，美国网民数量已达 1.33 亿人，日本网民数量逾4500 万人，[1] 构成了庞大的互联网群体。与此同时，20 世纪 90 年代以来基于互联网的电子商务快速兴起，成为互联网应用的最大热点，以直接面对消费者的网络直销模式而闻名的美国戴尔（Dell）公司 1998 年 5 月的在线销售额达 500 万美元，到 2000 年在线收入占该公司总收入的一半。[2] 亚马逊网上书店的营业收入从 1996 年的 1580 万美元猛增至 1998 年的 4 亿美元，成为世界最大的图书零售商。在美国，像这样的营业性网站已从 1995年的 2000 个急升为 1998 年的 42.4 万个。到 2006 年，网站数量已经突破 1亿个，全球仅 B2B 网络交易额就达到 8.5 万亿美元，并以 20% 以上的速度增长（濮小金，2008），到 2019 年，全球电子商务销售额已跃升至 26.7万亿美元，相当于当年全球生产总值的 30%。[3]

其中，庞大的网民数量为电子商务贡献了庞大的购买力，并不断推动着消费渠道和消费方式的改变，人们对购物效率和生活质量的要求越来越高，推动着传统生产交易方式的变革。消费方式的变化不仅驱动电子商务平台不断扩张，而且吸引电子商务平台进行持续创新以获得可观的回报，进而不断推动在线零售商业模式的发展。与此同时，服务提供商积累来自在线消费者行为的海量数据，并利用这些数据和人工智能改善消费者体

---

① 《1990—2019 年全球各国网民数量变化》，https://cj.sina.com.cn/articles/view/2032139271/m791ffc0703300tq99，最后访问日期：2023 年 10 月 11 日。

② 《全景盘点零售与数字化进程，分析数字化过度与不足》，https://baijiahao.baidu.com/s?id=1723280705204459996，最后访问日期：2023 年 10 月 11 日。

③ 《联合国：全球电子商务销售额急剧增长，2019 年跃升至 26.7 万亿美元》，https://www.yicai.com/news/101040786.html，最后访问日期：2023 年 10 月 11 日。

验，提供个性化服务，满足消费者的个性化需求，吸引更多的消费者使用电子商务平台进行消费，驱动着新业态新模式的不断涌现，促进数字经济向纵深发展。

同时，数字技术和电子商务的迅速发展也推动着世界经济发展的转型升级，传统产业逐步向数字化、智能化方向转型。在制造业领域，数字技术的应用不断提高着生产效率和产品质量；在金融业领域，互联网金融的出现也为传统金融业带来了新的机遇和发展空间。这些数字化、智能化的转型不仅可以提高企业的竞争力和效益，也不断催生着新的市场需求，共同为数字经济的发展提供更加广阔的空间和更多机会，促进世界范围内数字经济的快速发展。

3. 各国数字经济产业政策实践

伴随现代信息技术的发展和数字经济的崛起，美国、日本、欧盟等从20世纪90年代起纷纷推出数字经济发展政策。美国在90年代启动"信息高速公路"建设战略，促进了美国互联网和信息技术革命，为美国数字经济的飞跃奠定了基础。从1998年到2018年，美国先后出台了13份有关数字经济的重要政策报告，并在2015年成立了数字经济咨询委员会，为数字经济的发展提供指导。在数字经济贸易领域，美国积极打破数字贸易壁垒，相继发布《数字经济与跨境贸易：数字化交付服务的价值》和《北美数字贸易》等报告，推动自由数字贸易的发展。欧盟将数字经济的战略部署划分为四个阶段，从起初注重网络基础设施建设（1993~1999年），到推动信息社会的发展（2000~2004年），在此基础上，以《i 2020》为标志，开启欧盟数字经济发展的新阶段（2005~2009年），并推动新兴数字技术同经济的深度融合（2010年至今）。与此同时，欧盟相继建设起数字记分牌（Digital Scoreboard）和数字经济与社会指数（Digital Economy and Society Index，DESI）等数字经济评估制度，并高度重视数据保护，以保障数字经济发展中流通数据的产权和安全。在东亚国家，日本数字经济的发展得益于自上而下的政策引导，自2001年"E-japan"战略开始，日本在数据开放、数字技术与产业结合、信息技术基础设施建设、数字化治理等多个领域出台政策措施，并致力于推动政府部门的数字化革新，为日本数字经济发展提供保障；与此同时，日本政府积极推动数字经济向工业数字化和数字经济智能化发展，不断拓展数字经济发展的边界。在东南亚，新加坡在 2006 年推出 "智能城市 2015" 发展蓝图[①]；2014 年，新加坡将该计划全面升级，公布了名为 "智慧国家 2025" 的 10 年计划，这也是全球第一个智慧国家蓝图。新加坡开始从智慧城市迈向智慧国家建设。为了实现智慧国家愿景，保持在未来科技发展中的领先地位，在 2020 年，新加坡还推出了 "全国人工智能策略"，大力推动人工智能技术应用，以促进经济向数字化转型。在非洲，进入 21 世纪以来，数字经济发展迅猛，作为非洲大陆在 21 世纪提升全球竞争力的重要举措，数字化转型已排在非盟《2063 年议程》[②] 首要任务之列，"数字非洲" 建设成为非洲各国的发展共识。南非通信和数字技术部 2021 年发布国家数据和云政策草案，把数字经济列入优先发展规划，期望打造一个 "数据密集和数据驱动的南非"。尼日利亚政府 2021 年 6 月宣布成立国家新兴技术中心、国家数字创新创业中心、人工智能和机器人中心，2022 年初又正式发布 5G 数字经济国家计划。此外，肯尼亚、摩洛哥、阿尔及利亚、乌干达等国均出台数字经济发展政策。在各国数字经济发展战略、数字议程的强力推动下，数字经济高速增长、快速创新，2022 年，美国、中国、德国、日本、韩国的数字经济总量为 31 万亿美元，占这些国家 GDP 总和的 58%，同比增速超过 GDP 增速 5.4 个百分点，成为驱动全球经济发展的新动能和重要引擎。

（二）中国数字经济的兴起

1994 年以来，中国以互联网行业发展为开端，逐步成为世界公认的数字化大国。短短二十多年，中国数字经济不仅在规模上实现了飞跃式发展，创新模式也实现了由模仿创新向自主创新的蜕变，在部分领域开创了 "领跑" 局面。其中，既有模式的迭代创新，也有国家对数字经济发展的不断重视。中国为世界展现了一条具有中国特色和中国智慧的数字经济发展之路。

---

① 《智能城市推动计划（2006—2015）》，https：//taipeismartcity. gitbooks. io/singaporesmartcity-case/content/chapter1. html，最后访问日期：2023 年 10 月 11 日。

② AGENDA 2063，https：//au. int/sites/default/files/documents/36204 – doc – agenda2063_ popu-lar_ version_ en. pdf，最后访问日期：2023 年 10 月 11 日。

1. 国内数字经济的逐步发展

1994 年，中国正式接入国际互联网，进入互联网时代。2000 年，中国的互联网用户已达 2250 万人。[①] 伴随互联网行业的逐步崛起和互联网用户的快速增长，一大批互联网先锋企业相继成立。新浪、搜狐、网易三大门户网站先后创立，阿里巴巴、京东等电子商务网站进入初创阶段，百度、腾讯等互联网企业得到空前发展。中国数字经济进入初步发展期。这一阶段，中国数字经济的商业模式仍较为单一，以新闻门户、邮箱业务、搜索引擎为代表的新业态，其增值服务以信息传播和获取为中心。初创企业大都模仿国外成功商业模式，技术创新尚未得到足够重视，流量争夺和用户积累是竞争的核心内容。

2000 年前后，经历全球互联网泡沫的破灭，中国数字经济进入短暂的低迷阶段。[②] 从 2003 年开始，中国数字经济进入高速增长期。随着互联网用户数量持续呈两位数增长，以网络零售为代表的电子商务首先发力，带动数字经济由萌芽期进入新的发展阶段。2003 年上半年，阿里巴巴推出个人电子商务网站淘宝网，以成功的本土化商业模式迫使 eBay 退出中国市场，并在此后发展为全球最大的 C2C 电子商务平台；2004 年 1 月，京东开辟电子商务领域创业试验田，进军电子商务市场，2007 年改版为京东商城，以全新的面貌屹立于国内 B2C 市场，并建立起庞大的物流体系。2005 年，唯品会组建 B2C 部门，开始自己的电子商务尝试，这一时期电子商务由零星分散走向广泛分布，在线支付和物流配套也逐步建立。2007 年，国家发展改革委、国务院信息办发布《电子商务发展"十一五"规划》，将电子商务服务业确定为国家重要的新兴产业。[③] 同时，新兴业态不断涌现，"博客""微博"等新兴媒体的出现，使网民个体能够对社会经济产生前所未有的深刻影响。社交网络服务（Social Networking Site, SNS）的普及，使人际联络方式发生重大变革，社交网络与社交关系间形

---

① 《中国网民规模》，https://www.gotohui.com/ndata/show-157431，最后访问日期：2023 年 10 月 11 日。

② 《中国数字经济发展回顾与展望》，http://theory.people.com.cn/n1/2018/0816/c40531-30232681.html，最后访问日期：2023 年 10 月 11 日。

③ 《电子商务发展"十一五"规划》，https://www.ndrc.gov.cn/xxgk/zcfb/ghwb/200706/t20070620_962073.html，最后访问日期：2023 年 10 月 11 日。

成日益紧密的联系。2012 年，中国网民数量增速下降至 9.92%，结束了近十年两位数增长的态势。而同年中国手机网民规模达到 4.2 亿人，[①] 使用手机上网的网民首次超过台式电脑，这一趋势推动中国数字经济发展进入新阶段。

自手机网民数量呈规模化以来，互联网行业迎来移动化时代。以信息互通为基础，智能手机全面连接起人类的线上和线下生活，并产生深远的双向影响，大量平台企业快速兴起并成长，共享经济规模不断扩大，数字技术对于实体经济的嵌入不断加深，数字经济的影响范围不断扩大，社会效益不断增强。在此阶段，数字经济发展主要有两大特征。第一是传统行业数字化。例如在生活服务行业，以网络零售为基础，推动生活服务的各个方面向线上转移，出行、饮食、家政等业务都可以通过互联网平台解决。第二是基于互联网的模式创新不断涌现。例如在移动互联网蓬勃发展的背景下，以共享单车为代表的共享经济模式飞速发展，为中国数字经济注入了新的活力。此外，2016 年淘宝直播上线，网络直播模式迅速崛起，直播经济成为数字经济发展的另一重要模式。

2. 数字经济发展逐步上升至国家战略高度

伴随数字经济的快速发展，数字经济也逐步得到国家更高层面的重视，数字经济产业相关政策不断出台。在互联网进入中国之初，相关政策主要集中在信息化建设方面，包括对移动通信网络、空间信息基础设施、软件产业等信息化基础设施、服务和行业的推动与扶持。随着互联网产业的蓬勃发展，信息化建设进入新阶段，在完善基础设施的基础上，国家在信息资源共享和政府信息公开方面均做出重要规划，2005 年《国务院办公厅关于加快电子商务发展的若干意见》的发布[②]，标志着以电子商务为代表的数字经济发展成为国家战略的重要组成部分。

此后的十年，中央和各地政府对数字经济发展的关注度不断提高，一系列地方性政策实践推动着各地数字经济产业的稳步成长，以 2015 年 7 月

---

① 《中国网民规模历年数据》，https://www.gotohui.com/ndata/show - 157431，最后访问日期：2023 年 10 月 11 日。

② 《国务院办公厅关于加快电子商务发展的若干意见》，https://www.gov.cn/zwgk/2005 - 08/15/content_21825.htm，最后访问日期：2023 年 10 月 11 日。

发布的《国务院关于积极推进"互联网＋"行动的指导意见》① 为重要开端，习近平总书记围绕数字经济相关议题发表了一系列重要讲话，2015年12月习近平总书记在第二届世界互联网大会上发表主旨演讲，指出中国将推进"数字中国"建设，发展分享经济，支持基于互联网的各类创新，通过发展跨境电子商务、建设信息经济示范区等，促进世界范围内投资和贸易发展，推动全球数字经济发展。② 这是继我国提出"互联网＋"行动方案以来，习近平总书记首次在世界范围内对数字经济发展发表重要论述，进一步体现了中国在国家层面对数字经济的高度关注，同时表明数字经济发展已经上升到国家战略高度。

2016年9月，二十国集团通过了《二十国集团数字经济发展与合作倡议》，提出了二十国集团数字经济发展与合作的一些共识、原则和关键领域。③ 2016年10月，中共中央政治局进行第三十六次集体学习时，习近平总书记提出："世界经济加速向以网络信息技术产业为重要内容的经济活动转变。我们要把握这一历史契机，以信息化培育新动能，用新动能推动新发展。要加大投入，加强信息基础设施建设，推动互联网和实体经济深度融合，加快传统产业数字化、智能化，要做大做强数字经济，拓展经济发展新空间。"④ 2016年12月，国务院印发《"十三五"国家战略性新兴产业发展规划》，其中，新增了数字创意产业。⑤ 2017年3月，时任总理李克强在政府工作报告中指出："推动'互联网＋'深入发展、促进数字经济加快成长，让企业广泛受益、群众普遍受惠。"⑥ 2017年12月，习近平总书记在中共中央政治局第二次集体学习时的讲话中指出，要加快发展数

---

① 《国务院关于积极推进"互联网＋"行动的指导意见》，https://www.gov.cn/zhengce/content/2015－07/04/content_10002.htm，最后访问日期：2023年10月11日。

② 《习近平在第二届世界互联网大会开幕式上的讲话（全文）》，https://www.chinacourt.org/article/detail/2015/12/id/1769672.shtml，最后访问日期：2023年10月11日。

③ 《二十国集团数字经济发展与合作倡议》，http://www.g20chn.org/hywj/dncgwj/201609/t20160920_3474.html，最后访问日期：2023年10月11日。

④ 《习近平主持中共中央政治局第三十六次集体学习》，http://www.qstheory.cn/yaowen/2022－01/25/c_1128299594.htm，最后访问日期：2023年10月11日。

⑤ 《"十三五"国家战略性新兴产业发展规划》，https://www.gov.cn/zhengce/content/2016－12/19/content_5150090.htm，最后访问日期：2023年10月11日。

⑥ 《2017年政府工作报告》，https://www.gov.cn/guowuyuan/2017zfgzbg.htm，最后访问日期：2023年10月11日。

字经济，推动实体经济和数字经济融合发展。① 数字经济发展从一批先锋企业的先试先行逐步上升至国家战略高度，数字经济逐步成为中国经济增长的重要引擎。

二　数字经济的概念与特点

（一）数字经济的定义及其内涵

1. "数字经济" 概念的发展

"数字经济" 的概念自 1996 年被 Don Tapscott 提出后，经历了从将数字经济仅仅理解为信息技术产业，到内涵扩大为信息技术驱动的商业经济活动和商业模式变革，再到对数字经济的认知边界逐渐模糊，将数字经济理解为嵌入当代一切经济活动，对经济社会发展带来巨大的冲击与革新的过程，数字经济的概念边界不断扩大，概念的维度不断丰富，近年来，对于数字经济外在的制度环境和驱动经济发展的作用路径常常被纳入对数字经济内涵的探讨中，呈现数字经济内在核心特质和外在支撑环境的有机结合。

（1）全球视野

"数字经济" 概念在 1996 年被提出时，信息化在全球范围内对现有经济模式形成冲击。Don Tapscott 出版了《数字经济》一书，这是第一本以数字经济为主题的著作。该书认为 "以数字技术为基础的经济，包括数字通信网络、计算机、软件和其他相关信息技术"（Tapscott，1996）。在书中，作者将数字经济称为网络化智能化的时代，并且认为数字经济不仅仅是有关技术、智能机器的网络系统，更是人类通过技术构建的网络系统将智能、知识及创新联系起来以促进财富积累及社会发展的创造性突破。这一定义对以往学界关于数字技术诱发的经济现象进行了归纳，并引发学界对其的进一步关注，有关数字经济概念的表述逐渐形成。

随后，1998 年美国商务部发布了《新兴的数字经济》（The Emerging

---

① 《习近平主持中共中央政治局第二次集体学习》，http://news. cnr. cn/native/gd/20171210/t20171210_524056075. shtml，最后访问日期：2023 年 10 月 11 日。

Digital Economy）报告，将 IT 驱动的商业经济活动纳入数字经济的定义，①此后又陆续发布了《新兴的数字经济》（II）和《数字经济》研究报告，对数字经济的内涵进行了更加深入的论述。同时，数字经济也逐步得到学界的广泛关注，2000 年，Brynjolfsson 和 Kahin 出版的《理解数字经济》，将电子商务纳入数字经济的概念范围，Lane（1999）认为数字经济体现为网络计算及信息技术的集合，由此产生的信息及技术流动正在刺激电子商务及组织模式的巨大变革。这一时期数字经济的概念尚处于雏形阶段，其核心关注点在于互联网技术及其引起的商业模式的变革，尚未对数字经济本身进行深入探讨，也未将数字经济上升至社会经济发展模式的转型，概念内涵较窄。

进入 21 世纪的第一个十年，随着数字技术发展日新月异，数字经济的概念外延不断扩大。Mesenbourg 等学者关注数字经济的组成部分，认为数字经济包含电子商务基础设施、电子业务和电子商务三个基本部分。②Kling 和 lamb（2000）在前者的基础上进行补充，总结了数字经济的四个组成部分，即高度数字化的商品和服务、混合数字商品和服务、信息技术密集型服务或商品生产、支持这三个数字经济部门的 IT 产业部门，并指出数字经济是指高度依赖数字技术进行生产、销售及发展、供给的货物和服务。与此同时，在这个时期，诸多关注数字经济的学者对数字经济的认知从存在刚性边界向逐渐模糊的概念边界跨越，很多学者意识到数字经济不仅仅是电子商务等几类主要经济模式，其概念边界足够延展，以至于没有一种当代经济活动可以完全排除在数字经济范围之外。这一时期，学者通过对于数字经济概念的论述逐步认识到其对经济社会带来的巨大冲击和变革，并开始关注数字经济的内涵和边界，数字经济逐步成为学界关注的热点领域。

进入 21 世纪第二个十年，伴随着移动互联网的发展，数字经济在全球范围内得到快速增长，数字经济概念的内涵和外延也进一步扩展。经合组织（OECD）对数字经济的讨论涉及数字市场中的竞争与监管，并关注到

---

① The Emerging Digital Economy, https://www.commerce.gov/sites/default/files/migrated/reports/emergingdig_0.pdf, 最后访问日期：2023 年 10 月 11 日。

② Measuring the Digital Economy, https://static.aminer.org/pdf/PDF/000/245/960/internet_and_the_digital_economy_introduction_to_track.pdf, 最后访问日期：2023 年 10 月 11 日。

网络效应、互操作性以及平台的开放与封闭。① 欧盟委员会将数字经济定义为以数字技术为基础的经济（或称互联网经济）② 英国计算机协会同样将数字经济描述为基于数字技术的经济，并强调数字经济中的创新、权利、网络安全和数字素养（Bukht and Heeks，2018）。House of Commons（2016）认为数字经济既指以数字方式获取商品或服务，也指以数字技术帮助企业，强调货物和服务的数字准入和利用数字技术对经济发展的促进作用。这一时期，关于数字经济的概念，学者不仅进一步论述了数字经济的内涵、构成，及其在移动互联网等新兴数字技术衍生下带来的新发展，并关注到了数字经济的外在支撑环境及其作用路径，数字经济概念的发展走向成熟（见图 1 – 1）。

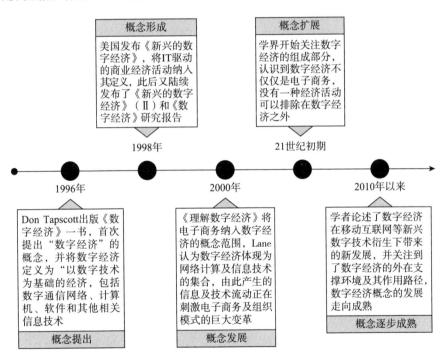

图 1 – 1　数字经济的概念发展历程

资料来源：作者自制。

---

① The Digital Economy，https：//www. oecd. org/daf/competition/The-Digital-Economy – 2012. pdf，最后访问日期：2023 年 10 月 11 日。

② Expert Group on Taxation of the Digital Economy，https：//taxation-customs. ec. europa. eu/system/files/2016 – 09/report_ digital_ economy. pdf，最后访问日期：2023 年 10 月 11 日。

（2）国内视野

随着以云计算、大数据、物联网、移动互联网、人工智能为代表的新一代信息技术的成熟和产业化，数字经济经历 21 世纪初互联网泡沫破灭后的短暂沉寂，重新进入高速增长的轨道，在世界范围内掀起巨大的数字经济浪潮，世界经济加速向以网络信息技术产业为重要内容的方向转变。中国把握这一历史契机，以信息化培育新动能，用新动能推动新发展，在国家层面逐步加强对数字经济的重视。

我国数字经济的概念被普遍认为是在 2016 年 9 月二十国集团领导人杭州峰会发布的《二十国集团领导人杭州峰会公报》中正式提出：以使用数字化的知识和信息作为关键生产要素、以现代信息网络作为重要载体、以信息通信技术的有效使用作为效率提升和经济结构优化的重要推动力的一系列经济活动。[①] 中国信息通信研究院 2017 年发布的《中国数字经济发展白皮书（2017）》[②] 将数字经济定义为"以数字化的知识和信息为关键生产要素，以数字技术创新为核心驱动力，以现代信息网络为重要载体，通过数字技术与实体经济深度融合，不断提高传统产业数字化、智能化水平，加速重构经济发展与政府治理模式的新型经济形态"。该报告首次从生产力角度搭建了数字经济的两化框架，即数字产业化和产业数字化，进一步丰富了数字经济的概念内涵。2021 年，国家《"十四五"数字经济发展规划》首次在国家层面对数字经济的概念进行了界定，指出"数字经济是继农业经济、工业经济之后的主要经济形态，是以数据资源为关键要素，以现代信息网络为主要载体，以信息通信技术融合应用、全要素数字化转型为重要推动力，促进公平与效率更加统一的新经济形态"。[③] 国家对于数字经济概念的权威界定体现着数字经济逐步上升至国家战略的高度。

与此同时，随着数字经济与产业深度融合，数字经济的内涵也在不断

---

① 《二十国集团领导人杭州峰会公报（全文）》，http：//www.china.org.cn/chinese/2016 – 09/07/content_39250021.htm，最后访问日期：2023 年 10 月 11 日。

② 《中国数字经济发展白皮书（2017）》，http：//www.caict.ac.cn/kxyj/qwfb/bps/201804/P020170713408029202449.pdf，最后访问日期：2023 年 10 月 11 日。

③ 《"十四五"数字经济发展规划》，https：//www.gov.cn/zhengce/content/2022 – 01/12/content_5667817.htm，最后访问日期：2023 年 10 月 11 日。

丰富，并衍生出"数字经济2.0"①和"数字新经济"等有关数字经济的新概念，对以互联网、人工智能、大数据等为代表的新一代数字技术为基础的数字经济做出更新的总结。同时，对于数字经济驱动力的论述也从传统的数字化驱动演变为数据化驱动，更加强调数据在数字经济发展中的核心作用。

2. 数字经济的定义、内涵

在本书中，结合国内外学术界和官方层面对于数字经济概念的论述，以及数字经济最新的发展特征，将数字经济界定为以数据资源为关键要素，以现代信息网络为重要载体，以数字技术创新应用和全要素数字化转型为主要驱动力，深度嵌入各领域各业态，并促进结构优化、效率提升、治理转变，全方位变革发展模式的新型经济形态。

数字经济具有丰富的内涵，既包括了传统的数字产业化，也包括了产业端的产业数字化；既是一种新的经济形态，也是一种新的经济发展模式，在多个维度上驱动着社会发展和治理模式的变革。概而言之，数字经济具有以下内涵。

（1）产业数字化、数字产业化

数字经济包括产业数字化和数字产业化。数字产业化指数据要素的产业化、商业化和市场化，作为数字经济的基础部分来提供技术、产品、服务和解决方案，包括电子信息制造业、电信业、软件和信息技术服务业、互联网行业等产业形态。产业数字化是指利用现代数字信息技术对其他产业活动进行的全方位、全角度、全链条改造，使数字技术与实体经济各行各业深度融合发展。产业数字化是数字经济的产业实践应用，是数字化的结果和成效体现。

（2）新的经济形态

数字经济是继农业经济、工业经济后新的经济形态，是信息经济的高级阶段。数字经济首先是一种经济形态，其在基本特征、运行规律上发生了根本性变革，成为一种与农业经济、工业经济并列的经济形态，对于整

---

① 《数字经济2.0已来》，http://chsh.cbimc.cn/2017－05/15/content_230700.htm，最后访问日期：2023年10月11日。

个经济社会都具有革命性、系统性和全局性的影响。数字经济不仅是信息经济，还是信息经济的高级阶段，或称之为后信息化阶段。这意味着不仅是信息化对经济的驱动，还包含了更深层的工具智能化和数据要素化，能够智能化地为生产服务，能够通过数据挖掘匹配个性化需求，推动更深层次的商业变革和产业创新。

（3）新的经济社会发展模式

数字经济代表着新的经济社会发展模式，这一发展模式代表着创新、高效、协同与可持续，代表着数字时代治理理念的变革，实现着治理的数字化转型。数字经济是基于数字技术和互联网的新型经济形态，具有高度的互联性、开放性和共享性，其不断地创造新的价值和新的商业模式，也使经济活动更加高效、精准和可控，更好地满足不同用户的需求。数字经济的发展也在不断推动全球产业链的重构，提高了经济效益和生产效率。与此同时，数字经济的发展不仅仅局限在经济领域，还辐射影响政治和社会等领域，可将数字技术运用到基本公共服务和社会治理领域，利用数字技术完善治理体系，创新治理模式，不断地推动社会治理理念和模式的变革。

（二）数字经济的特点和属性

（1）技术与应用端的数字化、网络化

在技术与应用端，数字经济的核心特点是数字化和网络化。数字化就是把社会经济活动通过信息系统、物联传感、机器视觉等各类数字化的方式来进行抽象，形成可记录、可存储、可交互的数据、信息和知识，在这个过程中，数据已经成为新的生产资料和关键生产要素。网络化就是让这些已经抽象的数据、信息和知识，通过互联网、物联网等网络载体自由流动、无缝对接和全面融合，网络化极大地改变了传统的生产关系。数字经济是以数字技术和网络为基础的经济形态，其通过数字化和网络化的手段来实现信息和资源的共享、交流与流通。数字经济的发展需要依靠先进的信息技术和网络基础设施。

（2）要素端的数据驱动及其要素化、价值化

在核心要素层面，数据成为驱动数字经济发展的关键性生产要素，其价值化是数字经济的本质属性。在数字经济时代，各行各业的一切活动和

行为都将数据化，迅猛增长的数据已成为蕴含巨大价值的社会基础性、战略性资源，依靠数据挖掘分析所形成的知识信息已成为组织决策的重要参考和依据，而数据本身的驱动性也在逐渐增强，数据成为数字经济时代新的关键生产要素。数据要素的价值化是数字经济的核心目标，数字经济的发展推动数据要素从数据资源到数字资产，再到"数字资本"的价值化演进，从而释放出数据中蕴藏的巨大经济价值和社会价值。

（3）经济形态端的平台化市场生态

平台化的市场生态是数字经济作为一种经济形态的主要特征。数字经济条件下，数字技术不是单纯的信息产品，而是一种新的平台化的"社会－技术"系统。平台是一种典型的双边市场，一边连接用户，一边连接为用户提供商品或服务的供应商，并成为二者的信息撮合媒介和交易空间。在传统经济下，企业将具有所有权或使用权的商品或服务销售给其用户，而在平台经济下，平台可以充分调动平台之外的供应商（企业或个人）为平台另一侧的用户提供商品或服务，平台企业自身只需致力于平台这一基础设施的建设。平台企业通过高效运转的平台实现供需双方的对接，其本身并不拥有在平台上所交易的商品或服务。因此，平台打破了企业自身资源、能力对成长的束缚，平台经济在自身规模、价值创造、影响力、包容性等方面远超传统经济模式，成为驱动数字经济发展的主要动力，平台化的组织运行范式成为数字经济的主要市场形态。

（4）参与者端的多元主体协同化

在参与者层面，多元主体的协同化成为数字经济的核心特征。数字经济具有涉及面广、参与者多、问题多样、变化迅速等特征，其高度不确定性和复杂性决定了单靠政府或行业的力量难以应对数字经济发展的各种挑战，数字经济需要建立多元协同共治的治理结构体系，发挥政府、行业、社会公众等多元主体协同治理的作用，进而一方面降低数字经济无序发展可能带来的负外部性，另一方面使数字经济的发展成果惠及全体民众。同时，数字经济本身具有开放的平台和边界，为各主体深度参与经济活动提供了机会，为各参与主体搭建了沟通的桥梁，实现了各主体间需求反馈和创新过程的高效互联互通。数字经济具有较强的资源整合和供给能力，打破了传统经济模式中"政府—产业—企业—从业者—消费者"的结构，整合了资源，同时形成了从业个体、线上平台企业、线下资源拥有者、数字资源拥有者、信息基础设施拥有者等相互融合的多元局面，进一步实现了多元主体的协同共治。[①]

（5）面向未来的智能化、产业融合的趋势

在数字经济未来的发展中，智能化和产业融合是其发展的主要趋势（见图1-2）。近年来，以大数据、云计算、人工智能、物联网、移动互联和区块链等为代表的新兴数字技术快速兴起，这些新技术的复合应用，赋能数字经济由数字化逐步走向智能化。在向智能化演进的过程中，数字经济与实体经济的深度融合，促进了不同行业、不同产业之间相互渗透、交叉重组并逐步形成新产业，从而实现服务业与制造业、服务业与农业、服务业内部不同行业间的深度融合，激发产业链价值链的分解、重构和功能升级，引发产业功能、形态、组织方式以及商业模式的重大变革，拓展培育新产业新业态新模式，实现数字经济发展的提质增效。

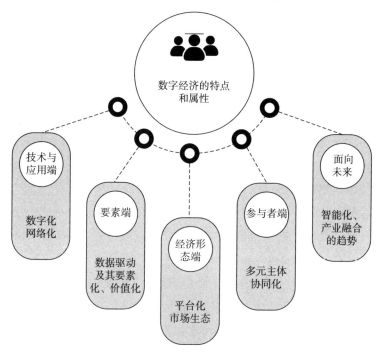

图1-2　数字经济的特点和属性

资料来源：作者自制。

[①] 《详解数字经济四大特征》，https://mp.weixin.qq.com/s/f0DcIF6qa0f9AOLGxsfcXQ，最后访问日期：2023年10月11日。

（三）数字经济与传统经济的比较

数字经济和传统经济是两种不同的经济形态，它们在基础设施、生产要素、发展驱动力和商业模式等方面存在着巨大的差异。本书将从四个方面对数字经济与传统经济进行比较（见表1-1）。

1. 新基础

"新基础"指数字基础设施，是以数据创新为驱动、通信网络为基础、数据算力设施为核心的基础设施体系，主要涉及5G、数据中心、云计算、人工智能、物联网、区块链等新一代信息通信技术，以及基于此类技术形成的各类数字平台。数字基础设施是支撑数字经济的基石，推动实现行业数字化，使数字技术与实体经济深度融合，催生庞大的数字市场，演化成为多样态的数字生态，实现经济的数字化转型。同时，数字基础设施能够支撑数字经济的各种应用和服务，如在线购物、在线支付、互联网金融、物流、智能制造等，需要移动互联网、物联网等数字技术的支撑，而在数字基础设施的支撑下，数字经济具有很强的创新性。相比之下，传统经济更依赖于传统基础设施，如道路、桥梁、机场、港口等，资源配置效率较低，创新成本较高。

2. 新要素

数字经济的发展需要新兴的技术、数据、人才等要素的支持，更加注重技术创新和人才培养。数字经济的技术要素包括云计算、大数据、人工智能、物联网、区块链等，这些技术的发展能够支撑数字经济的各种应用和服务。同时，数字经济的数据要素和人才要素也非常重要，数据是数字经济的基础和核心，数据的价值化成为数字经济发展的关键驱动力；人才是数字经济的关键和支撑，新兴的数字技术和管理人才推动数字经济的高质量发展。相比之下，传统经济更依赖于传统的生产要素，如土地、劳动力、资本等，这些要素的开发和利用依赖大量的物力和资金投入，而且往往不具有可再生性，经济发展存在较强的边际收益递减和发展"天花板"现象。

3. 新动能

数字经济的主要动力是技术创新和数字化转型，更加注重创新和变革，通过技术进步和数字化转型来推动经济增长。数字经济的发展需要不断创新和应用数字化技术，例如人工智能、物联网等，这些技术的不断应用和创新，可以为数字经济带来更加高效和智能的应用与服务。企业通过数字化转型可以拥有更多的商业机会，数字化转型也可以带来灵活高效的新商业模式，如共享经济、平台经济等。这些新的产业与商业模式为数字经济的发展提供了更加广阔的空间和更多的机遇，推动着经济的创新和发展。而传统经济的主要动力是资源配置和生产效率的提高，更加注重通过规模效应和成本优势来推动经济增长。

4．新业态

数字经济催生了大量的新业态，如在线教育、互联网医疗、在线办公、"无人经济"等，这些新业态新模式是以数字技术创新应用为牵引，以数据要素价值转化为核心，以多元化、多样化、个性化为方向，经产业要素重构融合而形成的商业新形态、业务新环节、产业新组织、价值新链条，具有强大的成长潜力，不断创造着新的经济社会价值。[①] 这些新业态在数字经济中扮演着重要角色，是关系数字经济高质量发展的活力因子，数字经济新业态的涌现激发了新的消费市场、新的就业形态和新的投资需求，对于实体经济的提质增效和经济社会的高质量发展具有显著的带动作用。而传统经济的商业模式和价值链条更加单一和扁平，在供需匹配、就业供给、服务便捷性方面存在明显的局限性。

表 1-1　数字经济与传统经济的比较

	数字经济	传统经济
新基础	人工智能、物联网等数字基础设施	道路、桥梁、港口等传统基础设施
新要素	新兴的技术、数据、人才要素	土地、劳动力、资本等传统生产要素
新动能	技术创新和数字化转型	资源配置和生产效率的提高
新业态	商业模式多元化、个性化	商业模式和价值链条扁平单一

资料来源：作者自制。

---

① 《数字经济新业态新模式发展研究报告》，https：//aimg8. dlssyht. cn/u/551001/ueditor/file/ 276/551001/1618218066826344. pdf，最后访问日期：2023 年 10 月 10 日。

实际上，数字经济更加注重新型基础设施、技术、数据和人才等新兴要素的支持，更加注重创新和变革，通过技术进步和数字化转型来推动经济增长；传统经济则更加注重传统的生产要素和资源配置，更加注重通过规模效应和成本优势来推动经济增长。数字经济的出现也带来了许多新的商业模式和商业机会，推动着经济的创新和发展。随着技术的不断进步和数字化转型的深入推进，数字经济越发成为经济发展的关键引擎。同时，数字经济与传统经济的深入融合也在不断推动传统经济的转型升级，更好地适应数字经济的发展趋势，实现新形态的经济社会可持续发展。

三　数字经济的内容与构成

作为一种新的经济社会形态，数字经济主要包括三大构成部分——数字生产力体系、数字生产关系体系和数据要素体系（王超贤、颜蒙、张伟东，2023）。其中，数字生产力体系是数字经济中真正创造价值，驱动数字经济形态不断变革的部分，包括数字技术、数字产业体系、数字化新模式新业态等组成部分；数字生产关系体系则是支撑数字生产力体系的各类数字制度，包括企业组织形态、知识产权制度、市场竞争制度等；数据要素体系则是数字经济中数据要素价值创造和分配过程中的各种机制与制度规范，其中数据价值创造体系和数据要素分配体系中数据的要素化、价值化是数字经济的核心要义。先进的生产力和生产关系体系催生着新的经济形态，而数据要素正在普遍性地创造价值，从而给数字经济带来广泛而深远的影响。

（一）数字生产力体系

数字生产力体系在形式上包括数字技术体系、数字产业体系等内容，其中，数字经济以数字技术为基础，从 IT 技术到互联网再到以移动互联网、大数据、云计算、人工智能、Web 3.0 等为代表的新一代信息通信技术，不断更新迭代的数字技术是数字经济发展壮大的关键。按照信息处理的流程，可将数字技术划分为信息采集技术、信息传输技术、信息储存技术、信息处理技术和信息应用技术，从信息采集、传输、储存再到处理、运用环节，都为数字经济的运行搭建起体系化的技术平台。其中，物联网、大数据、人工智能等技术不是相互独立的，技术间交叉组合的协同互补，形成了工业互联网、平台经济等更大规模、更高层级的数字经济生产交易体系（王超贤、颜蒙、张伟东，2023）。

数字产业体系是数字生产力体系中除数字技术体系外的另一大组成部分，也是数字生产力的体现。按照演进逻辑和形态的差异，数字产业体系可分为数字核心产业、数字衍生产业和传统产业的数字化转型。数字核心产业是指 ICT 产业，即数字产业化本身，包括电子信息制造业、信息技术服务业等，构成了数字产业的基础内容。数字衍生产业是指依托数字技术形成的新模式新业态，例如依托互联网形成的电子商务、社交媒体、在线视频等模式，依托移动互联网和大数据技术形成的共享经济、平台经济，以及依托互联网、智能技术形成的智能化生产、智能化服务延伸等新业态。伴随数字技术的迭代，数字衍生产业的边界持续扩大，并不断重塑市场和组织模式，带来数字经济发展的新形态、新业态。传统产业的数字化转型是数字产业在核心产业和衍生产业外的拓展与新增部分，伴随数字技术的发展应用和数字经济的发展壮大，数字技术逐步应用于传统的农业、工业、服务体系，同时数字经济交易模式嵌入各类主体的生产交易体系，进一步推动了传统产业的数字化转型，提高了传统产业的生产效率，并构成数字产业体系的重要组成部分。

（二）数字生产关系体系

数字生产关系体系在形式上主要指各类数字制度，包括数字经济中的生产组织体系以及宏观政策法规体系。

在生产组织体系上，数字产业带来的新模式新业态催生了新的组织形态，数字企业、数字平台等新兴生产主体兴起，传统产业通过数字化转型来提高生产效率和竞争力。数字经济中的生产关系主要包括数字资本、数字劳动和数字技术之间的关系。数字资本是数字经济中的重要生产要素，数字资本的积累和运用对数字经济发展具有重要的促进作用；数字劳动的不断发展，丰富着数字经济发展中人力资源的形态；而数字技术的不断发展和创新，为数字经济的发展提供了重要的技术支撑。数字经济中的生产方式主要包括数字化生产、数字化管理和数字化销售。主体企业可通过数字技术实现生产过程中的自动化和智能化，企业管理的协同化和扁平化以及销售过程的高效化与个性化，从而提高生产交易效率和服务质量，提高企业管理效率和消费者体验。

数字经济中的宏观政策法规体系是指数字经济中的法律、政策、规则等方面的制度体系，主要包括数字经济中的产权制度、市场竞争制度、知识产权制度等。数字经济发展的产权制度涵括了数字资本所有权、数字数据所有权和数字知识产权。良好的产权制度可以促进数字资本的积累和运用，也可以保障数字资本的合法权益，避免数字资本的滥用和侵权问题。市场竞争制度主要包括数字经济中的市场准入、市场竞争和市场监管等方面的制度。数字经济中市场竞争制度的建立和完善，可以促进数字经济中的企业竞争和市场规范化，保障消费者的权益和利益。同时，数字经济中的市场竞争制度也需要保障数字企业的创新和发展，避免出现市场垄断和不正当竞争等问题。知识产权制度包括数字化知识创新的保护和利用。数字经济中的知识产权制度的建立和完善，保障了数字经济中知识产权的创新和发展，促进了数字经济中知识产权的利用和转化，实现了数字经济的规范和可持续发展。

数字生产关系体系是数字经济发展的重要组成部分，其中生产组织体系和制度体系相互关联和相互作用，共同促进数字经济的发展和壮大。良好的数字生产关系体系能够为数字经济的发展提供有力的支撑和保障，也能够为数字经济中的从业者、用户和消费者的合法权益带来更可靠的保障。

（三）数据要素体系

数字经济的核心要素是数据，数据的要素化和价值化是数字经济发展的关键驱动力，因此数据要素体系也是数字经济的重要构成部分。数据要素体系指数据作为生产要素在价值创造和分配过程中的各种机制和制度规范，主要包括数据价值创造体系和数据价值分配体系（王超贤、颜蒙、张伟东，2023）。数据价值创造体系是指在数字经济环境下，通过收集、存储、分析和应用数据等方式，实现数据的转化和创造新的价值的过程，即数据要素的价值化、释放数据生产力作用的过程。价值创造借助"数据＋算力＋算法"，获取数据、分析数据背后的规律，进而成为独立于传统以人为主的知识或知识生产，由此数据成为知识甚至智慧的生产要素，进阶为"数据智能"，支撑智能分析、挖掘新知、预测未知，进而促进创新、支持经营者快速和精准决策，由此带动经济社会发展和人类认知能力的革命，提升整个社会的生产力。

数据价值分配体系是在数据价值创造的基础上，对数据价值进行有效分配和对持有权归属划分的体系。数据价值分配需要建立相应的制度和规则，以保障数据价值的合理分配和利益的公正归属。其中，数据确权问题是价值分配的首要问题，建立与数据要素特性相符的确权与流通规则，强化数据产权保护，促进数据充分交易，是数据价值有效分配的基础与核心。在数据确权与数据交易之外，数据价值分配体系还包括数据流通监管、数据隐私保护、数据价值信用评估等方面的制度规则，以保证数据价值分配公开可信且可以监管追责，强化数据流动中数据隐私的保护，形成以数据财产权益为基础的公平、高效且激励相容的数据价值分配体系，促进数据要素价值化市场化的健康发展，充分发挥数据的生产力。

总的来看，数字经济体系的三大构成部分，包括了数字经济内在的价值创造、外在的制度支撑和数据要素核心价值作用的发挥，其中数字生产力体系是基础，没有先进的数字技术和庞大的数字产业，数字经济就不能创造价值，不能向经济社会的各个领域广泛渗透。数字生产关系体系是保证数字生产力作用发挥的关键支撑，生产力决定生产关系，生产关系反作用于生产力，没有先进的生产关系的驱动，数字经济生产力作用的发挥就会受到极大的限制。数据要素体系则是在生产力和生产关系之外，贯穿数字经济发展各领域、各层面、全流程的关键要素，释放数字生产力发挥的核心在于释放数据生产力，数字经济未来的发展更要依赖于数据要素的价值化，三者的相互驱动、相互交融，共同构建起数字经济的运行生态，驱动数字经济的健康有序发展。

四　数字经济的价值与重要性

（一）数字经济对经济增长的多重贡献

数字经济对于驱动经济增长的潜力巨大，数字经济为经济发展全面注入新的动能和活力，数字技术将全面提升服务业和整个经济的发展水平。促进数字经济全面、快速、健康发展，成为稳定经济发展态势、推动经济发展模式转型升级的重要因素，同时，也在组织层面上推动着经济组织模式的变革，进而形成庞大有机的经济生态，进一步扩大经济价值的创造空间。

1. 提高生产交易效率和资源配置效率

数字经济对生产交易效率和资源配置效率的提高，主要体现在四个方面。

一是降低信息不对称性和资源配置成本。数字经济时代，数据已成为和土地、劳动与资本同等重要甚至更为关键的驱动要素。企业可以利用生产消费中产生的海量数据，对产品的交易数据和客户的交互数据进行分析，给消费者与用户画像，实现针对不同用户的个性化定制，进而精准匹配用户需求。生产企业通过数据挖掘可以推断市场潜在的需求量进而确定产量，形成"以销定产"的生产加工方式，减少供需不匹配带来的资源错配。同时，在数字化平台的支撑下，可以强化产业链中企业间的协同，使生产企业之间形成有机联合，不仅可以化解企业链、供需链和空间链的对接难题，提高资源运行效率，而且有助于加快科技产品转化速度，提升创新效率。

二是降低交易成本。数字经济发展下的数据公开和共享使得市场信息的搜寻更为方便，信息获取成本降低，生产者能方便地获取用户需求，优化产品结构；消费者能及时获取商品的价格、质量等信息，进行消费，实现交易匹配。在数字经济背景下，许多产品可以以极低的成本进行同质化复制。同时，数字技术使地理距离对服务提供的制约大幅降低，进而降低产品生产和运输成本，产品可以更快地进入市场，匹配市场消费需求。同时，平台化的市场形态可以帮助企业搭建与消费者和用户连接的"快速通道"，打造企业的私域流量池，降低企业的营销成本。此外，在传统模式下，企业的信誉大多通过建立品牌形象的方式实现，其实际信誉往往难以评估，数字经济的发展极大增强了信用信息的易获得性，市场参与者能快速获得交易对象的信誉信息，降低其应对风险的成本。最后，数字经济能够帮助企业降低制度性交易成本。各地推行的网上"一站式"办事服务和信息公开，能够帮助企业方便地办理证照和其他政务服务事项，及时获取政府的最新政策，从而帮助企业优化资源配置，调整生产交易行为，更好地适应市场规范，创造经济价值。

三是可以突破空间限制，实现信息及时传递与加工，促进集聚经济效益。借助互联网平台，数字经济可以将处于不同区域的生产加工者、服务提供者和消费者进行整合，有助于加速资源的跨区域调配，形成一体化市场，最大限度地发挥平台的网络化、规模化以及外溢效应。同时，基于数字技术的开放、共享和信任等特点，数字经济中的市场更加公开和透明，有助于回避传统贸易中的竞争劣势和区位劣势，更容易形成竞争机制，促进市场效率的提升。在数字经济中，地理资源环境不再是产业集聚形成的决定性条件，相反，技术创新成为产业集聚的首要条件，借助网络平台数字技术可以实现信息的实时传输，有助于加快知识技术溢出的速度，扩大知识技术溢出的范围，提升产业创新效率。

四是形成规模经济效应。数字经济平台通过突破时空限制，拓宽交易范围，把更多的供需信息融入平台交易。这一对外扩张引起了规模效应，即规模增大所带来的经济效益提高。一方面，当平台规模达到一定水平后，其产业链趋于完整，资源配置与再生效率也逐渐提高，这些经营主体与生产要素的有机结合带来的边际效益增加，产生了"$1+1>2$"的效应，达到盈利增长；另一方面，随着市场规模的扩大，其所带来的规模效应降低了数字经济平台的交易成本，使参与者获益。同时，规模经济使企业所获得的规模报酬大幅度增加，企业可以持续扩展业务和生产新产品，不断满足消费者个性化和多样化需求，激发消费潜力，升级消费结构，扩大消费市场，由此又形成了需求端的"长尾效应"，推动市场经济结构的进一步优化升级。

因此，数字经济通过降低交易成本，提高生产交易效率和资源配置效率，并形成规模经济和范围经济，促进了经济效率的提升和经济的高质量发展。

2. 提高产业融合和创新效率

产业融合是指在时间上先后产生，在结构上处于不同层次的农业、工业、服务业、信息业、知识业在同一个产业、产业链、产业网中相互渗透、相互包含、融合发展的产业形态与经济增长方式，是用无形渗透有形、高端统御低端、先进带动落后、纵向带动横向，使低端产业成为高端产业的组成部分，实现产业升级的知识运营增长方式、发展模式与企业经营模式。

数字经济作为一种新的经济形态，对于促进产业融合具有多重效应。一是为产业融合提供技术创新的支撑作用。数字经济以人工智能、物联网等先进数字技术和基于此类技术形成的各类数字平台作为发展的基础支撑，为产业融合提供技术创新的内在驱动力。技术创新开发出了替代性或关联性的技术、工艺和产品，并通过渗透扩散融合到其他产业之中，从而改变了原有产业的产品或服务的技术路线，为产业融合提供了动力。同时，技术创新改变了市场的需求特征，给原有产业的产品带来了新的市场需求，从而为产业融合提供了市场空间。数字经济发展带来的技术创新在不同产业之间的扩散导致了技术融合。技术融合使不同产业形成了共同的技术基础，并使不同产业的边界趋于模糊，促使产业融合现象不断发展。而在技术创新和技术融合基础上产生的产业融合是对传统产业体系的根本性改变，成为产业发展即经济增长的新动力。二是新的产业集群为产业融合提供新动力。数字经济的发展催生新的产业集群，包括大数据、人工智能、云计算、物联网、网络信息安全等系列产业。这些产业具有渗透性、外溢性、互补性特点和较高的技术和广泛的应用潜能，具有较大的纵向和横向外部性，能渗透到生产、分配、流通和消费等各环节，促进与实体经济的融合。数字经济通过数字产业集群以及横向和纵向产业关联，借助产业协同和反馈效应，提高产业融合的效率。当前，数字经济已从单纯的数字技术创新、数字产业集群走向数字经济与实体经济深度融合的发展阶段。随着消费互联网加速向产业互联网延伸，数字经济与实体经济的融合也从消费领域向生产领域扩展，产销融合和产业协同创新成为融合的新趋势。数字经济通过传统产业的数字化、网络化和智能化，推动制造业、农业、零售业，教育、医疗、交通等公共服务产业实现产业融合和转型，促进产业结构升级，从而提升经济的增长动能，推动经济的高质量发展。三是规模经济效应促进产业融合效率的进一步提升。数字经济可以形成规模经济，使企业的生产成本降低，所获收益增加。这种成本优势会进一步激励企业将更多的资源投入研发和创新，从而进一步提高产品质量和企业的竞争力。而为了进一步提高市场份额、应对市场的风险和不确定性，企业会更加主动地进行联合生产和多元化经营，通过业务融合形成差异化商品和服务，进而实现市场融合。市场融合的不断加快推动着产业融合效率的不断提升。

产业融合具有创新性优化效应，产业融合过程中产生的新技术、新产品、新服务在客观上提高了消费者的需求层次，产品与服务的不断更新换代又带动需求结构进一步升级，从而拉动产业结构升级。由于产业融合使产业之间的边界模糊，两个或多个产业之间形成了共同的技术和市场基础，从而使得某些产业容易改变结构布局，迅速地从一个产业过渡到另一产业，实现产业创新和发展。与此同时，产业融合促使市场结构在企业竞争合作关系的变动中不断趋于合理化，使市场从垄断竞争向完全竞争转变。这不仅导致市场结构的重大变化，还引发了企业组织内部结构的创新，企业创新和灵活性被提升到新的战略高度。创新能力弱、灵活性差的企业会以更快的速度被市场淘汰，而保留大量的具有创新活力的融合型企业，经济创新和高质量发展的效率大幅度提高。因此，数字经济驱动产业融合和产业创新速度加快，成为经济发展新的增长动力。

3. 创新经济组织方式

数字经济不仅提高经济资源配置效率和促进产业融合，而且重塑组织边界，在产业分工协调、资本交织的基础上真正实现各类经济组织在运营层面的融合。数字经济的核心是数据，数据是区分数字经济的第一生产要素。数据具有跨越组织的流动性，成为一个联通各类组织的底层要素。在此基础上，各类经济都面临业务链重构、信息通道重构、用户画像重构、运营决策体系重构等变革。借助系统平台的功能和信息技术的运营整合优势，各类组织在经营层面的融合共享正在形成，经济组织间的管理将逐渐超越组织内的管理成为管理重心。与此同时，技术迭代的不断加速，也在推动商业模式调整和经济创新周期的不断缩短。经济组织形态逐步呈现趋于常态化的动态调整状态，组织边界、技术边界和产业边界不断柔性化，孕育出更多共享性、集约化、能释放规模效益的产业形态和经济组织模式，如 MCN 型商业模式和社交型平台化商业模式，这些将成为经济运行中富有创新活力和发展潜力的重要组成部分。

此外，在组织边界柔性化的基础上，数字经济强调开放互联，以生态为目标建设多主体跨组织的有机系统，组织间关系从单一的线性协同模式转向跨组织的多维协同互利共赢模式。企业获得竞争优势更需要关注自己并不拥有的资源。在2021年，华为便欲建立"哥斯达黎加式"生态系统，重构传统产业链企业对核心资源占有控制的模式，强调企业的发展不仅来源于内生优势，也来源于对外部资源的有效利用，其核心是开放、多样和共同繁荣。在新的生态体系中，产业链上的垂直整合已成为过去式，每个经济组织，无论大小，只要有独特价值和贡献，就可以形成互生、共生和再生的利益共同体。新的生态系统如若成功，就会创造出一个万亿级规模的新市场，这一市场会催生大量的新供给和新需求，推动经济结构升级在社会发展运行中带来更为广泛的影响。从经济组织方式的动态调整到新的经济运行生态体系的构建，数字经济的发展将不断带来价值创造和分配体系的重塑，能够释放出更多的价值空间，成为推动新一轮经济高质量增长的关键动力。

因此，数字经济的蓬勃发展对经济增长具有多重贡献，在经济运行模式中，不仅推动着生产交易效率和资源配置效率的提高，还促进产业融合及经济创新效率的提升，进一步增强了经济增长的驱动力和创新力。在经济组织形态中，数字经济重塑着组织边界，在驱动组织边界柔性化的基础上，逐步建构着新的商业生态和经济运行生态体系，推动着整个经济价值链条的重塑，不断释放出经济发展的新动能和新潜力。

（二）数字经济对社会发展的价值

数字经济对社会发展的价值，一是通过资源的广泛流动和共享，推动城乡区域间的协调发展；二是通过技术赋能社会服务的创新，推动社会民生事业的普惠发展；三是通过扩大就业、提高就业质量和增强就业创业的包容性、灵活性，开拓就业新空间。在这三个维度上，数字经济的发展逐渐缩小了城乡区域间、人群间享受公共服务和社会发展资源的差异，在更加平等的基础上更好地实现生存发展和个人社会价值的实现。

1. 推进城乡区域的协调发展

数字经济的广泛渗透使资源要素和生产活动挣脱了区域之间的束缚，

促进了更多优质资源的流动和共享，对于促进城乡区域协调发展具有重要价值。

数字经济推动城乡协调发展。一是数字经济催生城乡产业融合发展新业态。数字经济对一、二、三产业具有极强的渗透性，激发了产业融合创新，形成城乡全产业链由线下向线上融合发展的趋势。城市传统产业、农村特色产业和乡村旅游业等产业不断融合，不断涌现以智能工厂、创意农业、体验农业等为代表的新产业，数字技术与农业农村经济深度融合，加快农业生产经营、流通营销和农旅产业发展的数字化转型，拉长特色产业链，推动现代农业的发展，进一步加快农村经济数字化转型和数字乡村建设，形成与城市经济相配套的现代化农村经济，进而推进城乡产业融合发展。二是数字经济有助于传统要素在城乡之间精准配置。数字经济的出现给劳动者提供了不同于以往的就业机会，改变了传统的就业方式。就业时间和地点的灵活性降低了乡村剩余劳动力来城市寻求工作的门槛，提高了劳动力在城乡之间的配置效率。数字普惠金融等模式的出现很大程度上拓展了融资主体的外源融资渠道，降低了融资门槛，推动城市资金向农村下沉，使在传统金融体系下受到"排斥"的农村企业和低收入群体可以较为容易地获取金融服务，进而提高资金在城乡之间的配置效率。另外，在数字经济共享平台效应作用下，信息流不再被城市供应链里的巨头企业垄断性分配，市场需求变化被迅速感知和反馈。因此，搭建城乡信息技术对话平台和城乡共享的政务信息查询"云平台"，能够破除城乡信息壁垒，使跨产业链上下游之间的交流更加频繁。

三是数字经济下兴起的新业态有利于城乡资源的流通。在数字经济蓬勃发展背景下，电子商务、在线医疗、在线教育等新业态不断涌现。通过在线教育，个人可以获取各种学习资源和知识服务，实现自主学习和技能提升，弥补乡村偏远地区教育的不足。通过在线医疗平台，个人可以在线同医生进行远程咨询和问诊，极大地缩短了就医时间和降低了成本，为偏远地区的人们提供了更加个性化与便利的医疗服务，一定程度上弥补了偏远地区医疗资源的匮乏。通过电子商务平台，消费打破了地理空间上的区隔，个人可以轻松购买商品和享受文化娱乐，实现便捷的消费体验，满足个性化和多样化的消费需求。同时，通过电商平台，乡村地区的农产品可与全国各地的消费者直接连接，消除了传统渠道中存在的地理限制和中间环节带来的成本，降低了交易成本，提升了交易效率，便于偏远农村地区农产品向外销售，推动乡村振兴。

在推动区域协调发展上，数字经济可突破地理条件限制，推动落后地区获得公平的发展机遇，参与到发达地区的金融、信息产业建设中。在中国，东部地区云计算产业的兴起需要大量的服务器设置，西部地区温度符合散热需求、土地成本低，成为大数据服务中心设立的较优选择。数字金融突破传统金融服务"痛点"，让落后地区均等化享受现代金融服务。随着数字科技和互联网的普及，金融服务尤其是移动支付已经在很大程度上解决了传统金融服务网点少的问题，落后地区也能快速享受数字金融服务。物流网络拉近区域时空距离，优化和合理配置区域间生产要素。以菜鸟为例，其精准、高效、数字化的物流服务覆盖中西部地区，加速东西部地区生产要素双向流动和集聚。数字经济转变西部地区生产和消费模式，助力东西部地区共同发展。在数字化助力下，消费者对美好生活的需求得到满足和激发。互联网电子商务、跨境电商平台、通关和物流便利化，进一步推动西部地区数字化生产和消费迅速增长，可使更优更高品质的产品和服务在数字化赋能下实现东西部无差别传递。数字经济正通过资金网络、商业信息网络、物流网络等基础设施的普及，改变经济发展模式和资源配置方式，为西部地区生产消费观念的转变和东西部地区经济文化融合搭建了桥梁，为缩小区域间发展差距注入了新的动能，促进了区域间协调均衡发展。

2. 推动社会民生事业普惠发展

数字经济驱动着社会民生服务创新，催生数字养老、互联网医疗、线上教育以及智能生态等领域数字服务创新。社会服务数字化转型提升社会资源配置效率，扩大服务覆盖范围，降低服务供需匹配不平衡程度。

在教育领域，数字经济提供更加普遍的教育机会，数字经济的发展使教育资源可以以数字化的形式广泛传播和共享，打破了传统教育的地域限制和时间限制。学生可以通过在线学习平台获得高质量的教育资源，无论身处发达地区还是落后地区，其获得的教育资源的差异会进一步缩小；数字经济推动个性化学习和差异化教育：数字经济的发展推动了教育的个性化和差异化发展，在线教育可以根据学生的兴趣、学习风格和能力定制教学内容和学习路径，提供个性化的学习体验；通过智能化的学习系统和数据分析，教育工作者可以更好地理解学生的学习需求，并有针对性地提供支持和指导。

在医疗卫生领域，医疗系统数字化转型催生了在线义诊、线上移动药房、数字医疗平台等多种数字医疗服务，线上医疗突破了空间限制，补充了线下医疗资源的不足。长期以来，医疗资源分配不合理导致民众看病难、看病贵等问题层出不穷。新一代信息技术在医疗行业的快速融合应用，有效缩减了服务时间与空间距离，在促进医疗资源下沉、医疗信息共享、医疗服务协同等方面发挥了积极作用。数字经济将有助于推动医疗服务平台化、就医流程便捷化、医疗设备智能化发展，通过构建以个人健康医疗信息为核心的医疗大数据平台，促进医疗、医药、医保"三医"联动体系建设。此外，数字经济时代医疗数据资源的价值进一步凸显，此前积累的大量基础医疗数据，将为行业管理、生物医药、临床医学、公共卫生安全等提供重要依据。未来医疗数据资源将为远程诊疗、线上复诊等创造更加广泛的应用场景，推动医疗卫生事业的整体发展。

在社会保障领域，数字经济为社会保障发展提供新机遇。首先，社会保障领域广泛采用数字技术，推动社会保障的数字化转型，既提高了社会保障的运行效率，也降低了社保经办的成本。全国信息的互联互通、社会保障的信息化建设、社保事务线上办理、一站式服务等，极大地方便了参保群体，提高了其获得感。同时，这也减少了重复参保现象和制度性漏保群体数量，实现了制度之间的快速转换和无缝衔接，不仅提高了社保的可及性、便携性，而且提高了社保的公平性和高效性。此外，对于庞大的社保数据资源的利用有利于健全社会保障服务的瞄准机制，有利于缩小区域之间、人群之间、城乡之间公共服务的差异，同时为其他产业——如养老产业、健康产业、制造业、服务业等——发展提供重要的支撑。数字经济驱动养老市场，衍生出数字养老产品、智慧居家养老等商业养老服务，这将更加普惠于社会民生。

3. 开拓就业新空间

数字经济的发展速度之快、辐射范围之广、影响程度之深前所未有，对就业市场产生着持久而深远的影响。与历次产业变革相比，以数字技术变革为基础的数字经济发展所产生的就业创造效应和就业替代效应更加激烈、深远、长久。数字经济一方面引发了就业载体、就业形态和就业技能的显著变化，另一方面也对就业的数量和质量产生了深远影响。

就前者而言，数字经济改变了工业时代静态、边界清晰的组织形态，各类资源要素快速流动、各类市场主体加速融合，企业边界被不断突破，动态、网络化、无边界的新型组织形态逐步建立，网络和平台越发成为重要的就业载体，众多个体生产者、创业者能够依托网络和平台实现更高质量的自主就业。数字经济具有泛在连接的特性，使得传统工作可借由远程办公、在线会议等手段在更多时空形态下展开，并由此催生了一批依托网络的新岗位、新职业，为不同群体提供了更为多元和包容的劳动机会。同时，数字经济打破了人与岗位的固定联结。一个岗位可由多个个体共同完成，一个个体也可同时适配多个岗位。新的劳动方式也产生了新的就业形态，在签订劳动合同、建立固定劳动关系的标准就业形态之外，产生了以互联网为基础的"网签加盟""合作合营""利益分成""众包模式"等新型模式。此外，新的就业形态也对就业技能产生了新要求，数字经济时代的劳动输出将更多以脑力为主，标准化、流水线式的体力劳动交由智能机器人承担，数字经济时代的大量工作将以"数据"为核心展开，对劳动者的数字技能和数字素养提出了更高的要求，数字人才的社会重要性和市场需求度不断提升。尤其是在跨界融合、交叉渗透的创新环境下，掌握多类知识、拥有多种技能的复合型人才会更受青睐。

就后者而言，数字经济会引起宏观经济和劳动力市场的发展变化，其对社会生产率、产业、技术的影响会带来劳动力就业部门规模的变化，其对就业载体、就业形态、劳动要求的调整也会引起就业需求的变化。一方面，数字产业本身就需要大量的高技能劳动力；另一方面，数字经济与实体经济深度融合，由此诞生的新业态、新模式也创造出大量的就业岗位，如网约配送员、全媒体运营等。

总的来看，数字经济对打开就业新局面的价值主要体现在两个维度上：一是扩大就业和提高就业质量，二是增强创业和就业的包容性、灵活性。2023 年 2 月发布的《2023 中国数字经济前沿：平台与高质量充分就业》报告显示，以微信、抖音、快手、京东、淘宝、美团、饿了么等为代表的平台，2021 年为约 2.4 亿人创造了就业岗位，为当年约 27% 的中国适龄劳动人口提供了就业机会。到 2030 年，数字经济带动的就业人数将达到 4.49 亿人。[①] 互联网平台为当代中国社会经济发展提供了多种灵活就业的社会选择，最大化地提升了个人的自由选择程度，也为一些特殊人群提供了更加公平、灵活的就业机会。2023 年 5 月发布的《中国残疾人事业研究报告（2023）》提出，数字经济时代的到来，提供了残疾人就业形式重塑的可能性。[②] 随着互联网的普及，数字经济催生出大批新型工作岗位，相关行业吸纳就业能力快速提升，还增加了残疾大学生就业的机会，体现了数字经济对于扩大劳动力市场半径、促进高质量就业的重要意义。

（三）数字经济促进治理的转型

数字经济不仅驱动着经济运行模式和社会事业发展的巨大转型变革，在更广泛的层面上也驱动着社会治理的转型升级，数字经济的发展推动数字技术广泛渗入治理端，驱动社会治理模式的数字化转型。同时，数字经济的开放边界推动着政府治理形成一种多中心、分布式的治理格局，政府间、部门间能够进行更为有效的跨界协同，多元社会主体能够有效地参与社会治理，进而形成强大的治理合力，推动社会治理的协同化、韧性化，并最终推动政府治理理念的转变，变管理者为合作者，在"以人为本"核心治理理念的基础上实现数字经济时代治理体系的现代化。

1. 公共服务提供更加普惠均等

数字经济的迅速发展使得数字基础设施广泛渗透到生产和生活的各个方面，进一步凸显了其在政务服务、民生保障和社会治理方面的重要作用。数字经济提升了政务服务效能，互联网 + 政务使得政府将大量线下办理事项转移至在线平台办理，民众通过一证通办、一网通办等，随时随地查询政务信息，办理政务服务，方便进行反馈诉求和与政府部门互动，由

---

① 《数字经济研究报告：我国平台企业创造就业约 2.4 亿》，https：//www.ndrc.gov.cn/fggz/jyysr/jysrsbxf/202302/t20230228_1350402_ext.html，最后访问日期：2023 年 10 月 11 日。

② 《中国残疾人事业研究报告（2023）》，https：//www.pishu.com.cn/skwx_ps/bookdetail？SiteID = 14&ID = 14487101，最后访问日期：2023 年 10 月 11 日。

"群众跑腿"转变为"数据跑路"。在国内，依托全国一体化政务服务平台，省级行政许可事项实现网上受理和"最多跑一次"的比例超过82.13%，全国一半以上行政许可事项平均承诺时限压缩超过40%。[①] "掌上办""指尖办"成为政务服务标配，"一网通办""异地可办""跨省通办"越来越普及，企业、民众办事便捷度和满意度不断提升。[②] 同时，政府可以利用大数据分析技术对社会数据进行实时监测和分析，从而更好地了解社会需求和问题，进而优化公共服务的规划和提供。此外，数字经济推动公共服务提供实现跨部门跨地域协同，各地依托全国一体化政务服务平台，通过数据共享和跨部门协同，实现跨部门跨地域并联审批、联合监管和协同决策，推动政务服务实现"区域通办""跨省通办""无感漫游"等，从而使公共服务更加便捷、高效。

数字经济可以扩大公共服务的覆盖范围。推动公共服务横向扩展和纵深下沉，数字经济通过移动互联网等，实现公共服务的远程和便捷提供。在教育、医疗、社会保障等公共服务领域，数字技术可以打破公共服务资源的地域限制，让其更加普遍地覆盖到偏远地区和边缘群体。同时，推动公共服务向基层深度拓展，提升服务便利化水平。在政务服务领域，数字经济以需求为导向，重视政务数据的融合应用，从"人找服务"转向"服务找人"，其利用大数据分析技术，不断增强基于大数据的事项办理需求预测预判能力，打造多个主动式、多层次的创新型服务场景。在数字经济背景下，政府可以发挥土地、税收、金融等政策优势，通过搭建合作平台、提供信息服务、进行组织协调、激活闲置资源等方式，引导企业和社会力量参与数字社会建设。推动社会力量参与"互联网＋公共服务"，引导和支持企业向数字社会建设投放资源，创新产品和服务。支持市场和社会力量参与数字社会发展监管，维护数字社会运行秩序，促进最新数字技术成果转化，推动数字社会升级改造，提升民生保障和社会治理水平。

此外，数字经济的全面到来意味着更多主体能够参与公共服务的供给

---

① 《数字中国发展报告（2020年）》，https://www.gov.cn/xinwen/2021－07/03/content_5622668.htm，最后访问日期：2023年10月11日。

② 《数字中国发展报告（2022年）》，http://www.cac.gov.cn/2023－05/22/c_1686402318492248.htm，最后访问日期：2023年10月11日。

过程，并通过更有效率的新业态满足居民需求且同时获得相应收益。以"共享单车"产业为例，"随处停放、随时取用"的新业态在极短时间内替代了政府供给公共自行车的传统模式，"绿色出行"这一倡导多年的理念在互联网企业的强势介入下也终成现实。究其原因，互联网企业的市场敏锐性固然值得肯定，但政府与市场主体运行逻辑的不同才是根本：前者不得不面对财政、人才、机构、利润率等多重限制，而后者在风险投资的支持下存在广泛的实验空间与相对较少的行为边界。不仅共享单车如此，支付宝中绑定的越来越多的公共服务职能，打车平台在城市拥堵期对交通流量的调控，在线教育网站提供的多种类型的免费公开课程，无一不是数字经济时代"私主体"代替政府提供公共服务职能的具体体现。在此转变进程中，"服务型政府"的职能面临重新定位的任务，大包大揽、政府垄断的供给式公共服务在当前更多体现为相关数据的开放与共享、相关主体的激励与协调等其他方面，而这将进一步提高公共服务的效率。

与传统公共服务相比，数字经济时代，公共服务的数字化、智能化和融合化特征越发突出，数字经济的发展将持续提升公共服务数字化水平，提高公共服务效能，推动公共服务更加均等化、普惠化、高效化、便捷化。

2. 政府治理理念更加开放包容

数字经济时代的新技术和新业态突破了传统政府治理的边界，对政府治理思维的转变提出了新要求。一是从"边界思维"向"跨界思维"转变。传统治理围绕层级结构展开，部门间"条块分割"严重，存在着"边界思维"和各自为政的局面。数字经济发展下，一方面，数字平台的快速建设在技术层面上为冲破部门界限，促进部门合作提供了支撑；另一方面，跨界融合，是数字经济的显著特征，由此所形成的新业态不仅带来了新的风险，也挑战了传统的分业监管执法模式。例如，共享房屋、网约车、直播带货等新业态的出现，涉及多个部门和多个行业，需要政府部门弱化部门边界和组织层级，强化部门间的合作，开展跨界治理，以寻找治理的最佳途径。

二是从"单向管理"向"开放合作"思维的转变。传统的社会治理以政府作为管理、协调和控制的中心，强调政府的权威和自上而下的管理地位，本质上是一种单向度的治理。而数字经济呈现显著不同于传统治理的特征，具有开放包容和多元合作的趋势，数字经济的发展不断打破着传统治理的边界，面对数字经济中海量分散的数据、多元化的制度规则，巨大规模的市场主体，跨界融合的产业以及平台所具有的巨大的信息优势，无论是传统的单中心治理模式，强调"政府－平台"合作监管的治理理念，还是政府单方面投入更多的监管资源，都不能从根本上加以应对。只有推动治理超越层级、部门、行业和地域的限制，强调多元主体协同参与的合作治理，政府的角色才能从传统模式中的唯一监管主体转变为多元共治模式下的制度提供者与合作参与者，进而形成一种多中心、分布式的治理格局。在这个格局中，每个平台、每个用户和每个行业组织都成为一个重要的治理节点。这意味着治理责任和权力不再集中于特定的机构或地区，而是分散到各个参与方之间。只有建立多元共治的新型治理格局，使政府、企业、行业组织和社会公众能够共同参与数字经济时代的社会治理，形成治理合力，改变传统单向度的治理体系，才能构建起多元参与、开放合作的新型治理格局。

三是从"管理思维"向"服务思维"的转变，数字经济时代，面对市场和用户需求的快速变化，"用户至上"和"服务用户"的理念成为数字经济市场的关键思想。相对应的，对于政府治理而言，社会公众便是政府的服务对象，在传统的政府治理中，公共服务的提供常常由政府占据主导地位，有时会带来公共服务供给和民众需求的错配。在数字经济时代，"服务思维"是政府治理需要秉承的必要思维。首先，在数字经济时代，治理结构的扁平化和开放化使得政府治理区别于以往的单向度的管理，更加强调政府部门间、多元主体的开放合作和协同共治，这在很大程度上可以激发社会公众参与政府治理的意愿，并提高其参与政府治理的积极性，从而使民众的需求能够更好地被传递到政府侧。同时，治理中民众参与的范围会更广，参与的程度也更高，从而推动政府治理不断增强服务意识，强化服务思维。其次，数字经济时代，借助现代化数字技术，政府服务的手段更加多元和便捷，民众可以通过多种政务服务平台反馈自身的需求和建议。同时，政府对于提高自身回应性的关注也在驱动政府关注民众需求，不断提高政府工作人员对民众需求变化的反应速度和服务水平。最后，在数字经济时代，数字经济的宏大场域与政府人员、技术、信息的有限性形成强烈的反差，数字经济治理体系的核心在于建立去中心化的合作机制，而在这一合作机制中，社会资源得到极大的盘活，只有以服务的思维和理念，形成数字经济时代治理体系的全新思路，不断聚合治理资源，优化治理手段，才能更好地维护公共治理，促进经济社会的高效发展。

第二章　数字经济的政策实践

数字经济政策是影响数字经济高质量发展和提升数字经济治理能力的重要因素，本书拟通过建立"政策目标"与"政策工具"的二维分析框架，对收集、筛选出的数字经济政策文本展开量化分析，结合其他代表性国家在数字经济发展中所拟定的政策目标和所采取的政策工具，从整体上总结和审视我国数字经济政策目标和政策工具的特征，以期深化对数字经济政策发展演变规律、趋势的认识，并为我国进一步优化数字产业政策路径提供参考。

一　政策分析框架

（一）分析方法

本书采用词频分析法和内容分析法来对政策进行分析。首先，对收集到的政策进行词频分析，通过研究数字经济政策中主题词的分布，可以清晰地了解国家宏观层面对数字经济的重点把控方向及侧重点。随后，本书构建"政策目标"与"政策工具"的二维分析框架，采用政策文本分析方法（内容分析法）研究政策文本，以具体政策文本中可以完整表达意思的一个句子作为一个内容分析单元，并将其对应到建立的二维框架中。其中，政策目标是政策执行预期达到的要求及效果，也是管理者的行动意志的统一共识，本书将政策目标划分为产业转型、城市转型和区域协同三个类别，并进一步细分为数字技术融合、应用场景拓展、多元主体参与、商业模式创新、综合协调发展、国际交流合作、区域特色优势、区域互动交流、区域创新支持、治理体系完善、基础设施建设、技能人才培养等12个具体目标，具体含义见表2－1。

表2－1　数字经济政策目标的分类及含义

目标类别	具体目标	具体含义
产业转型	多元主体参与	支持和鼓励各类市场主体参与数字经济领域建设，为促进数字经济发展提供创业孵化、投资融资、技术支持、法律、产权交易等服务
	数字技术融合	利用数字技术对传统产业进行全方位、全链条的改造，发挥技术的作用
	应用场景拓展	拓展数字技术的应用场景，以数字化应用场景创新推动技术融合、产品融合、要素融合、网络融合等
城市转型	国际交流合作	加强国际合作和交流，共同推进数字时代的城市经济发展，提升城市的国际地位
	商业模式创新	创新商业模式，培育数字经济新业态，激发城市经济创新活力
	综合协调发展	推进城市数字化转型，协调城市各类资源，实现城市各方面高质量综合发展
区域协同	区域创新支持	激发区域内释放技术、人才、资金等生产要素的活力，激发区域创新发展潜能
	区域互动交流	打造区域发展协商平台，引领带动物流、资金流、人才流、技术流，构建区域数字经济互动网络
	区域特色优势	兼顾周边区域数字经济与产业结构状况，统筹地区在区域数字经济发展中的角色和地位、发展的目标与方向
设施保障	基础设施建设	建设数字基础设施，提高城市信息化水平，打造数字城市
	技能人才培养	提高公民数字素养
	治理体系完善	完善既能激发活力又能保障安全的平台经济治理体系，营造开放、公平、公正、非歧视的发展环境

资料来源：作者自制。

政策工具是政府为实现特定政策目标而采取的政策措施和手段，集中体现了政策制定者的执政理念和政策价值。借鉴"供给－需求－环境型"分类法（Rothwell and Zegveld，1981），参照相关学者的分类以及相关政策文本的具体内容（杨巧云、乔迎迎、梁诗露，2021；刘艳飞、高廷恺，2022；雷鸿竹、王谦，2022），本书将政策工具分为供给型政策工具、需求型政策工具和环境型政策工具三类。

其中，供给型政策工具是指通过政府直接供应资源，以政府部署的驱动性来实现的政策。在数字经济政策中，供给型政策工具是指直接增加数字经济要素供给、推动数字经济发展的政策，包括科技支持、资金支持、人才支持、基础设施、公共服务等。需求型政策工具是指政府通过自身行为增加需求、降低风险的政策。在数字经济政策中，需求型政策工具是指通过影响市场需求、减少市场的不确定性来拉动数字经济发展的措施，包括市场培育、交流合作、海外扩展、产业塑造、应用示范等。环境型政策工具旨在避免政府直接干预，间接影响政策目标的有效实现。在数字经济政策中，环境型政策工具是指通过影响产业发展环境进而间接影响数字经济发展的政策，包括目标规划、法规管制、金融税收、组织体系、策略措施等（见表2-2）。

表2-2 数字经济政策工具的分类及含义

工具类型	工具名称	具体含义
供给型	公共服务	政府通过提供教育、医疗、文化等领域及数字经济相关业务的公共服务，为数字经济活动配套相应的服务设施，如建设公共服务平台、梳理整合网上服务资源等
	基础设施	对5G、移动热点、数据存储和计算能力等数字信息基础设施建设的支持，如研发基地、大数据中心、平台的建立，对宽带网络、卫星系统、工业互联网的完善等
	科技支持	为数字技术发展、数字经济相关领域的基础理论研究、软件开发等提供直接或间接的支持，如加大科研投入力度、建立创新平台、完善技术标准等
	人才支持	对数字经济领域人才队伍建设的投入和支持，如推进教育教学改革和加强信息化基础教育，培训、引进数字经济领域专业人才等
	资金支持	为数字经济发展提供财力支持，如财政补贴、专项资金设置、优选项目投资、重点项目扶持、优化资金预算与决算的流程等
需求型	产业塑造	积极推进数字经济相关产业的发展，推动数字经济与其他产业的融合，培育特色优势产业及产业链条
	海外拓展	政府通过支持企业在海外成立分支机构、开展交流合作、并购、合资、参股等方式，拓展海外市场
	交流合作	政府、私营机构、高等院校、科研院所等共同培育数字经济市场，在数字经济领域开展交流与合作等
	市场培育	政府通过采购、外包、补贴等手段扩大市场需求，如以购买、租赁、委托、雇用等方式推动数字经济技术、产品或服务交易，以消费者补贴、鼓励消费等方式培育市场需求等
	应用示范	通过建立数字创新、数字应用等示范方式影响市场需求，如开展具有数字经济特色的试点/示范工程，如示范基地建设等

续表

工具类型	工具名称	具体含义
环境型	策略措施	为营造良好的数字经济发展环境采取的各类策略性措施，如大力推动、鼓励、引导数字经济建设等
	法规管制	对数字经济相关主体的市场及社会行为进行限制、惩处或奖励的措施，如完善市场准入体系、打击网络犯罪、数据信息安全监管、互联网治理、知识产权保护等
	金融税收	对数字经济相关企业采用的金融性措施，拓展数字经济融资渠道，如给予企业税赋上的优惠、鼓励社会资本进入等
	目标规划	在一定时期内制定的阶段性目标规划，如市场主体、产业基础、产业环境
	组织体系	在数字经济相关领域加强、促进相关体系的建立，如设立各类机构和部门，以及促进部门间的分工、协同等

资料来源：作者自制。

（二）样本选择

本书以我国中央和地方政府以及外国政府颁布的数字经济政策作为分析对象。对我国中央政府颁布的政策进行分析，能够系统地把握我国数字经济政策的政治意图和发布规律，厘清其政策工具的选择和运用；对我国地方政府颁布的政策进行分析，能够洞悉地方政府对国家层面政策的回应和创新，并反观国家政策在地方的推进状态；对其他国家的政策进行分析，能够发现其在政策目标的确定和政策工具的选择中呈现的倾向，在一定程度上为我国后续的政策完善与更新提供借鉴与参考。

国内样本选取步骤为：（1）以"数字经济""数字化""互联网""平台经济"等为关键词，在"国务院政策库""北大法宝"及各地方政府官方网站上进行检索；（2）查阅全国及所选样本地区的数字经济政策汇总相关资料，确保收录政策文本的完备性与准确性；（3）剔除信息不完整和相关度较低的政策文本。国外样本选取步骤为：（1）以"digital economy""digital strategy""internet""innovation"等为关键词，在各国政府官方网站上进行检索；（2）查阅所选样本地区的数字经济政策汇总相关资料，确保收录政策文本的完备性与准确性；（3）剔除信息不完整和相关度较低的政策文本。最终选择来自我国中央政府、7个代表性省份、6个代表性城市及全球6个代表性国家的政策文本作为研究对象。

1. 代表性省份

根据各省份数字经济规模、增速水平等发展状况，综合考虑省份的代表性、整体性，本书在分析各省份数字经济政策时，选取浙江、江苏、广东、福建和贵州5个数字经济发展水平较高的省份，以及内蒙古和陕西2个具有地方发展特点的省份所发布的政策作为分析样本（见表2-3）。

2. 代表性城市

根据各地统计数据，结合我国各级城市数字经济规模、增速水平等，综合考虑城市的代表性，本书在分析我国各城市数字经济政策时，选取北京、上海、广州、深圳、重庆、合肥6个数字经济发展较好的城市所发布的政策作为分析样本（见表2-4）。其中，北上广深作为实力雄厚的一线城市，数字经济水平引领全国，数字经济发展速度快，成效显著；重庆作为西部新一线城市，2022年度数字经济竞争力排名居全国前十五；合肥则代表中部城市数字经济发展的较高水平。

3. 代表性国家

根据统计资料，结合对世界各国数字经济发展状况与水平的分析，发现2021年德国、英国、美国等国家数字经济占GDP的比重均已超过65%。[①] 与此同时，数字经济发展战略主体日渐丰富，除发达国家外，新兴经济体也在加快相关战略布局，不断推动本国数字经济发展，其中以巴西和尼日利亚较为突出（见表2-5）。因此，本报告选取全球范围内数字经济发展较好的各类国家来分析其数字经济政策，希望总结国外经验，为我国数字经济发展提供一定借鉴。

表2-3　代表性省份的样本情况

省份	具体情况
浙江省	2022年，浙江数字经济总量已增长至4万亿元，[①]增长12%，高于GDP增速约9个百分点；数字经济核心产业增加值8977亿元，比上年增长6.3%。数字经济核心产业——制造业增加值增长10.7%，增速比规模以上工业高6.5个百分点，拉动规模以上工业增加值增长1.7个百分点[②]

---

① 《全球数字经济白皮书（2022年）》，http://www.caict.ac.cn/kxyj/qwfb/bps/202212/t20221207_412453.htm，最后访问日期：2023年10月11日。

续表

省份	具体情况
江苏省	2022 年，江苏省数字经济规模超 5.1 万亿元，位居全国第二，占全国的 11.8%，数字经济核心产业增加值占 GDP 的比重达 10.6%③
广东省	2022 年，广东省数字经济规模位居全国首位，占 GDP 的比重持续提高，超过 48%，并且，在数据资本化实践方面有着突出表现④
福建省	2022 年，福建省数字经济增加值预计达 2.6 万亿元，占 GDP 的比重为 49.0%，对经济增长的贡献进一步加大。推进制造业数字化转型，形成 6 个国家级平台、27 个省级工业互联网示范平台、222 家标杆企业⑤
贵州省	高度重视数字经济发展，先后出台多项政策，在经济发展较沿海地区处于相对弱势的情况下，通过不断探索实践，实现了数字经济持续快速发展。2022 年，贵州软件和信息服务业营业收入增长 90.5%，连续 17 个月保持全国第一，规模居全国第 17 位，较上年提升两位⑥
内蒙古自治区	全国唯一同时担负大数据基础设施统筹发展类综合试验区和一体化算力网络国家枢纽节点建设重任的地区。2022 年上半年，数字经济整体形势持续向好，数字基础设施规模持续扩大，数字产业化发展势头良好，截至 6 月末，全区规模以上互联网和相关服务业投资额和营业收入分别同比增长 60.5%、101.6%⑦
陕西省	2022 年，陕西数字经济规模首次超过 1 万亿元，增速达 13.9%，增速位列全国第五位⑧陕西工业体系完整，创新资源丰富，有发展数字经济的天然优势，以传统产业变革作为数字经济的新基础，让"老树发新芽"

资料来源：具体来源如下。

① 《乌镇十年启示录》，https://mp.weixin.qq.com/s/CIOJeq6akD2vd1xl9AICZQ，最后访问日期：2023 年 11 月 8 日。

② 《2022 年浙江省国民经济和社会发展统计公报》，http://tjj.zj.gov.cn/art/2023/3/16/art_1229129205_5080307.html，最后访问日期：2023 年 10 月 11 日。

③ 《江苏数字经济规模超 5.1 万亿元，居全国第二》，https://www.jiangsu.gov.cn/art/2022/9/8/art_87050_10631749.html，最后访问日期：2023 年 10 月 11 日。

④ 《广东数字经济规模居全国首位 16 个省份规模破万亿元》，http://www.qb.gd.gov.cn/tzgd/content/post_1044134.html，最后访问日期：2023 年 10 月 11 日。

⑤ 《广东数字经济规模居全国首位 16 个省份规模破万亿元》，http://www.qb.gd.gov.cn/tzgd/content/post_1044134.html，最后访问日期：2023 年 10 月 11 日。

⑥ 《贵州：云服务赋能数字经济高质量发展》，http://gz.news.cn/2023-02/26/c_1129397906.htm，最后访问日期：2023 年 10 月 11 日。

⑦ 《2022 年上半年数字经济形势》，https://www.sohu.com/a/578965193_121106854，最后访问日期：2023 年 10 月 11 日。

⑧ 《陕西奔跑数字经济新赛道》，http://www.sasac.gov.cn/n2588025/n2588129/c28014323/content.html，最后访问日期：2023 年 10 月 11 日。

表 2－4　代表性城市的样本情况

城市	具体情况
北京市	2022 年上半年，北京市数字经济实现增加值 8381.3 亿元，同比增长 4.1%，占全市 GDP 的比重达到 43.3%，核心产业增加值 4899.5 亿元，同比增长 6.9%①
上海市	2022 年，上海数字经济发展水平居全国前列，成为拉动地区经济发展的主导力量，数字经济 GDP 占比已超过 50%，并且上海建设了国家级的数据交易所，不断实现数据资产化②
广州市	2022 年，数字经济规模大，并且在数字产业化方面成为增长极，对国内其他城市产生较强的牵引作用③
深圳市	2022 年，数字经济规模大，在数字经济各领域探索取得了显著成效，深圳市宝安区建成工业互联网产业示范基地、龙华区被认定为区县级数字经济园区与楼宇等。深圳市对标全球智慧城市先进案例，致力于成为全球新型智慧城市标杆和"数字中国"城市典范④
重庆市	2022 年，重庆数字经济赋能作用凸显，综合评价居全国第 12 位，已成为重庆市高质量发展新引擎。国家首批 5G 规模组网建设和应用示范城市，积极布局卫星互联网产业⑤
合肥市	2022 年，数字经济城市发展百强榜中，合肥稳居数字经济新一线，比 2021 年再进 2 位，位列第 12。不断依托本地资源、区位优势等，发展优势产业，推动数字化转型，打造数字经济新优势⑥

资料来源：作者根据网上公开资料整理。具体来源如下。

注：①《2022 年上半年数字经济占全市 GDP 比重达 43.3%》，https：//www.beijing.gov.cn/ywdt/gzdt/202207/t20220728_2780718.html，最后访问日期：2023 年 10 月 11 日。

②《上海数字经济发展水平居全国前列》，http：//city.ce.cn/news/202207/25/t20220725_7345953.shtml，最后访问日期：2023 年 10 月 11 日。

③《〈广州市数字经济评估报告（2022）〉出炉》，https：//new.qq.com/rain/a/20230415A05Q6U00，最后访问日期：2023 年 10 月 11 日。

④《新华社：数字经济正成为深圳高质量发展新引擎》，http：//www.sz.gov.cn/cn/xxgk/zfxxgj/zwdt/content/post_10454696.html，最后访问日期：2023 年 10 月 11 日。

⑤《〈重庆市互联网发展报告 2022〉发布重庆数字化水平位列全国第一梯队》，https：//www.cq.gov.cn/ywdt/jrcq/202307/t20230711_12138558.html，最后访问日期：2023 年 10 月 11 日。

⑥《中国（合肥）数字经济创新峰会举办》，https：//www.cnr.cn/ah/news/20230223/t20230223_526162035.shtml，最后访问日期：2023 年 10 月 11 日。

表 2－5　代表性国家的样本情况

国家	具体情况
美国	美国整体经济实力强，在资金、技术、产业等方面较其他国家具有显著优势，目前数字经济发展已达较高水平，2021 年数字经济占 GDP 的比重已超过 65%
英国	对数字经济发展的政策推动早，英国整体经济实力强，发展数字经济条件足，具有较大优势，当前数字经济规模以较快速度不断扩大，2021 年数字经济占 GDP 比重的已超过 65%

续表

国家	具体情况
德国	对数字经济发展的政策推动早，重视数字化，不断出台政策推动数字经济发展，数字经济发展水平高，数字经济规模以较快速度不断扩大，2021年数字经济占GDP的比重已超过65%
日本	信息基础建设建设全球领先，具有良好的数字经济发展基础，日本政府将数字经济政策作为施政重点和国家战略来进行统筹推进
巴西	拉美地区人工智能（AI）技术领军国家之一。2017～2022年在AI整体支出和AI服务器支出的增速分别达到25.1%和22.1%，数字经济规模在世界上位于前列
尼日利亚	非洲第一人口大国。2022年，尼日利亚数字经济共吸引投资超6亿美元，位居非洲国家榜首，金融科技公司增长数在非洲国家中最高

资料来源：《全球数字经济白皮书（2022年）》，http://www.caict.ac.cn/kxyj/qwfb/bps/2022 12/t20221207_412453.htm，最后访问日期：2023年10月11日。

二 国家层面的数字经济政策

对于国家层面的数字经济政策，本书选择2016年至2023年间发布的6份与数字经济相关的综合性政策文件，利用词频分析、编码分析等方式梳理其发展历史和总结其政策目标与政策工具特点，以期更好地理解我国数字经济政策的意图、把握其发布规律，并探索中央政府在选择和运用政策工具时的偏好。

（一）国家层面数字经济政策的发展历史

数字经济已经成为我国推动经济高质量发展的重要引擎，日益受到党和国家的高度重视。近年来，我国有序推进数字经济顶层战略规划，本部分将重点关注国家层面数字经济政策的发展历史。

1. 政策概况

从近年来国家层面出台的主要数字经济政策来看，国家对于数字经济的支持政策呈现有序推进、不断拓展与深化的发展态势。党的十八大以来，我国坚持实施网络强国战略，对发展数字经济的重视程度不断提升，相继出台了多项数字经济发展政策，从起初的国务院发文，到中共中央与国务院共同发文，政策数量增加、实践范围扩大，推动我国数字经济一步步从小到大、由大到强。

2016 年，国务院印发的《"十三五"国家信息化规划》作为"十三五"国家规划体系的重要组成部分，成为"十三五"期间指导全国各地区、各部门信息化工作的行动指南；① 同年，国务院印发《关于深化制造业与互联网融合发展的指导意见》，深化我国制造业与互联网融合发展，协同推进"中国制造 2025"和"互联网 +"行动；② 2017 年，国务院印发《关于深化"互联网 + 先进制造业"发展工业互联网的指导意见》，围绕推动互联网和实体经济深度融合来推动我国现代化经济体系建设；③ 2019 年，国务院办公厅印发《关于促进平台经济规范健康发展的指导意见》，以推动建立健全适应平台经济发展特点的新型监管机制，着力营造公平竞争市场环境；④ 2022 年，国务院印发《"十四五"数字经济发展规划》，标志着数字经济领域的首部国家级专项规划的出台，也是首次在国家级文件中针对数字经济的概念进行了界定；⑤ 2023 年，中共中央、国务院印发了《数字中国建设整体布局规划》，是截至目前国家层面印发的最新规划，提出了数字中国建设的整体框架，标志着数字经济被放到更重要的位置（见表 2 - 6）。⑥

表 2 - 6 国家层面的主要数字经济政策

发文时间	政策	发文单位
2016 年	《国务院关于印发"十三五"国家信息化规划的通知》	国务院
2016 年	《国务院关于深化制造业与互联网融合发展的指导意见》	国务院

① 《国务院关于印发"十三五"国家信息化规划的通知》，https://www.gov.cn/zhengce/content/2016 - 12/27/content_5153411.htm，最后访问日期：2023 年 10 月 11 日。

② 《国务院关于深化制造业与互联网融合发展的指导意见》，https://www.gov.cn/zhengce/content/2016 - 05/20/content_5075099.htm，最后访问日期：2023 年 10 月 11 日。

③ 《国务院关于深化"互联网 + 先进制造业"发展工业互联网的指导意见》，https://www.gov.cn/zhengce/content/2017 - 11/27/content_5242582.htm，最后访问日期：2023 年 10 月 11 日。

④ 《国务院办公厅关于促进平台经济规范健康发展的指导意见》，https://www.gov.cn/zhengce/content/2019 - 08/08/content_5419761.htm? trs = 1，最后访问日期：2023 年 10 月 11 日。

⑤ 《国务院关于印发"十四五"数字经济发展规划的通知》，https://www.gov.cn/zhengce/content/2022 - 01/12/content_5667817.htm，最后访问日期：2023 年 10 月 11 日。

⑥ 《中共中央 国务院印发〈数字中国建设整体布局规划〉》，https://www.gov.cn/zhengce/2023 - 02/27/content_5743484.htm，最后访问日期：2023 年 10 月 11 日。

发文时间	政策	发文单位
2017 年	《国务院关于深化"互联网＋先进制造业"发展工业互联网的指导意见》	国务院
2019 年	《国务院办公厅关于促进平台经济规范健康发展的指导意见》	国务院办公厅
2022 年	《"十四五"数字经济发展规划》	国务院
2023 年	《数字中国建设整体布局规划》	中共中央、国务院

资料来源：作者自制。

2. 主题词分布

本书选取了《国务院关于印发"十三五"国家信息化规划的通知》、《国务院关于深化制造业与互联网融合发展的指导意见》、《国务院关于深化"互联网＋先进制造业"发展工业互联网的指导意见》、《国务院办公厅关于促进平台经济规范健康发展的指导意见》、《"十四五"数字经济发展规划》和《数字中国建设整体布局规划》6 份国家层面的数字经济政策文件，整合后进行词频分析，主题词词频统计如图 2 - 1 所示。

图 2 - 1　国家层面数字经济政策的主题词词频统计
资料来源：作者自制。

从图 2 - 1 可以看出，国家层面的数字经济政策聚焦"发展"和"数据"两大关键词，两个词语在多份政策文件中共计出现一千余次，由此可以看出国家对于发展数字经济的重视，并且注重从顶层设计来推动我国数字经济的发展。政策文件都关注到了发展数字经济的各方面要素，对互联网、创新技术、网络、数据、服务等相关内容均做出规划，既关注到数字基础设施建设，又强调互联网的发展，还重视数据资源，并推动信息化网络化水平提高以及鼓励创新，等等。国家层面的政策强调整体，重视各系统要素，统筹兼顾，既注重优化数字基础（设施）建设，又强调充分发挥数据、资源、技术的支撑作用，健全完善数字经济治理体系，突出平台、组织、体系的构建，进一步形成统一标准。国家层面的数字经济政策内容丰富、要素完整，这也反映出，数字经济不断成为稳增长、促转型、保民生的重要支柱，国家将其作为我国经济社会建设发展的重要推手。

（二）国家层面数字经济的政策特点

本书选取《国务院关于印发"十三五"国家信息化规划的通知》、《国务院关于深化制造业与互联网融合发展的指导意见》、《国务院关于深化"互联网＋先进制造业"发展工业互联网的指导意见》、《国务院办公厅关于促进平台经济规范健康发展的指导意见》、《"十四五"数字经济发展规划》和《数字中国建设整体布局规划》6 份国家层面的数字经济政策文件进行编码分析，得到政策目标特点及政策工具特点如下。

1. 政策目标特点

对国家层面数字经济政策进行目标维度的分析，共得到 342 个参考点。涉及与多元主体参与、数字技术融合、应用场景拓展相关的产业转型目标的参考点共计 99 个，占比为 29%；涉及与国际交流合作、商业模式创新、综合协调发展相关的城市转型目标的参考点共计 128 个，占比为 37%；涉及与区域创新支持、区域互动交流、区域特色优势相关的区域协同目标的参考点共计 17 个，占比为 5%；涉及与基础设施建设、技能人才培养、治理体系完善相关的设施保障目标的参考点共计 98 个，占比为 29%。整体来看，我国国家层面数字经济政策中对发展目标的设定较为倾向于"城市转型"、"设施保障"和"产业转型"层面（见表 2-7）。

表2-7　国家层面的数字经济政策的政策目标编码结果

单位：个，%

维度	类型	名称	参考点数	小计（占比）	合计
政策目标	产业转型	多元主体参与	13	99（29）	342
		数字技术融合	47		
		应用场景拓展	39		
	城市转型	国际交流合作	19	128（37）	
		商业模式创新	49		
		综合协调发展	60		
	区域协同	区域创新支持	8	17（5）	
		区域互动交流	6		
		区域特色优势	3		
	设施保障	基础设施建设	26	98（29）	
		技能人才培养	9		
		治理体系完善	63		

资料来源：作者自制。

各个目标分类下的参考点数量也存在差异。从政策编码结果可知，在"产业转型"目标类型中，数字技术融合及应用场景拓展的相关参考点数占比较高，可见中央政府着重在产业数字化、数字产业化方面有所发展。在"城市转型"目标类型中，综合协调发展及商业模式创新的相关参考点数占比较高，可见中央政府格外关注城市的商业模式以及综合数字能力的提升。在"区域协同"目标类型中，中央政府更为关注区域创新支持和区域互动交流。但总体而言，中央政府对于区域协同这一层次目标的规划和展望稍显薄弱。在"设施保障"目标类型中，中央政府对治理体系完善和基础设施建设的期望远多于其他指标，这两项指标主要体现的是对数字经济治理体系完善以及对城市信息基础设施的建设的重视，表现出中央政府在数字经济发展环境优化和发展基础夯实方面具有较为强烈的决心。

2. 政策工具特点

将国家层面的数字经济政策纳入政策工具维度进行分析，共得到597个参考点。政策文本编码结果显示，国家层面政府数字经济政策均涉及供给型、需求型和环境型政策工具，整体以使用环境型政策工具和供给型政策工具为主，环境型政策工具共计 236 个参考点，在三类政策工具中占比为 40%；供给型政策工具共计 217 个参考点，占比为 36%；国家层面的数字经济政策对需求型政策工具的使用最少，共计 144 个参考点，占比为 24%（见表 2-8）。

表 2-8　国家层面的数字经济政策的政策工具编码结果

单位：个，%

维度	类型	名称	参考点数	小计（占比）	合计
政策工具	供给型	公共服务	64	217（36）	597
		基础设施	40		
		科技支持	87		
		人才支持	16		
		资金支持	10		
	需求型	产业塑造	43	144（24）	
		海外拓展	16		
		交流合作	27		
		市场培育	25		
		应用示范	33		
	环境型	策略措施	43	236（40）	
		法规管制	80		
		金融税收	17		
		目标规划	35		
		组织体系	61		

资料来源：作者自制。

根据以上数据编码结果可知，我国中央政府在推动数字经济发展过程中，在供给推动、需求拉动及营造良好环境三方面均有考虑，但有所侧重和偏向。首先，在占比最高的环境层面，中央政府特别强调通过采取各类策略性措施来推动、鼓励、引导数字经济建设，以及通过给予相关政策支持、出台和使用法律法规来保障数字经济发展，但对目标规划、金融税收等方面的重视有待增强。其次，在供给层面，为数字经济相关领域的应用和理论研究提供科技支持、搭建公共服务平台、建设数字信息基础设施是政府的着力点，但在增加资金投入和加强人才培养两个方面的工作力度相对较小，这在一定程度上体现了政府公共性与服务性。最后，在占比最低的需求层面，我国中央政府较重视数字经济下对新兴产业的塑造及对试点示范项目的打造和经验总结，体现出成果转化的重要性和数字技术创新发展带来的经济效益，并希望帮助降低相关措施的风险和试错成本。

三　代表性省份数字经济政策

对于代表性省份的数字经济政策，本书选择来自浙江省、江苏省、广东省、福建省、贵州省、内蒙古自治区和陕西省 7 个代表性省份的 23 份与数字经济相关的综合性政策，利用词频分析、编码分析等方式梳理其发展历史和总结其政策目标与政策工具特点，以期揭示中国数字经济政策的地域属性。

（一）代表性省份数字经济政策的发展历史

在农业经济、工业经济之后，数字经济成为深刻影响和改变人类经济社会发展模式的重要经济形态，也是我国经济转型发展的重点，得到了各方广泛关注。本部分侧重于我国省级层面的数字经济政策，关注其发展历史。

1. 政策概况

随着中央出台数字经济政策，省级层面也不断加强数字经济的政策引导，大力发展数字经济，表 2 - 9 展示了所选取省份历年出台的数字经济政策。

表 2 - 9　省级层面的数字经济政策

省份	发文时间	政策
浙江省	2016 年 8 月	《浙江省信息化发展"十三五"规划（"数字浙江 2.0"发展规划)》
	2020 年 12 月	《浙江省数字经济促进条例》
江苏省	2020 年 10 月	《江苏省政府办公厅关于深入推进数字经济发展的意见》
	2022 年 5 月	《江苏省数字经济促进条例》

续表

省份	发文时间	政策
广东省	2018 年 4 月	《广东省数字经济发展规划（2018—2025 年）》（征求意见稿）
	2021 年 8 月	《广东省数字经济促进条例》
	2022 年 7 月	《广东省数字经济发展指引 1.0》
福建省	2018 年 4 月	《2018 年数字福建工作要点》
	2022 年 4 月	《福建省做大做强做优数字经济行动计划（2022—2025 年）》
贵州省	2017 年 2 月	《贵州省数字经济发展规划（2017—2020 年）》
	2017 年 3 月	《中共贵州省委贵州省人民政府关于推动数字经济加快发展的意见》
	2018 年 2 月	《贵州省实施"万企融合"大行动打好"数字经济"攻坚战方案》
	2018 年 6 月	《贵州省人民政府关于促进大数据云计算人工智能创新发展加快建设数字贵州的意见》
	2021 年 9 月	《贵州省数字经济领域重点人才计划实施办法（试行）》
	2021 年 12 月	《贵州省"十四五"数字经济发展规划》
内蒙古	2017 年 12 月	《内蒙古自治区大数据发展总体规划（2017—2020 年）》
	2020 年 1 月	《内蒙古自治区人民政府关于推进数字经济发展的意见》
	2021 年 10 月	《内蒙古自治区"十四五"数字经济发展规划》
	2022 年 12 月	《内蒙古自治区人民政府关于加快推进数字经济发展若干政策的通知》
陕西省	2013 年 6 月	《"数字陕西·智慧城市"发展纲要（2013—2017 年）》
	2022 年 4 月	《陕西省加快推进数字经济产业发展实施方案（2021—2025 年）》
	2022 年 4 月	《陕西省"十四五"数字经济发展规划》

资料来源：作者自制。

　　从表 2-9 可以看出，在各省中，广东、浙江、江苏、贵州等代表性省份不断出台数字经济相关政策，政策支持力度不断加大，涵盖范围不断扩大，上述各省 2022 年的数字经济规模位于全国前列，由此也可以看出其政策环境优良。横向上看，各省数字经济政策的内容不断聚焦又发散相关，发展过程为从将数字经济的发展涵盖在"数字××省"之下，到政策全面聚焦数字经济，再到关注支撑数字经济发展的相关资源。纵向上看，随着时间的推移，出台数字经济相关政策的省份不断增多，与国家层面支持数字经济发展的大方向相呼应。其中，可以看到，广东省和陕西省体现出"地方先行"的特点，分别在 2008 年和 2013 年就提出发展数字省份政策，这也与我国改革开放以来各地为积极推动经济发展而勇于创新、敢于实践的经济社会基本状况相吻合。

2. 主题词分布

在省级层面的政策分析上，本书选取了《广东省数字经济促进条例》①、《浙江省数字经济促进条例》②、《江苏省数字经济促进条例》③、《福建省做大做强做优数字经济行动计划（2022—2025 年）》④、《贵州省"十四五"数字经济发展规划》⑤、《陕西省"十四五"数字经济发展规划》⑥ 和《内蒙古自治区人民政府关于加快推进数字经济发展若干政策的通知》⑦ 7 个省份的数字经济政策，整合后进行词频分析，主题词词频统计如图 2 - 2 所示。

从图 2 - 2 可以看出，省级层面的数字经济政策以"数据"为核心，将数据资源作为关键要素，重视通过发挥数据效能来推动数字经济发展。各省均在产业发展、数字治理、数据价值、数字基建等方面发力，重视数字人才的培养，着力推进科学研究，打造研究中心，在人工智能等数字技术方面采取突破性行动。各省均支持改革与创新，对于数据安全也有所重视。此外，各省注重数字与产业的结合，大力推进"数字产业化""产业数字化"。

---

① 《广东省第十三届人民代表大会常务委员会公告（第85号）》，https://www.cnbayarea.org.cn/policy/policy%20release/policies/content/post_537054.html，最后访问日期：2023 年 10 月 11 日。

② 《浙江省数字经济促进条例》，https://jxt.zj.gov.cn/art/2020/12/24/art_1229123459_4349621.html，最后访问日期：2023 年 10 月 11 日。

③ 《江苏省数字经济促进条例》，http://www.jsrd.gov.cn/qwfb/sjfg/202206/t20220606_537449.shtml，最后访问日期：2023 年 10 月 11 日。

④ 《福建省数字福建建设领导小组办公室关于印发〈福建省做大做强做优数字经济行动计划（2022—2025 年）〉的通知》，http://fgw.fujian.gov.cn/ztzl/szfjzt/zcfg_35780/202204/t20220408_5881618.htm，最后访问日期：2023 年 10 月 11 日。

⑤ 《省大数据发展领导小组办公室关于印发贵州省"十四五"数字经济发展规划的通知》，https://dsj.guizhou.gov.cn/zwgk/xxgkml/ghjh/202112/t20211230_72171400.html，最后访问日期：2023 年 10 月 11 日。

⑥ 《陕西省人民政府办公厅关于印发"十四五"数字经济发展规划的通知》，http://www.shaanxi.gov.cn/zfxxgk/zfgb/2022/d19q/202211/t20221110_2263736.html，最后访问日期：2023 年 10 月 11 日。

⑦ 《自治区人民政府印发〈关于加快推进数字经济发展若干政策的通知〉》，http://fgw.nmg.gov.cn/ywgz/tzgg/202303/t20230322_2277707.html，最后访问日期：2023 年 10 月 11 日。

图 2 - 2 省级层面数字经济政策的主题词词频统计

资料来源：作者自制。

（二）代表性省份数字经济的政策特点

本书对《浙江省数字经济促进条例》、《江苏省数字经济促进条例》、《广东省数字经济促进条例》、《福建省做大做强做优数字经济行动计划（2022—2025 年）》、《贵州省"十四五"数字经济发展规划》、《内蒙古自治区人民政府关于加快推进数字经济发展若干政策的通知》和《陕西省"十四五"数字经济发展规划》7 份省级层面的数字经济政策文件进行编码分析，得到政策目标特点及政策工具特点（见表 2 - 10）。政策基本情况如下。

表 2 - 10 省级层面编码分析的数字经济政策情况

省份	政策名称	发布主体	发布时间
浙江省	《浙江省数字经济促进条例》	浙江省第十三届人民代表大会常务委员会	2020 年 12 月
江苏省	《江苏省数字经济促进条例》	江苏省第十三届人民代表大会常务委员会	2022 年 5 月
广东省	《广东省数字经济促进条例》	广东省第十三届人民代表大会常务委员会	2021 年 7 月
福建省	《福建省做大做强做优数字经济行动计划（2022—2025 年）》	福建省数字福建建设领导小组办公室	2022 年 4 月

续表

省份	政策名称	发布主体	发布时间
贵州省	《贵州省"十四五"数字经济发展规划》	贵州省大数据发展领导小组办公室	2021 年 12 月
内蒙古	《内蒙古自治区人民政府关于加快推进数字经济发展若干政策的通知》	内蒙古自治区人民政府	2022 年 12 月
陕西省	《陕西省"十四五"数字经济发展规划》	陕西省人民政府办公厅	2022 年 4 月

来源：作者自制。

1. 政策目标特点

对省级层面数字经济政策进行目标维度的分析，共得到 439 个参考点。涉及与多元主体参与、数字技术融合、应用场景拓展相关的产业转型目标的参考点共计 187 个，占比为 43%；涉及与国际交流合作、商业模式创新、综合协调发展相关的城市转型目标的参考点共计 68 个，占比为 15%；涉及与区域创新支持、区域互动交流、区域特色优势相关的区域协同目标的参考点共计 34 个，占比为 8%；涉及与基础设施建设、技能人才培养、治理体系完善相关的设施保障目标的参考点共计 150 个，占比为 34%（见表 2 - 11）。整体来看，我国代表性省份层面数字经济政策中对发展目标的设定明显倾向于产业转型和设施保障层面，与国家层面数字经济政策中的目标倾向基本相符。

表 2 - 11　省级层面的数字经济政策的政策目标编码结果

单位：个，%

维度	类型	名称	参考点数	小计（占比）	合计
政策目标	产业转型	多元主体参与	5	187（43）	439
		数字技术融合	99		
		应用场景拓展	83		
	城市转型	国际交流合作	6	68（15）	
		商业模式创新	38		
		综合协调发展	24		
	区域协同	区域创新支持	5	34（8）	
		区域互动交流	15		
		区域特色优势	14		

续表

维度	类型	名称	参考点数	小计（占比）	合计
政策目标	设施保障	基础设施建设	71	150（34）	439
		技能人才培养	20		
		治理体系完善	59		

来源：作者自制。

　　各省份在政策目标的关注度上存在差异，总体而言，大多数省份给予"产业转型"较高的期望，对于"区域协同"的关注则明显偏少。陕西省、广东省、江苏省、内蒙古自治区致力于为数字经济中的产业转型营造良好的政策环境，而江苏省和内蒙古自治区则还需要在数字经济的区域协同层面提高关注度。值得注意的是，贵州省和陕西省对于细分的四类政策目标的关注度较为均衡，浙江省则格外关注数字经济发展中的设施保障（见图2－3）。

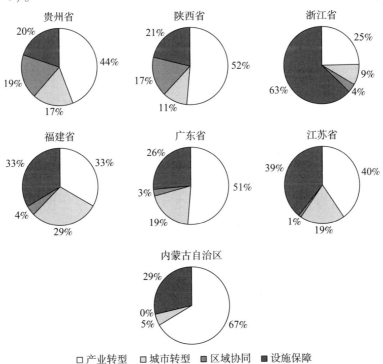

图2－3　代表性省份数字经济政策的政策目标分布

来源：作者自制。

更进一步细化来看，贵州省、陕西省、福建省和内蒙古自治区最为关注"应用场景拓展"这一政策目标，反映出这些省份对于数字经济应用场景的重视。广东省和江苏省则最为关注"数字技术融合"这一政策目标，反映出两省在数字经济发展中赋予技术以重要地位和关键作用。浙江省则最为关注"治理体系完善"这一政策目标，反映出浙江省对于营造数字经济发展生态和环境的决心（见表2-12）。

表2-12　各省的数字经济政策中最为关注的政策目标

单位：%

省份	参考点数最多的政策目标	参考点占比
贵州省	应用场景拓展	27
陕西省	应用场景拓展	28
浙江省	治理体系完善	30
福建省	应用场景拓展	17
广东省	数字技术融合	33
江苏省	数字技术融合	31
内蒙古自治区	应用场景拓展	43

来源：作者自制。

2. 政策工具特点

将代表性省份层面的数字经济政策纳入政策工具维度进行分析，共得到792个参考点。政策文本编码结果显示，省级层面政府数字经济政策均涉及供给型、需求型和环境型政策工具，整体以使用供给型政策工具和环境型政策工具为主，供给型政策工具共计319个参考点，占比为40%；环境型共计272个参考点，占比为34%；省级层面的数字经济政策对需求型政策工具的使用最少，共计201个参考点，占比为25%（见表2-13）。总体而言，省级层面与国家层面在数字经济政策中所使用的政策工具偏好较为吻合，中央政策中的政策工具偏好在省级层面得到了进一步的体现。

表 2 - 13 省级层面的数字经济政策的政策工具编码结果

单位：个，%

维度	类型	名称	参考点数	小计（占比）	合计
政策工具	供给型	公共服务	119	319（40）	792
		基础设施	34		
		科技支持	118		
		人才支持	18		
		资金支持	30		
	需求型	产业塑造	65	201（25）	
		海外拓展	7		
		交流合作	41		
		市场培育	37		
		应用示范	51		
	环境型	策略措施	25	272（34）	
		法规管制	106		
		金融税收	32		
		目标规划	50		
		组织体系	59		

来源：作者自制。

具体到各个代表性省份，则可以看到，除内蒙古自治区明显偏向于使用供给型政策工具来支持数字经济发展外，其余各代表性省份对于三类政策工具的使用较为均衡。相对而言，贵州省、陕西省、福建省、广东省更偏向于使用供给型政策工具，通过加强基础设施建设，为科技发展、人才培育提供所需的资源，来直接促进数字经济的发展。浙江省、江苏省则更偏向于使用环境型政策工具，通过制定策略措施、规范法规管制、明确组织体系等手段，创造数字经济高质量发展的利好环境，营造良好氛围（见图 2 - 4）。

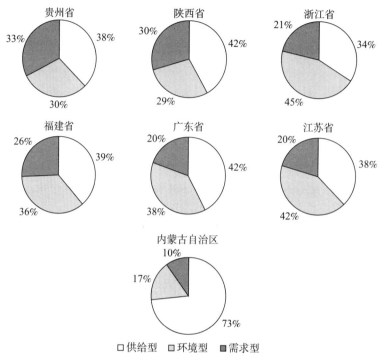

图 2 – 4 代表性省份数字经济政策的政策工具分布
来源：作者自制。

四 代表性城市数字经济政策

对于城市层面的数字经济政策，本书选择来自北京市、上海市、广州市、深圳市、重庆市和合肥市 6 个代表性城市的 14 份与数字经济相关的综合性政策文件，利用词频分析、编码分析等方式梳理其发展历史和总结其政策目标与政策工具特点，以便更具体地观察下级政府对上级政府政策的回应和创新。

（一）代表性城市数字经济政策的发展历史

在党和国家政策引导下，各级地方政府纷纷将大力发展数字经济作为推动经济高质量发展的重要举措，推进数字经济发展和数字化转型的政策不断深化与落地，本部分聚焦市级层面的数字经济政策，梳理代表性城市相关政策的发展历史。

1. 政策概况

从表 2－14 可以看出，在国家和省级数字经济政策不断出台的背景下，全国各城市也纷纷出台当地数字经济政策。多为"数字经济促进条例"和"数字经济产业发展规划"，各地政府重视程度逐年提高，政策文件数量也逐年增加。在对具体政策进行阅读分析后，可以发现各地市政策会结合城市特点，以数字经济政策增强城市数字经济竞争力。根据中国信息通信研究院发布的《中国数字经济发展报告（2022 年）》，北京、上海、深圳、广州等城市数字政策环境的友好程度居于全国前列。

表 2－14　各代表性城市出台的主要数字经济政策

城市	发布时间	政策
北京市	2007 年 9 月	《北京市信息化促进条例》
	2020 年 9 月	《北京市促进数字经济创新发展行动纲要（2020—2022 年）》
	2022 年 11 月	《北京市数字经济促进条例》
上海市	2021 年 1 月	《关于全面推进上海市城市数字化转型的意见》
	2022 年 6 月	《上海市数字经济发展"十四五"规划》
广州市	2011 年 9 月	《广州市信息化促进条例》
	2020 年 2 月	《广州人工智能与数字经济试验区建设总体方案》
	2022 年 4 月	《广州市数字经济促进条例》
深圳市	1999 年 1 月	《深圳经济特区信息化建设条例》
	2022 年 9 月	《深圳经济特区数字经济产业促进条例》
重庆市	2021 年 11 月	《重庆市数字经济"十四五"发展规划（2021—2025 年）》
	2021 年 12 月	《重庆市数字产业发展"十四五"规划（2021—2025 年）》
合肥市	2020 年 1 月	《合肥市数字经济发展规划（2020—2025 年）》
	2022 年 3 月	《合肥市"十四五"数字合肥发展规划》

资料来源：作者自制。

2. 主题词分布

在地市层面的政策分析上，本书选取了《北京市数字经济促进条例》①、

---

① 《北京市数字经济促进条例》，http://www.bjrd.gov.cn/rdzl/dfxfgk/dfxfg/202211/t20221128_2867577.html，最后访问日期：2023 年 10 月 11 日。

《上海市数字经济发展"十四五"规划》①、《深圳经济特区数字经济产业促进条例》②、《广州市数字经济促进条例》③、《重庆市数字产业发展"十四五"规划（2021—2025年）》④和《合肥市"十四五"数字合肥发展规划》⑤6个城市的数字经济政策，整合后进行词频分析，主题词词频统计如图2-5所示。

图2-5 城市层面数字经济政策的主题词词频统计

资料来源：作者自制。

图2-5显示，地市层面的数字经济政策聚焦"建设""应用""发展""数据"几个关键词，以"建设"为核心。可以看出，地市是在国家

---

① 《上海市人民政府办公厅关于印发〈上海市数字经济发展"十四五"规划〉的通知》，https：//english. shanghai. gov. cn/hfbf2022/20220712/d3f5206dec5f4010a6065b4aa2c1ccce. html，最后访问日期：2023年10月11日。

② 《深圳经济特区数字经济产业促进条例》，http：//www. szrd. gov. cn/szrd_ zlda/szrd_ zlda_ flfg_ szfg/flfg_ szfg/content/post_834709. html，最后访问日期：2023年10月11日。

③ 《广州市数字经济促进条例》，https：//gz. gov. cn/ysgz/xwdt/ysdt/tpxw/content/post_8182715. html，最后访问日期：2023年10月11日。

④ 《重庆市人民政府关于印发重庆市数字产业发展"十四五"规划（2021—2025年）的通知》，http：//dsjj. cq. gov. cn/zwgk_ 533/fdzdgknr/ghxx/202206/W020220613434406315311. pdf？zwkey＝541f2a12，最后访问日期：2023年10月11日。

⑤ 《合肥市"十四五"数字合肥发展规划》，https：//www. ahchanye. com/zc/13851. html，最后访问日期：2023年10月11日。

和省级的指导下，出台政策以进一步健全本市的数字经济相关体系、搭建创新平台等。突出"数字"，强调数字创意、数据平台、全产业链、数字技术应用、应用创新等，注重实践中的成果转化、协同发展、数字化改造，突出重点工程。侧重体系建设和发展服务能力，强调的是全面性的、整体的发展与提升，相较国家和省级政策更聚焦。

（二）代表性城市数字经济的政策特点

本书对《北京市数字经济促进条例》、《上海市数字经济发展"十四五"规划》、《广州市数字经济促进条例》、《深圳经济特区数字经济产业促进条例》、《重庆市数字产业发展"十四五"规划（2021—2025 年）》和《合肥市"十四五"数字合肥发展规划》6 份市级层面的数字经济政策文件进行编码分析，得到政策目标特点及政策工具特点，政策的基本情况表2 – 15 所示。

表 2 – 15　城市层面编码分析的数字经济政策情况

省份	政策名称	发文主体	发文时间
北京市	《北京市数字经济促进条例》	北京市第十五届人民代表大会常务委员会	2022 年 11 月
上海市	《上海市数字经济发展"十四五"规划》	上海市人民政府办公厅	2022 年 6 月
广州市	《广州市数字经济促进条例》	广州市第十六届人民代表大会常务委员会	2022 年 4 月
深圳市	《深圳经济特区数字经济产业促进条例》	深圳市第七届人民代表大会常务委员会	2022 年 9 月
重庆市	《重庆市数字产业发展"十四五"规划（2021—2025 年）》	重庆市人民政府	2021 年 12 月
合肥市	《合肥市"十四五"数字合肥发展规划》	合肥市人民政府	2020 年 1 月

资料来源：作者自制。

1. 政策目标特点

对市级层面数字经济政策进行目标维度的分析，共得到 436 个参考点。涉及与多元主体参与、数字技术融合、应用场景拓展相关的产业转型目标的参考点共计206个，占比为47%；涉及与国际交流合作、商业模式创新、综合协调发展相关的城市转型目标的参考点共计54个，占比为12%；涉及与区域创新支持、区域互动交流、区域特色优势相关的区域协同目标的参考点共计33个，占比为8%；涉及与基础设施建设、技能人才培养、治理体系完善相关的设施保障目标的参考点共计143个，占比为33%（见表2－16）。整体来看，我国代表性城市的数字经济政策中对发展目标的设定明显倾向于"产业转型"和"设施保障"层面，这与代表性省份的数字经济政策编码结果一致。

表 2 - 16　市级层面的数字经济政策的政策目标编码结果

单位：个，%

维度	类型	名称	参考点数	小计（占比）	合计
政策目标	产业转型	多元主体参与	11	206（47）	436
		数字技术融合	88		
		应用场景拓展	107		
	城市转型	国际交流合作	12	54（12）	
		商业模式创新	28		
		综合协调发展	14		
	区域协同	区域创新支持	9	33（8）	
		区域互动交流	18		
		区域特色优势	6		
	设施保障	基础设施建设	68	143（33）	
		技能人才培养	12		
		治理体系完善	63		

资料来源：作者自制。

与代表性省份的情况相似，各个代表性城市在政策目标的关注度上也存在差异。总体而言，大多数城市也给予了"产业转型"较高的期望，尤其是合肥市对"产业转型"这一政策目标的关注程度，比其他城市都更高。重庆市、北京市和广州市在"设施保障"上也有较高的关注度，这些城市希望为数字经济的发展提供有力的保障支撑（见图2－6）。值得注意的是，深圳市和重庆市对于所细分的四类政策目标的关注较为均衡，特别是在区域协同上，两地的政策相应结合了粤港澳大湾区和成渝双城地区的发展规划，对区域创新支持、区域互动交流和区域特色发展都给予了一定关注度。

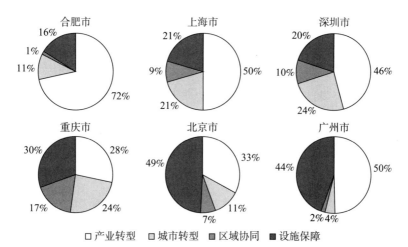

图 2 - 6　代表性城市数字经济政策的政策目标分布

资料来源：作者自制。

从更进一步的细化来看，合肥市、上海市、深圳市和重庆市最关注"应用场景拓展"这一政策目标，反映出这些城市对于数字经济应用场景的关注度较高；广州市则最关注"数字技术融合"这一政策目标，反映出数字经济中技术的重要地位和关键作用；北京市则最为关注"治理体系完善"这一政策目标，反映出北京市对于营造数字经济发展生态和环境的决心（见表 2 - 17）。

表 2 - 17　各市的数字经济政策中最为关注的政策目标

单位：%

省份	参考点数数量最多的政策目标	参考点占比
合肥市	应用场景拓展	43
上海市	应用场景拓展	36
深圳市	应用场景拓展	45
重庆市	应用场景拓展	17
北京市	治理体系完善	36
广州市	数字技术融合	35

资料来源：作者自制。

2. 政策工具特点

将代表性城市层面的数字经济政策纳入政策工具维度进行分析，共得到 727 个参考点。政策文本编码结果显示，市级层面政府数字经济政策均涉及供给型、需求型和环境型政策工具，整体以使用供给型政策工具为主，共计 294 个参考点，在三类政策工具中占比为 40%；环境型政策工具和需求型政策工具的编码参考点数分别为 213 个和 220 个，占比分别为 29% 和 30%（见表 2 - 18）。总体而言，这与国家层面、省级层面的数字经济政策中所使用的政策工具偏好较为接近，但相对而言更加注重需求型政策工具的使用。

表 2 - 18　城市层面的数字经济政策的政策工具编码结果

单位：个，%

维度	类型	名称	参考点数	小计（占比）	合计
政策工具	供给型	公共服务	123	294（40）	727
		基础设施	25		
		科技支持	121		
		人才支持	13		
		资金支持	12		
	需求型	产业塑造	84	220（30）	
		海外拓展	13		
		交流合作	31		
		市场培育	46		
		应用示范	46		
	环境型	策略措施	9	213（29）	
		法规管制	107		
		金融税收	18		
		目标规划	37		
		组织体系	42		

资料来源：作者自制。

具体到各个代表性城市，从图 2 - 7 可以看出，合肥市明显倾向于使用供给型政策工具，以直接推动当地数字经济的发展；上海市则重点运用了供给型政策工具和需求型政策工具，对环境型政策工具的使用较少；北京市偏向于使用供给型政策工具和环境型政策工具，对于需求型政策工具的使用较少；广州市、深圳市、重庆市对于三类政策工具的偏好较不明显，倾向于三类政策工具的混合搭配。

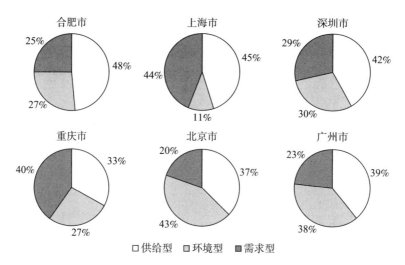

图2-7　代表性城市数字经济政策的政策工具分布

资料来源：作者自制。

五　数字经济政策的国别比较

（一）各国数字经济政策的发展历史

1. 政策概况

随着大数据、云计算、人工智能技术的快速发展和广泛应用，数字经济越发成为推动全球经济发展的重要动能。在我国从上至下都在积极推动数字经济发展的同时，世界各国的数字经济发展战略层级也不断提升，以顶层设计的形式陆续出台诸多相关政策（见表2-19）。21世纪初期后，日本、英国、美国、德国等世界主要国家便陆续制定了本国数字经济发展战略，政策内容涵盖产业、技术、创新等多方面，有效推动了数字经济的向前发展。

表 2-19　各代表性国家出台的主要数字经济政策

国家	时间	政策战略
美国	2011 年	《美国创新战略 2011：确保我们的经济增长和繁荣》
	2015 年	《数字经济议程》
	2016 年	《加强国家网络安全——促进数字经济的安全与发展》
	2018 年	《美国机器智能国家战略》
英国	2009 年	《数字英国》计划，数字化首次以国家顶层设计的形式出现
	2009 年	《数字经济法案》
	2013 年	《信息经济战略》
	2015 年	《数字经济战略（2015—2018 年）》
	2017 年	《英国数字化战略》
	2017 年	《英国数字经济战略》
	2018 年	《产业战略：人工智能领域行动》
德国	2010 年	《数字德国 2015》
	2014 年	《数字议程（2014—2017）》
	2016 年	《数字战略 2025》
	2018 年	《高技术战略 2025》
日本	2001 年	《E-Japan 战略》
	2004 年	《U-Japan 战略》
	2009 年	《I-Japan 战略》
	2013 年	自 2013 年开始每年制定《科学技术创新综合战略》
	2018 年	《集成创新战略》《综合创新战略》
巴西	2022 年	《巴西数字化转型战略 2022—2026》
尼日利亚	2020 年	《国家数字经济政策和战略（2020—2030）》

资料来源：作者自制。

　　总体来看，数字经济在各国的战略地位逐渐提升，数字经济政策成为各国顶层设计，各国加速出台数字经济相关政策以统筹数字经济发展，推动数字经济成为激发经济增长活力的重要手段，但在政策具体内容方面又各有侧重。中国的政策从顶层设计上明确数字经济及其重点领域发展的总体思路、发展目标、重点任务和重大举措。英国的数字经济政策聚焦加强数字基础设施建设、保护发展创意和知识产权、提升数字技能与培养人才、畅通融资渠道、提升经济与社会服务能力、提升国际地位六大领域。

德国的数字战略则重点关注提升数字化能力，聚焦数字技能、基础设施及设备、创新和数字化转型、人才培养等内容。欧盟大力推动数据共享和单一数据市场建设。

2．主题词分布

在国外的政策分析上，本书选取了《英国数字化战略》①、《第六期科学技术与创新基本计划》（日本）②、《数字战略（第五版）》（德国）③、《巴西数字化转型战略2022—2026》和《国家数字经济政策和战略（2020—2030）》（尼日利亚）5个国家的数字经济政策文件，整合后进行词频分析，主题词词频统计如图2-8所示。

图2-8　国外数字经济政策的主题词词频统计
资料来源：作者自制。

图2-8显示，国外的数字经济政策文件聚焦"研究"、"技术"、"数

①　UK Digital Strategy, https://www.gov.uk/government/publications/uks-digital-strategy/uk-digital-strategy, 最后访问日期：2023年10月11日。

②　《日本发布"第六期科学技术与创新基本计划"》, http://www.casisd.cn/zkcg/ydkb/kjzcyzxkb/kjzczxkb2021/zczxkb202105/202108/t20210809_6155315.html, 最后访问日期：2023年10月11日。

③　《德国出台数字战略》, http://www.casisd.cn/zkcg/ydkb/kjzcyzxkb/kjzczxkb2022/zczxkb2022 11/202302/t20230220_6680443.html, 最后访问日期：2023年10月11日。

字"、"创新"及"数据"五个核心关键词，并且强调"企业"，可以看出，国外发展数字经济时突出数字技术的推动作用，强调科研创新、创新驱动，并关注政府组织与企业之间的互动与协作。具体来说，国外在制定政策战略时，会重视技术、研究等的创新，突出数字化和数据的重要性，注重合作，等等。此外，需要注意的是，国外的政策战略还关注到了数字、技术之外的内容，特别强调教育、科研等配套的基础性支撑要素，重视人才的培养，以发挥其对数字经济的推动作用。

（二）各国数字经济的政策特点

本书选择各代表性国家最新的与数字经济相关的综合性政策进行分析，对《英国数字化战略》、《第六期科学与技术创新基本计划》（日本）、《数字战略（第五版）》（德国）、《巴西数字化转型战略 2022—2026》[①] 和《国家数字经济政策和战略（2020—2030)》（尼日利亚）[②] 5 份国外的数字经济政策文件进行编码，得到政策目标特点及政策工具特点，政策基本情况如表 2 - 20 所示。

表 2 - 20　代表性国家编码分析的数字经济政策情况

国家	政策名称	发布主体	发布时间
美国	《数字战略（2020—2024）》	美国国际开发署	2020 年 4 月
英国	《英国数字化战略》	英国科技和数字经济部	2022 年 4 月
日本	《第六期科学技术与创新基本计划》	日本内阁	2020 年 9 月
德国	《数字战略（第五版）》	德国联邦经济与能源部	2021 年 7 月
巴西	《巴西数字化转型战略 2022—2026》	巴西科技与创新部	2022 年 11 月
尼日利亚	《国家数字经济政策和战略（2020—2030)》	尼日利亚联邦通信和数字经济部	2020 年 6 月

资料来源：作者自制。

---

① 《巴西科技与创新部出台〈巴西数字化转型战略 2022—2026〉》，http://www.casisd.cn/zkcg/ydkb/kjzcyzxkb/kjzczx202301/zczxkb202301/202304/t20230403_6726409.html，最后访问日期：2023 年 10 月 11 日。

② National Digital Economy Policy and Strategy（2020—2030），https://nitda.gov.ng/wp-content/uploads/2020/06/National-Digital-Economy-Policy-and-Strategy.pdf，最后访问日期：2023 年 10 月 11 日。

1. 政策目标特点

对各代表性国家的数字经济政策进行目标维度的分析，共得到354个参考点。涉及与多元主体参与、数字技术融合、应用场景拓展相关的产业转型目标的参考点共计86个，占比为24%；涉及与国际交流合作、商业模式创新、综合协调发展相关的城市转型目标的参考点共计127个，占比为36%；涉及与区域创新支持、区域互动交流、区域特色优势相关的区域协同目标的参考点共计18个，占比为5%；涉及与基础设施建设、技能人才培养、治理体系完善相关的设施保障目标的参考点共计123个，占比为35%。整体来看，各代表性国家数字经济政策中对发展目标的设定较倾向于"城市转型"和"设施保障"层面。

各个目标分类下的参考点数量也存在差异。从政策编码结果可知，在"产业转型"目标类型中，数字技术融合及应用场景拓展的相关参考点数占比较高，可见各国政府着重在产业数字化、数字产业化方面有所发展。在"城市转型"目标类型中，国际交流合作及综合协调发展的相关参考点数占比较高，可见各国政府对自身在国际上的角色地位以及内部的综合协调发展较为关注。各国政府亦有关注"区域协同"目标类型，但相应的规划和展望也稍显薄弱。在"设施保障"目标类型中，各国政府较为强调技能人才培养和基础设施建设，反映出对数字经济领域人才队伍的重视以及对数字经济相关基础设施布局、规划的重视（见表2-21）。

表2-21 代表性国家的数字经济政策的政策目标编码结果

单位：个，%

维度	类型	名称	参考点数	小计（占比）	合计
政策目标	产业转型	多元主体参与	12	86（24）	354
		数字技术融合	42		
		应用场景拓展	32		
	城市转型	国际交流合作	66	127（36）	
		商业模式创新	13		
		综合协调发展	48		

续表

维度	类型	名称	参考点数	小计（占比）	合计
政策目标	区域协同	区域创新支持	3	18（5）	354
		区域互动交流	9		
		区域特色优势	6		
	设施保障	基础设施建设	41	123（35）	
		技能人才培养	49		
		治理体系完善	33		

资料来源：作者自制。

具体到各个代表性国家，则可以看到各个国家的数字经济政策在政策目标上存在明显差异。英国、巴西和尼日利亚重点关注"设施保障"这一层面的政策目标，约占50%左右，此外，巴西还在"城市转型"这一政策目标上倾注了较多的注意力；美国和日本则明显地对"城市转型"给予了较多的关注，对其他三个类别的政策目标也有所规划和展望；德国在"产业转型"上有较高的期待和较大的愿景，也关注到"设施保障"和"城市转型"两类目标（见图2-9）。

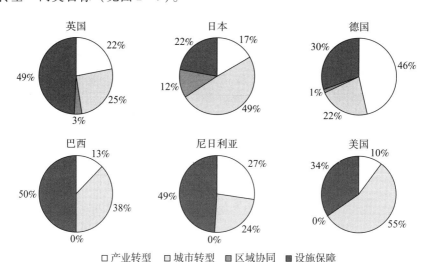

图2-9　代表性国家数字经济政策的政策目标分布

资料来源：作者自制。

2. 政策工具特点

将各代表性国家的数字经济政策纳入政策工具维度进行分析，共得到716个参考点。政策文本编码结果显示，各代表性国家政府数字经济政策均涉及供给型、需求型和环境型政策工具，整体以使用供给型政策工具和环境型政策工具为主，供给型政策工具共计282个参考点，占比为39%；环境型政策工具共计289个参考点，占比为40%；各代表性国家的数字经济政策对需求型政策工具的使用最少，共计145个参考点，占比为20%（见表2-22）。

表2-22　代表性国家数字经济政策的政策工具编码结果

单位：个，%

维度	类型	名称	参考点数	小计（占比）	合计
政策工具	供给型	公共服务	50	282（39）	716
		基础设施	44		
		科技支持	111		
		人才支持	23		
		资金支持	54		
	需求型	产业塑造	32	145（20）	
		海外拓展	22		
		交流合作	50		
		市场培育	23		
		应用示范	18		
	环境型	策略措施	68	289（40）	
		法规管制	101		
		金融税收	18		
		目标规划	55		
		组织体系	47		

资料来源：作者自制。

具体到各个代表性国家，则可以看到各国在政策工具的使用上偏好差异并不明显，总体而言，都较少使用需求型政策工具。此外，英国、德国和尼日利亚三国略微偏好使用环境型政策工具，美国和日本则更加注意使用供给型政策工具，巴西着重使用供给型政策工具和环境型政策工具（见

图 2 – 10）。

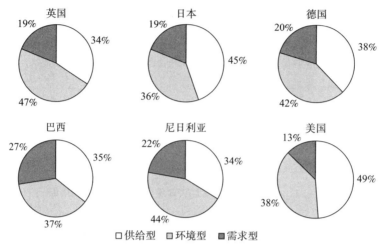

图 2 – 10 代表性国家数字经济政策的政策工具分布

资料来源：作者自制。

六 结论与启示

近年来，我国在国家、省市层面出台的数字经济政策都旨在推动数字经济的发展，提高我国经济的竞争力和创新能力，实现经济转型升级。各省则立足省情，在现有经济发展基础上，大力推动数字经济发展，大多聚焦数据资源和数字基础设施。全国各城市政府也纷纷出台当地数字经济政策，多为"数字经济促进条例"和"数字经济产业发展规划"。各地政府的重视程度不断提高，政策文件数量不断增加，各地政策结合城市特点，以数字经济政策推动增强城市数字经济竞争力。但是，我国数字经济政策仍有优化的空间，体现在政策体系健全、政策目标布局和政策工具优化三大方面。

（一）健全数字经济发展政策体系

一是要坚持创新驱动和技术引领，加强人才培养和创新人才引进。不断加大对数字经济领域的人才培养投入力度，推动高校和企业合作，培养更多具备数字经济相关知识和技能的人才，通过出台数字经济政策鼓励创新创业，支持科技企业和创新项目的发展，推动数字技术在经济各个领域的应用，不断提高数字经济的创新能力和竞争力。

二是要强调数据资源的价值和保护。不断加强数据资源的整合和共享，通过鼓励数据的流动和开放，提高数据资源的利用效率，为数字经济发展奠定基础。同时，加强数据安全管理和不断完善防范措施，保护个人隐私和商业机密。

三是要推动数字经济与实体经济融合。鼓励传统产业与数字经济融合发展，推动传统产业的数字化转型。通过推动数字技术在制造业、农业、服务业等领域的应用，提高传统产业的智能化水平和竞争力。

（二）推动政策目标均衡发展

在产业转型上，数字技术与数据资源催生了新业态、新模式和新产品，但除此之外也应当注意，数字经济是一个涉及多领域的新业态，需要经济社会各主体多元参与，形成协同联动的价值网络与经济系统，从而促进数字经济产业的不断壮大、繁荣。

在城市转型上，与国际上的其他国家相比，我国在国际交流合作这一政策目标上的关注度稍显不够。在当前国际经济合作与竞争格局不断变化的背景下，应当进一步统筹谋划数字领域国际合作，努力推动形成开放共赢的数字领域国际合作格局，扩大我国在世界数字经济领域的影响力。

在区域协同上，虽然京津冀协同发展、长江三角洲区域一体化、粤港澳大湾区建设等一系列区域发展战略扎实推进，但是我国数字经济发展仍面临不平衡不充分发展等问题，因此，需要在数字经济政策中注意区域协同发展方面的稳步推动，打造新的经济增长极和创新极，从而实现经济的战略转型和高质量发展。

在基础设施上，与国际上的代表性国家相比，我国在数字技能人才的培养上关注度稍显不够，然而数字经济对数字人才的需求量猛增是不可否认的事实，因而还需要完善数字产业复合型人才培养机制，激发研发人才的创新积极性。

（三）优化政策工具结构体系

由编码结果可见，我国在政策工具的使用上更偏向于供给型政策工具和环境型政策工具，对于需求型政策工具的使用较少，而合理地使用多样化的政策工具，有助于激发经济增长潜力。实现经济政策的均衡性和有效性，对于以数据资源为主要生产要素的数字经济发展而言是必要的。

一方面，要提高政策工具使用的均衡性，根据数字经济特点和社会发展需求调整三种政策工具的比例，适时提高需求型政策工具的使用比重，积极鼓励引导社会多元主体深度参与到数字经济建设发展中，激发多元主体创新活力，发挥其最优效用，助推数字经济发展。

另一方面，要优化政策工具的内部结构：不仅要注重以技术、人才为代表的新生产要素的投入，夯实技术、人才基础，加强组织领导、统筹数字经济发展全局，也要逐步加大政府采购、服务购买和消费端补贴的力度，充分发挥需求侧的拉动作用，还要注意重视税收优惠、金融支持、产权保护和文化宣传等方面的间接作用，为数字经济发展创造良好环境。

第三章　数字经济的实践探索

——产业转型发展

一　传统产业的数字化转型

在数字时代，传统产业面临转型升级以焕发新活力的迫切需求，各行各业开始加快推进传统产业数字化转型。下文将介绍传统产业数字化转型的内涵与价值以及传统产业数字化转型的现状，并指出传统产业数字化转型的路径。

（一）传统产业数字化转型的内涵与价值

与 IT 产业、生物技术产业等高度依赖技术手段而发展起来的新兴产业不同，传统产业以粗放型的制造和加工为主，包括传统农业、工业和服务业。传统产业的数字化转型，也称"产业数字化"，指利用数字技术赋能传统产业创新与突破，驱动产业模式创新和产业生态系统重构，从而实现数字化效率提升。2020 年 6 月，国家信息中心信息化和产业发展部与京东数字科技研究院在京联袂发布《携手跨越 重塑增长——中国产业数字化报告 2020》。报告认为，"产业数字化是指在新一代数字科技支撑和引领下，以数据为关键要素，以价值释放为核心，以数据赋能为主线，对产业链上下游的全要素进行数字化升级、转型和再造的过程"①，从社会与市场两个维度出发可以更全面地理解其内涵（见图 3 - 1）。2020 年 10 月 14 日，中

---

① 《携手跨越 重塑增长——中国产业数字化报告 2020》，https://www.docin.com/p - 2675703 536.html，最后访问日期：2023 年 10 月 11 日。

国信通院发布的《全球数字经济新图景（2020 年）——大变局下的可持续发展新动能》指出，"产业数字化是传统一、二、三产业由于应用数字技术所带来的生产数量和生产效率提升，其新增产出构成数字经济的重要组成部分"。①

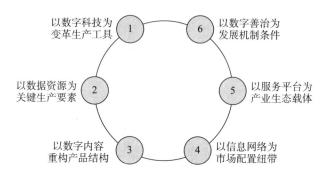

以数字科技为变革生产工具 ①
以数字善治为发展机制条件 ⑥
以数据资源为关键生产要素 ②
以服务平台为产业生态载体 ⑤
以数字内容重构产品结构 ③
以信息网络为市场配置纽带 ④

图 3 - 1　产业数字化的内涵

资料来源：《携手跨越 重塑增长——中国产业数字化报告 2020》，https：//www.docin.com/p - 2675703536.html，最后访问日期：2023 年 10 月 11 日。

传统产业的数字化转型具有重要的战略意义，是数字经济体系框架中的核心要素之一。习近平总书记在党的二十大报告中指出，"坚持把发展经济的着力点放在实体经济上""促进数字经济和实体经济深度融合"。实体经济是一国经济的立身之本、财富之源。在信息时代，把发展经济的着力点放在实体经济上，就要在数字经济和实体经济的深度融合上下功夫，加快传统产业数字化转型。这预示着，产业数字化将迎来更大的发展机遇，是当前和今后经济社会发展的重中之重。具体而言，传统产业的数字化转型具有以下三个方面的重要价值。其一，通过推动产业数字化、网络化、智能化升级，传统产业的数字化转型能够助力传统企业蝶变，再造企业质量效率新优势，在降低运营成本的同时提升管理效能；其二，传统产业的数字化转型能够通过重塑产业分工协作格局促进产业提质增效，在创新中不断孕育新业态新模式，加速新旧动能转换，有助于提升产业链、供应链韧性和安全水平，推动现代化产业体系的建立；其三，传统产业的数字化转型有

---

① 《全球数字经济新图景（2020 年）——大变局下的可持续发展新动能》，https：//mp.weixin.qq.com/s/BlFjdVbTuHiRvEfYWbVL8A，最后访问日期：2023 年 10 月 11 日。

助于提高全要素生产率和资源配置效率，更好地发挥数字技术对经济发展的放大、叠加、倍增作用，助力中国经济社会发展展现出强大的发展韧性。

（二）传统产业数字化转型的现状

当前，新一轮科技革命和产业变革深入发展，世界各国抢占数字经济发展制高点的竞争更加激烈。在国家政策推动、数据要素驱动、龙头企业带动、科技平台拉动、产业发展联动等多方因素的共同作用下，我国产业数字化转型的效果初步显现，传统产业数字化转型的进度大大加快，主要表现在以下两个方面。

一是信息科技企业涌现，为产业数字化转型注入源源动力。近年来，我国数字技术和数字经济蓬勃发展，在基础硬件、基础软件、大数据云计算、应用软件、信息安全、信息技术应用等领域涌现出一批国际知名的信息科技企业和互联网头部企业，以及大量从事信息科技和互联网产业、发展迅猛的中小微企业，不断提升技术研发水平与自主创新能力，为企业乃至产业的数字化转型提供了技术支撑。

二是数字技术与实体经济融合不断走深向实，新场景、新业态、新模式不断涌现。以5G、云计算、人工智能等为代表的新一代信息技术，开始加速渗透到传统企业的研发设计、生产制造、供应链管理、客户服务等各个环节，涌现出协同研发设计、柔性生产制造、远程设备操控、设备故障诊断、机器视觉质检等众多典型应用场景，加速推进产业数字化转型。随着数字技术赋能实体经济，助力实体经济的数字化转型，我国智慧城市、智慧交通、智慧医疗等领域近年来发展迅速，产业规模和自主创新能力逐年扩大和提高。以智慧交通为例，其市场规模日益扩大，行业性规模优势日渐凸显，相关数据显示，2022年中国智能交通市场规模达到2320亿元，同比增长15.22%[1]。

然而，与加快建设数字中国、促进数字经济和实体经济深度融合的要求相比，我国数字经济发展明显不足，尚不能满足规模庞大的传统产业数字化转型的需要。腾讯研究院联合腾讯企鹅有调、清华大学二十国集团创

---

[1] 《智能交通行业发展如何？2023智能交通行业调研分析》，https://www.chinairn.com/news/20230619/153021638.shtml，最后访问日期：2023年10月11日。

业研究中心联合发布的《数字化转型指数报告 2023》指出，经过几年的加速发展，中国的数字化转型逐渐进入稳定发展期。在数字化转型整体保持增长的同时，增速呈现前高后低的趋势，全国数字化转型指数在 2022 年一季度环比增长 8.2%，2023 年一季度下降到 1.1%，数字化转型面临增速趋缓的压力①。

中国国际经济技术合作促进会副理事长邵春堡（2022）指出，数字化转型中存在三类较为普遍的问题：一是传统农业产业信息基础设施薄弱，数字化转型推进较慢；二是部分制造业企业设备依赖进口，而不同国际厂商提供的工业数字化设备网络接入、工业软件互联互通等标准不统一，难以综合集成、互联互通，建成一体化的工业互联网平台；三是数量众多的小微企业由于自身体量小、营收少、数字化需求分布零散等原因，推进数字化转型难度较大。一二三产业之间、不同行业之间、同一行业的不同地区之间的数字技术与实体经济融合发展存在明显差异，发展不平衡制约着产业数字化转型的整体进程。

（三）传统产业数字化转型的路径

传统产业数字化转型是一项以融合、创新、共赢为关键的"耐力赛"，在赛场上，相关企业是"参赛选手"，政府则是"比赛推动者、规则制定者"，只有双方在产业数字化转型过程中都扮演好各自的角色，共同维护公平公正的比赛秩序，才能推动产业数字化转型的良性运转。通过对理论和实践的总结，笔者提出传统产业数字化转型升级的三条路径，分别是"技术与数据双轮驱动""坚持系统观念，坚守应用导向""引导促进多元主体协同参与"（见图 3 - 2）。

1. 技术与数据双轮驱动

推进传统产业转型升级，要以技术为基础、数据为要素。

一方面，要不断扩大数字技术融合的领域。传统产业，尤其是制造业的数字化转型，需要先进科技的强力支撑，形成专精特新优势。因此，要

---

① 《〈数字化转型指数报告 2023〉：北京、广东和上海未来产业发展领跑全国》，https://baiji-ahao. baidu. com/s？id = 1770756991385500525&wfr = spider&for = pc，最后访问日期：2023 年 10 月 11 日。

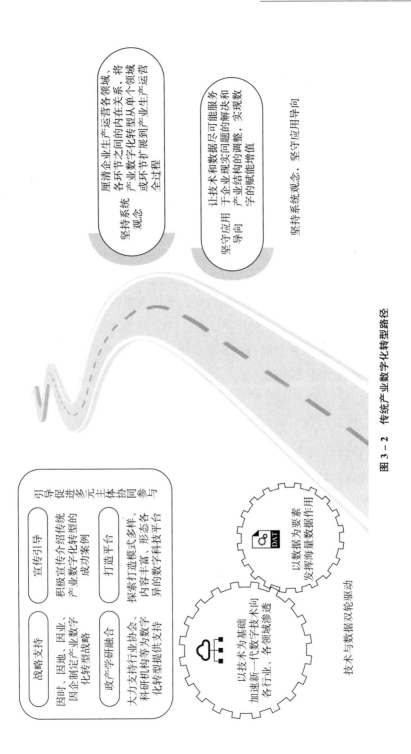

图 3-2 传统产业数字化转型路径

促进产业数字化转型，首先要加速5G、云计算、人工智能、物联网、大数据、区块链等新一代数字技术向各行业、各领域渗透，在产业各场景中"多点发力"，利用新技术对传统产业进行全方位、全链条的改造。在技术层面，政府要积极施政施策，不断推进数字基础设施建设，从顶层设计上夯实产业数字化转型基础，企业则应摒弃"等靠要"的消极思想，以积极的心态拥抱新技术。

另一方面，要发挥海量数据作用。在2020年4月9日中共中央、国务院印发的《关于构建更加完善的要素市场化配置体制机制的意见》中，数据作为一种新型生产要素被写入其中，表明数据正成为关键生产要素和战略资源。产业数字化的内涵也已经指出，要将数据资源作为关键生产要素，推进研发设计、生产加工、经营管理、营销服务等方面的全流程数据贯通，加快全价值链的业务协同。但是，数据在带来高速流通信息、颠覆性生产变革及便利生活方式的同时，也往往暗藏着当下难以判别但未来可能影响深远的重大隐患和危机。各类经济主体应积极践行负责任、创新的理念，主动参与产业数字化转型，让数据要素既守住底线、守好民生，又放出潜力、放大活力，具体而言，可在数据开放共享、数据资源整合、数据安全保护等方面发力①。

2. 坚持系统观念，坚守应用导向

一些企业的数字化转型局限于对部分环节而不是对整体生产运营进行数字化改造，导致进行数字化改造的部分难以有效融入产品或服务的价值创造过程，不仅影响整体运营效率，而且造成大量资金资源浪费。实践表明，推动传统产业数字化转型，要坚持系统观念，厘清企业生产运营各领域各环节之间的内在关系，将产业数字化转型从单个领域或环节扩展到产业生产运营全过程，努力实现各领域各环节的协同和互动，真正发挥数字化转型提升生产经营效率、增强核心竞争力的作用。具体而言，要根据企业数字化转型的要求，积极探索数字技术在企业生产经营全过程、全价值链、全要素的应用场景，绘制企业应用场景地图，制定应用场景创新路线

---

① 《让数字技术在更多领域实现更大发展》，https://theory.gmw.cn/2022－07/08/content_35870467.htm，最后访问日期：2023年10月11日。

图，明确应用场景创新优先级，循序渐进，逐步推进。

非应用导向的数字化转型是缺少灵魂的，技术和数据用不起来、动不起来、活不起来，也就失去了价值。产业数字化转型应让技术和数据尽可能服务于企业现实问题的解决和产业结构的调整，实现数字的赋能增值。因此，贯穿传统产业数字化转型升级全过程的一大关键是必须坚持应用导向，以解决企业生产经营过程中的问题为目标，持续拓展数字技术的应用场景，以数字化应用场景创新推动技术融合、产品融合、要素融合、网络融合，实现技术、数据与业务场景的深度融合，避免出现技术、数据与业务之间出现"两张皮"的问题。

3. 引导促进多元主体协同参与

值得一提的是，传统产业的数字化转型进程并非零和博弈，需要多方共创共建、协同参与，其中最为关键的是传统企业和科技企业的协同合作。科技公司和互联网企业能够提供数字化人才、工具、能力、资源，既与传统企业相辅相成，亦存在竞争合作关系，在标准化但分散的产业中具有显著优势。考虑到不同规模企业的特性，一方面要鼓励大型企业与科技企业联合，另一方面要立足中小企业共性需求，搭建资源和能力共建共享共用平台，系统赋能和助推牵引中小企业数字化转型。

然而，市场主体的转型信心、能力与意愿不足成为传统产业数字化转型的一大掣肘。对于传统企业等市场主体而言，数字化转型涉及企业产品服务形态、组织结构、商业模式等领域的全方位变革，因此可能会出现企业满足于现状，或担心数字化转型投入太大影响当前收益，而对推进数字化转型热情不高的情况。要解决问题，首先要找到问题的症结所在，《携手跨越 重塑增长——中国产业数字化报告 2020》指出当前产业数字化升级面临的问题主要表现在五个方面：一是自身数字转型能力不够导致"不会转"；二是数字化改造成本偏高，而自身资金储备不足造成"不能转"；三是企业数字化人才储备不足致使"不敢转"；四是企业决策层数字化转型战略不清导致"不善转"；五是企业多层组织模式不灵引致"不愿转"[①]。

---

① 《携手跨越 重塑增长——中国产业数字化报告 2020》，https://www.docin.com/p - 2675703
536.html，最后访问日期：2023 年 10 月 11 日。

针对上述"五不转"问题，如何增强市场主体参与数字化转型的信心、能力与意愿成为关键，为让"选手"积极参赛，政府可从以下四个方面入手进行激励与引导。第一，因时、因地、因业、因企制定产业数字化转型战略，鼓励企业等市场主体在促进数字经济发展政策支持下进行技术创新、产品创新、模式创新，着力推进资源融合、业务融合、市场融合。通过形成引导和激励企业主动推进数字化转型的有效机制，解除企业推进数字化转型的后顾之忧，帮助企业抓住数字化转型带来的发展机遇。第二，积极宣传介绍传统产业数字化转型的成功案例，深化企业对数字化转型的认识，让企业感受到数字化转型带来的巨大好处，坚定推进数字化转型的决心和信心。第三，大力支持行业协会、科研机构、高等学校以及其他组织为企业数字化转型提供创业孵化、投资融资、技术支持、法律咨询、产权交易等服务，推动政产学研融合创新；第四，平台模式是数字化转型和落地的主要实现方式，是企业要素资源的"连接器"，探索打造模式多样、内容丰富、形态各异的数字科技平台，为产业数字化转型提供"工具箱"。

二 数字产业的兴起与发展

数字经济继农业经济、工业经济之后成为新的主要经济形态。数字经济以数据资源为关键要素，以现代信息网络为主要载体，大力推动信息与通信技术融合应用、全要素数字化转型。数字产业的兴起与发展大力推动了数字经济领域的进步，以前所未有的方式带来了生产方式、生活方式和治理方式的深刻变革。

（一）数字产业兴起与发展的政策背景

国家统计局发布的《数字经济及其核心产业统计分类（2021）》将数字产业定义为提供数字技术、产品、服务、基础设施和解决方案，以及完全依赖于数字技术、数据要素的各类经济活动，是数字经济发展的重要基础[①]。打造数字经济新优势，需要从国家层面和地方层面共同推进数字产

---

① 《数字经济及其核心产业统计分类（2021）》，http：//www. stats. gov. cn/sj/tjbz/gjtjbz/202302/t20230213_1902784. html，最后访问日期：2023 年 10 月 11 日。

业的发展，打造数字产业竞争优势，营造良好的数字产业发展生态，从而打造一大批具有国际竞争力的特色数字发展产业集群。

1. 国家战略支持：加快发展数字产业

根据本书第二章对国家层面数字经济政策的分析，从总体上看，我国国家层面数字经济政策呈现有序推进、不断拓展与深化的态势。数字产业发展伴随着数字经济政策的有序推进，规模不断扩大，战略地位不断提升。

"十三五"时期，我国深入实施发展数字经济战略，数字产业的探索与发展取得重大进步。随着数字基础设施建设的加快、新业态和新模式的培育不断成熟，我国推进数字产业化取得积极成效。2021 年 3 月出台的《中华人民共和国国民经济和社会发展第十四个五年规划和 2035 年远景目标纲要》指出，数字产业化和产业数字化已被确立为数字经济的核心，数字经济政策架构基本形成。

2022 年 1 月国务院印发的《"十四五"数字经济发展规划》作为首部国家级数字经济领域专项规划，提出要充分发挥我国海量数据、广阔市场空间和丰富应用场景优势，使数据赋能生产、分配、流通、消费各个环节，推动数据技术产品、应用范式、商业模式和体制机制协同创新。《"十四五"数字经济发展规划》指出，加快数字产业发展，关键在于提高数字产业核心技术的自主创新能力，提高数字产业产品和服务的供给质量，提高产业的核心竞争力。

2023 年中共中央、国务院印发的《数字中国建设整体布局规划》提出数字中国建设的整体框架，标志着数字经济发展被放到更重要的位置。我国通过做强做优做大数字经济、培育壮大数字产业、研究制定推动数字产业高质量发展的措施、打造具有国际竞争力的数字产业集群，全面赋能经济社会发展。

2. 地方政策推动：培育数字产业优势

随着中央出台数字经济政策，地方层面也不断加强数字经济的政策引导，各省均在政府工作报告中提出要大力发展数字经济。作为数字经济发展基础的数字产业也成为各地政府的发展重点。各地不断出台数字产业相关政策，使政策文件数量明显增加，政策支持力度逐步加大，政策涵盖范围不断扩展，以培育数字产业优势、促进数字经济发展。

中国信息通信研究院政策与经济研究所于 2022 年发布《中国城市数字经济发展报告（2022 年）》，并依据指数分析结果将中国的数字经济建设城市分为三类：综合引领型、特色开拓型和潜力提升型①。不同类型的数字经济建设城市在数字产业政策上培育不同的数字产业优势。

其一，综合引领型城市具有超强的数字经济竞争力，在数字创新要素、数字基础设施、核心数字产业、数字融合应用、数字经济需求、数字政策环境等方面均有突出表现。综合引领型城市在数字产业方面注重综合集群发展，打造全产业链条。例如，《北京市促进数字经济创新发展行动纲要（2020—2022 年）》提出，要打造数字产业集群化，不断夯实优势基础设施建设，提升数字产业化能力，建设完善的数字化产业链和数字化生态②。

其二，特色开拓型城市具有较强的数字经济竞争力，其比较优势各具特色，在我国数字经济整体发展中起着重要的支撑作用。特色开拓型城市在数字产业层面注重特色和创新，打造独特的竞争优势和数字产业形态。例如，广州市于 2021 年印发的《广州市建设国家数字经济创新发展试验区实施方案》指出，提升数字经济核心产业的优势③，通过推动软件和信息服务业发展壮大、加强电子信息制造业发展优势、推动数字创意产业集群化发展，打造具有特色的数字经济创新发展试验区。

其三，潜力提升型城市在我国数字经济发展中或正积极探寻发挥自身区位与比较优势，或有待挖掘自身优势。特别是数字产业的发展需要明确自身定位，确定发展道路。例如，合肥市于 2020 年 1 月印发的《合肥市数字经济发展规划（2020—2025 年）》指出要加快发展数字产业化，以发展基础设施为先导、数据储备处理为支撑，万物实现互联，注重网

① 《中国城市数字经济发展报告（2022 年）》，https://sh.cctv.cn/2022/12/31/ARTIbB6O3gc4l24CxUEDNPBK221230.shtml？spm = C41875.PATnCAOkLLgp.EZaDyz3Mr6MA.22，最后访问日期：2023 年 10 月 11 日。

② 《北京市促进数字经济创新发展行动纲要（2020—2022 年）》，https://www.beijing.gov.cn/zhengce/zhengcefagui/202009/t20200924_2089591.html，最后访问日期：2023 年 10 月 11 日。

③ 《广州市建设国家数字经济创新发展试验区实施方案》，https://gz.gov.cn/zwgk/fggw/szfwj/content/post_7406583.html，最后访问日期：2023 年 10 月 11 日。

络安全保护①。

（二）数字产业的定义与特征

数字产业的狭义定义聚焦于信息与通信技术（ICT），更关注围绕信息与通信技术形成的产业本身，即基于信息与通信技术形成的数字经济基础产业群。数字产业的广义定义强调其产业性和公共性，是指以信息为加工对象，以数字技术为加工手段，以意识产品为成果，介入全社会各领域和生产的各环节，可以明显增加其他产业利润的产业。

2021年国家统计局发布《数字经济及其核心产业统计分类（2021）》，将数字产业分为数字产品制造业、数字产品服务业、数字技术应用业、数字要素驱动业四种类型②。数字产业的应用场景涉及电子制造业、软件及信息技术服务业、基础电信业、互联网产业等多个领域。数字产业具有以下特征。

1. 技术密集

技术密集是数字产业的重要特征，关键核心技术的密集发展是提升数字产业竞争力之关键。国务院印发的《"十四五"数字经济发展规划》提出，加快推动数字产业化，要增强传感器、量子信息、网络通信、集成电路、关键软件、大数据、人工智能、区块链、新材料等战略前瞻技术创新能力，提升核心产业竞争力。数字产业作为技术密集型产业，需要依托具有专业技术知识与技能的人员以及高精尖技术设备，在研发、生产、售卖等环节均需要依靠大量的技术，使最终生产的产品具有较高的知识与技术含量。无论是广义的数字产业概念还是狭义的数字产业概念，都强调数字技术是数字产业的基础。数字产业依靠高精尖技术设备、专业的工作人员与研发团队，生产出技术含量高、知识含量高的产品。

2. 渗透性强

数字产业的渗透性强，与实体经济深度融合，持续赋能和扩展现代经

---

① 《合肥市数字经济发展规划（2020—2025年）》，http://www.echinagov.com/policy/292008.htm，最后访问日期：2023年10月11日。

② 《数字经济及其核心产业统计分类（2021）》，http://www.stats.gov.cn/sj/tjbz/gjtjbz/202302/t20230213_1902784.html，最后访问日期：2023年10月11日。

济的增长空间。《中国数字经济发展研究报告（2023 年）》指出，数字产业带动了第一产业、第二产业、第三产业的全要素生产率。数字产业渗透到各个产业，带动经济发展、技术升级、产量扩容[①]。究其原因，数字技术作为工具可以应用到各个产业，并能够广泛渗透到生产、分配、交换和消费的各个环节，使数字产业实现创新运用和发展。技术的强渗透性促使应用部门的生产效率提升，使数字产业对全产业链条的渗透融合成为可能。

3. 战略性强

数字产业是中国战略核心的关键，它作为数字经济发展的基础产业，引发了生产方式、生活方式的重大变革[②]。数字产业以重大技术突破和重大发展需求为基础，对经济社会全局和长远发展具有重要的引领带动作用，成长潜力巨大，促进新兴科技和产业深度融合。具体而言，在生产领域，数字产业的发展改进生产方式，催生新型产业，创造新的就业岗位；在消费领域，推动消费转型升级，丰富消费者的生活形式。数字产业以"焕新效应"，引领新供给和塑造新市场，引领带动经济社会全局发展和长远发展。

（三）数字产业的发展机遇

1. 技术持续进步推动应用场景拓展

党的十八大以来，我国构建了既有顶层设计又有具体措施的政策支持体系，形成了推动数字产业发展的强大合力。《中华人民共和国国民经济和社会发展第十四个五年规划和 2035 年远景目标纲要》提出"打造数字经济新优势"，各地陆续出台相关实施方案和行动计划，充分发挥海量数据和丰富应用场景的优势，促进数字产业发展，催生新产业、新业态和新模式。数字产业应用场景持续拓展的背后是信息基础设施建设的大力推进，是技术创新能力的持续提升。目前，我国建成了全球规模最大、技术

[①] 《中国数字经济发展研究报告（2023 年）》，https://www.secrss.com/articles/54179，最后访问日期：2023 年 10 月 11 日。

[②] 《战略性新兴产业分类（2018）》，https://www.gov.cn/zhengce/zhengceku/2018 – 12/31/content_5433037.htm，最后访问日期：2023 年 10 月 11 日。

领先的光纤和移动通信网络，基础性、通用性技术研发取得重大进展，5G、量子计算、基础操作系统、工业互联网及智能制造等领域取得一批重大科技成果，成为推动数字产业应用场景拓展、促进数字产业变革的重要力量。数字技术的持续进步为数字产业带来重大发展机遇。

2. 数字产业集群促进产业升级

《"十四五"数字经济发展规划》引导和支持建设一批专业化、特色化的数字产业集群。数字产业集群需要具有完善的基础设施、带动性强的龙头企业、较强的技术创新能力和较为成熟的产业生态。近年来，我国数字产业集群建设热度走高，各地也开展了积极探索实践。数字产业集群是具有较强核心竞争力的企业集群，企业主体及其相关机构从事与数字产品制造、数字产品服务、数字技术应用、数字要素驱动相关的产业。数字产业集群能够打破地理空间约束，助力上下游产业链协同发展。数字产业集群的特点是协作方式不同。传统意义上的产业集群通过供应链互通进行的分工协作多是一对一。数字产业集群通过平台方式打通相关业务，通过数据的对接、互动以及人工智能分析，使产业协作更加精准高效。数字产业集群通过研发协同、订单协同、生产协同、质量协同、库存协同及服务协同等，促进数字产业上中下游协调发展，为助力数字产业转型升级提供机遇。

3. 数字工匠提升产业发展质量

数字产业作为技术密集型产业，对知识型人才的需求会比传统产业多得多，这意味着，建设数字中国、发展数字产业需要高技能人才队伍保障，提供充分且源源不断的知识支撑。要使数字产业起跳强劲、行稳致远，必须打通数字产业升级转型的"最后一公里"，培育一批数字工匠，为数字产业提质升级奠定人才基础。为此，国家出台一系列政策为数字工匠的培养提供方向。例如，《关于加强新时代高技能人才队伍建设的意见》针对加大急需紧缺高技能人才培养力度，特别是围绕数字中国强化高技能人才培养提出了系列具体举措。数字工匠是既具有现代工业技术技能水平，又掌握智能化网络化技能、善于融合数字技术改造提升传统产业的复合型技能人才，是数字产业发展提质升级的关键支撑。培养更多数字工匠，能够提升数字产业核心竞争力，推动产业链向中高端攀升。

4. 数字消费习惯为产业提供发展机遇

数字产业是中国经济增长的重要引擎，数字消费是推动数字产业发展的关键动力。近年来，以网络购物、网络直播、数字文化、在线医疗等为代表的数字消费新业态、新模式迅猛发展，深刻改变着人们的消费习惯。无论是在城市还是在乡村，数字消费亮点频出，各项新技术加速落地应用。数字产业赋予产品数字性能，催生新的消费模式，为市场注入新的活力，给企业带来新的发展机会。网民规模的不断扩大和应用场景的加速渗透，促进数字消费机遇叠加、优势凸显。国家统计局的数据显示，2023年1~2月，全国网上零售额达到20544亿元，同比增长6.2%，中国已成为全球数字消费规模最大的国家（刘志阳，2023）。数字消费习惯深刻影响着数字产业扩大内需、稳定增长和转型升级。

（四）紧抓发展机遇，厚植产业优势

第一，提高关键技术创新能力。紧抓新一轮信息技术革命窗口期，加速基础设施和关键技术发展。要突出重点，找准定位，抓住关键核心环节，加大力度建设共性技术研发平台，实施重大科技基础研究专项、重大科技攻关专项和重大科技示范应用专项，构建开放、协同、高效的共性技术研发平台，健全以需求为导向、以企业为主体的产学研一体化创新机制。

第二，完善法律法规。健全和完善法律法规，以提高数据共享的程序性和规范性水平为重点，将成功经验结合实际情况进行总结立法，规制数字产业的发展，严厉打击违法犯罪，保护信息安全和网络安全。

第三，加强数字产业人才培养。开展数字产业普及教育，提高人才素养，培养数字工匠。建立产业人才技能等级制度和多元化评价机制，确定不同人才的发展方向。通过开展一系列创新创业大赛，展现数字产业人才技能。建设产业人才培养基地，针对区域和行业产业数字化特点，开展人才培训、评价、认证等工作，推动产业链、创新链、人才链贯通融合，为推动区域和行业工业互联网创新发展提供有力支撑，实现产学研融合发展。

第四，加快培育新业态和新模式。启动数字产业新引擎，在各行业各领域总结创新经验，发展基于数字技术的智能经济，加快优化智能化产品

和服务运营，培育智慧销售、无人配送、智能制造、反向定制等新的经济增长点。

第五，打造繁荣有序的产业创新生态。发挥数字经济领军企业的引领带动作用，加强资源共享和数据开放，推动线上线下相结合的创新协同、产能共享、供应链互通。

第六，优化营商环境。优化数字经济产业发展环境，坚持"零障碍、低成本、高效率"原则，通过优化营商环境和提高服务质量，提升数字经济发展软实力。简化涉及企业的行政审批事项，降低数字经济新业态的企业设立门槛。制定数字产业化相关技术标准，完善数字产业发展相关的数据采集、处理、分析、共享、交易等制度规范。完善知识产权保护措施，加大数字技术核心知识产权的保护力度。建立数字产融对接平台，构建产融合作中介服务体系，加强金融创新，提升金融服务水平。

在下文中，本章各选取了产业数字化与数字产业化的两个代表性产业作为案例，以期对数字经济在产业转型发展方面的创新探索形成更深入的认识。在传统产业的数字化转型上，本章分别对以制造为主的汽车产业和以服务为主的零售行业进行介绍，两者在二、三产业的各领域上既各有侧重，又存在交叉，能够反映出传统产业如何在数字赋能下积极拥抱技术，迎接全新数字化未来。新兴数字产业呈现百花齐放、百家争鸣的局面，本章基于基础设施完善程度、应用场景丰富程度、产业规模及发展前景等方面的考量，选择了算力产业和5G产业两大产业进行深入讨论，算力与5G均是数字时代不可忽视的重要能力和技术，在产业发展上已初具市场规模且前景光明。

三 案例：汽车产业的数字化转型

在数字时代，汽车产业的格局发生了深刻变革，随着数字技术深入渗透到产品、运营和互动三大领域，汽车产业迈向全新未来。

（一）格局颠覆：汽车产业迎来巨大变革

1885年9月5日，世界上第一辆汽车诞生。1913年，亨利·福特发明了汽车制造的流水线生产方式。自此，以汽车整车制造企业为中心、以大规模生产和大规模销售模式为特征的汽车产业格局基本形成。汽车产业是典型的资金密集型产业，从其产业链条来看，设计研发、原料采购、生产制造、销售及售后服务等各个环节都具有资金密集型特征。为压缩生产成本，多数汽车企业采取了将生产过程向海外转移的方式，推动了汽车产业的全球化进程，但全球化发展并未从根本上改变原有的产业格局。

21 世纪以来，随着越来越多人口规模巨大的发展中国家步入汽车社会，全球汽车保有量规模正由 10 亿辆向 20 亿辆迈进，传统汽车大规模生产、大规模使用的模式越来越受到资源、能源和环境的约束。为了应对这一挑战，以电动化、数字化、网络化和智能化为特征的技术革命与以平台化、共享化为特征的商业模式创新相结合，正在显著地改变汽车的生产方式、销售方式和使用方式，已经延续了数百年的汽车产业格局正面临巨变①。

1. 数字时代汽车的需求模式发生改变

数字时代对汽车消费者最直接的影响是减少了汽车的使用。电子商务和网购的普及、社交网络的发展、基于互联网的在家工作方式（work-at-home）的流行，无一不减少了人们出行的用车需求。此外，平台经济和共享出行模式的出现，使消费者由购买汽车逐渐转向购买出行服务。平台经济的双边市场活跃度不断提高，使个人的出行服务需求得到更好的满足；同时，使用时间和空间大量闲置的私家车资源也得到了更高效的利用。从长期来看，消费者购买出行服务替代购买汽车的倾向会越来越明显，对汽车出行服务品牌的认知也会越来越强，这一消费选择的转向必然会弱化传统整车企业通过汽车产品品牌控制市场的能力，给传统汽车产业带来挑战。

2. 政策战略目标为转型指引方向

新型基础设施建设进入加速期，数字转型时不我待。2020 年，"新型基础设施建设"首次被写入政府工作报告，正式上升到国家战略层面，标

---

① 《观点 | 王晓明：新时代 新格局——汽车产业的解构和重构》，http://www.gdnevia.org/nd.jsp? id＝347，最后访问日期：2023 年 10 月 11 日。

志着新型基础设施建设进入加速期①。汽车产业是国民经济的支柱产业，也是新型基础设施建设中智能交通基础设施的重要组成部分和落地领域，但在疫情的影响下经历了两年的下行。如何提振整个产业，加速数字化重塑，进行产业升级，是新型基础设施建设时代下汽车企业面临的重要挑战②。

"双碳"战略落地实施，数字转型刻不容缓。2020年9月，中国明确提出了2030年"碳达峰"与2060年"碳中和"目标。2021年10月，《关于完整准确全面贯彻新发展理念做好碳达峰碳中和工作的意见》以及《2030年前碳达峰行动方案》两个重要文件的出台，共同构建了中国碳达峰、碳中和"1＋N"政策体系的顶层设计，而重点领域和行业的配套政策也围绕以上意见及方案陆续出台。"双碳"战略的落地实施对汽车企业加速绿色转型，实现环境、社会和治理价值，以及提升竞争力提出了更高的要求。

产业发展规划出台，数字转型前途光明。2020年10月，国务院办公厅印发了《新能源汽车产业发展规划（2021—2035年）》，提出推动电动化与网联化、智能化技术互融协同发展，布局整车技术创新链。各地方政府积极加快5G通信基站、C-V2X路侧设备部署，推动智能化道路升级改造，这为汽车产业的数字化转型指明了方向。

3. 新兴技术发展为转型提供动力

新兴数字技术的发展使自动驾驶、车辆互联等成为现实，彻底改变了驾驶员与汽车之间的关系，描绘了汽车产业数字化转型的蓝图。依托人工智能技术和高精度的识别技术、定位技术，自动驾驶系统能够通过车载传感系统感知道路环境，获取道路、车辆位置和障碍物信息与数据，并能做出相应的决策与规划，控制车辆的速度和转向，从而使车辆能够安全、可靠地在道路上行驶并到达预定地点。自动驾驶汽车的问世从感知、分析、应用三个方面全部或部分地代替了原来由人来执行的功能，解放了驾驶员的手脚、眼睛和大脑。随着5G网络、车辆、路面、云端、平台等各个环节的技术不断完善，车辆正从辅助驾驶转向自动驾驶，基于自动驾驶的

---

① 《2020年政府工作报告（全文）》，https://baijiahao.baidu.com/s？id＝16680951105131765
93&wfr＝spider&for＝pc，最后访问日期：2023年10月11日。

② 《新基建时代，汽车行业加速数字化重塑》，https://www.ibm.com/account/reg/cn-zh/sign-
up？formid＝urx－48572，最后访问日期：2023年10月11日。

协作式智能交通模式日益临近，传统汽车产业格局逐渐被颠覆。车联网（V2X）的概念源于物联网，从诞生伊始就备受关注。它以行驶中的车辆为信息感知对象，借助新一代信息与通信技术，实现车与车、车与路、车与人、车与云平台等之间的全方位网络连接，进行交通信息服务的智能决策和车辆的智能化控制，可以更好地服务用户，实现智能交互，提升车辆整体的智能驾驶水平和社会交通运行效率。总而言之，新兴数字技术与汽车的结合，让人们看到了汽车产业数字化转型的无限可能。

在动力来源方面，汽车产业迎来了驱动系统的全新变革，以电能、太阳能、氢等作为动力来源的新能源汽车层出不穷，引发了汽车产业的生产组织方式转型。传统汽车产业由整车企业进行燃油发动机和车型的系统设计，通过掌握以发动机和车型为核心的"产品定义权"，进一步掌握市场划分、品牌与车型定价及生产批量等"市场定义权"。尽管汽车产业已经实现了全球设计、全球采购、全球生产和全球销售，但不同厂家、不同平台、不同品牌之间的生产体系差异仍然非常大，特别是配套零部件因体系不同，标准化、通用化程度很低。这一方面使得生产传统发动机的零部件企业很难通过规模化生产积累实力，挑战整车企业的核心地位；另一方面使得整车企业通过动力和车型的系统设计控制零部件配套体系，通过品牌差异化实行生产体系差异化的垂直分工产业组织形态长期固化。而新能源汽车的出现引发了生产组织方式的深刻变革。以电动汽车为例，首先，在产业链上游，传统燃油发动机、变速器等主要的零部件被储能电池、电机以及车载充电器等零部件替代，传统零部件配套体系发生很大变化，传统整车企业的核心"产品定义权"被分割；其次，电池厂商通过掌握动力电池的设计和产品标准，正在进入整车企业的核心"产品定义"领域，通过接受不同品牌整车企业的订单，推进产品标准化、通用化和模块化；最后，随着标准化的推进和模块化生产方式的确立，水平型分工将逐步取得主导地位，垂直型分工的组织形态将逐步被打破，整车领域的进入门槛将有所降低[①]。

综上所述，在数字时代下，汽车产业受到颠覆性力量冲击，面临购买需求减少、能源形势变化、适应智能化变革等多重挑战。为保持竞争力，

---

① 《观点 ｜ 王晓明：新时代 新格局——汽车产业的解构和重构》，http://www.gdnevia.org/nd.jsp? id＝347，最后访问日期：2023 年 10 月 11 日。

汽车制造商纷纷将重点转向提供互联车辆和数字服务，汽车产业的数字化转型时机日渐成熟。

（二）创新探索：汽车产业数字化转型实践

如今，汽车产业正朝着"新四化"——电动化、网联化、智能化、共享化的方向发展，产业格局遭遇重塑，我们正在进入全新的汽车时代。传统汽车产业悠久的工程师文化，使得汽车产品设计和生产制造环节在传统的产业流程中拥有无可替代的中心地位，专业设计人员和技术专家在产品定型和生产管理的各种决策中发挥权威性作用。随着互联网和新一轮信息技术与传统产业的深度融合，特别是数字化、网络化和平台化对传统汽车产业链的渗透，汽车产业的传统流程正在被改变。汽车企业首先面临的是身份角色的转变——从以往的单纯生产汽车向提供出行服务转变。汽车产业数字化转型的核心是利用数据的采集、传输、存储、处理和反馈的闭环，通过提取有价值的信息，完成汽车产品的零部件采购、产品研发、生产制造、销售和服务等全产业链和产品全生命周期的管理、决策和控制。国际商业机器公司（IBM）指出，现有的汽车产业数字化转型实践主要集中在产品、运营和互动三大关键领域①。在这三大关键领域，汽车企业已做出一系列探索与尝试。

1. 产品：打造智慧供应链，拥抱高端智造

在产品领域，工业4.0为汽车智造注入了新的动力与活力，其实现路径可进一步拆解为打造智慧供应链和实现智能制造生产两个方面。供应链覆盖原材料采购、产品生产、物流及销售等多个环节，直接关系到成本、质量、效率、稳定性等关键问题，因此，实现供应链的优化整合，提高其智慧协同能力，对零库存、实时交付等目标的实现至关重要。在生产制造流程上，汽车企业依托传感器、机器视觉、机器人等智能制造设备，通过数字化技术与智能化制造手段的结合改进汽车生产和装配，实现智能化生产和定制化生产，加速高质量车辆的设计、开发与交付进程，满足消费者

---

① 《颠覆性汽车技术解决方案》，https://www.ibm.com/cn-zh/industries/automotive? utm_content = SRCWW&p1 = Search&p4 = 43700074715651927&p5 = 1&gclid = CO7sp_ Twgf8CFZBFvAod XxgCcQ&gclsrc = ds，最后访问日期：2023年10月11日。

多样化的需求。

岚图汽车是把供应链和产能安全牢牢掌握在自己手中的典型代表之一。2023 年 6 月 13 日，岚图汽车与包括中国工商银行在内的 6 家银行签署银企战略合作协议，获多家银行授信 150 亿元。同时，岚图汽车与武汉经开产业投资集团有限公司签署战略协议，双方将在园区开发、资产经营、绿色出行等领域，充分发挥自身优势并开展广泛合作，共同寻求更多发展机会。资本看好的背后体现了市场对岚图汽车发展的信心，是对岚图汽车硬实力和软实力的充分肯定。

依靠东风公司强大的资源整合能力，岚图汽车打造了完整、优质的智慧供应链体系。岚图立足汽车生产全生命周期，与大量中国本土供应商建立合作关系，与湖北省、武汉市企业进行产业协同，大幅缩短了供应链与产业链之间的物理空间距离，实现了与供应商共生共构、共同进化。同时，岚图汽车发挥数字化和大数据优势，打造高效管理的智慧供应链，通过一站式服务平台建立精益订货模式和"网络化大物流"体系，构建快捷、安全、稳定的物流网络。总之，岚图汽车以最短的距离、最快的速度和最低的成本，为企业的核心技术研发与整车智造生产提供支持①。

源于东风公司半个世纪的造车积累和对前沿生产技术的把控，岚图汽车自建世界级工业 4.0 工厂，构建了自动化、柔性化、智能化、绿色化的生产智造体系。岚图汽车高效智能的冲压车间、全自动焊装车间、无尘化智能环保涂装车间、全自动树脂车间以及数字化总装车间，能够同时满足轿车、MPV、SUV 等 5 种车型的共线随机混流生产，自动化、柔性化能力行业领先，其中，冲压、焊装、树脂等车间实现 100% 自动化生产。运用 5G 和大数据技术融合生产制造，岚图汽车构建数字化车间与实体车间相融合的生产数字孪生，通过 AVI 无线射频识别、MES 系统以及关键工序过程可视化和关键设备在线监测等技术，让生产的每个核心环节都做到精准可控，保证产品的"0 不良率"②。

---

① 《把命运掌握在自己手里，岚图汽车要将制造变为智造》，https：//www.pcauto.com.cn/hj/article/2076895.html，最后访问日期：2023 年 10 月 11 日。

② 《银企合作 共赢发展 岚图汽车获多家银行授信 150 亿元》，http：//www.xinhuanet.com/auto/20230613/7f4cfa61e66c4618af6209225b563f66/c.html，最后访问日期：2023 年 10 月 11 日。

2. 运营：实现车辆连接万物，反哺汽车进化

在运营领域，汽车企业依托可靠的算力和信息交换中枢，赋予汽车连接万物的能力，通过车辆数据分析优化运营，并提高效率、敏捷性和产品质量，在不断变化的环境中提高业务连续性和效率，从而提升质量并保持盈利。具体而言，软件能够重新定义汽车，使用车载软件从传感器和系统收集车辆数据，以及有关天气、交通的外部数据，并对实时数据进行分析，不仅能够将驾驶员与他们的汽车和周围环境联系起来，帮助驾驶员改善体验，而且能为产品开发和质量改进提供信息，在升级迭代中不断提高品牌竞争力。

高合 HiPhi X 是首批 5G 智能网联汽车的模范样本，在全方位场景进化下兼具想象力、感知力、行动力与创造力。2021 年 5 月，在以"一起连接美好未来"为主题的高通技术与合作峰会上，高合汽车展示了其基于智能汽车、智捷交通、智慧城市"三智"战略打造的可进化智能汽车——HiPhi X。HiPhi X 融合了高通基础技术，是市面上第一批量产交付、拥有完整 5G 出行体验能力的新一代汽车，其背后是一套完整的、从智慧城市到智慧道路的系统服务方案。每一台 HiPhi X 从生产线下线之后，都会与厂区试铺设的综合智慧出行系统打通，通过 5G 自动连接，自主决策，实现无人驾驶的入库和移库，带来 L4 + 级别的智慧驾驶体验。除沉浸式智能座舱外，HiPhi X 还搭载了高效能电驱系统、高性能前瞻动态底盘、高容量电池组、HiPhi Pilot 智能驾驶辅助系统、Crossloop 能量管理系统、智能微气候调节系统等，助力多样化功能的实现①。

驱动 HiPhi X 智能核心体验的，正是搭载的高通骁龙汽车数字座舱平台和骁龙汽车 5G 平台。高通公司已在高性能计算与通信领域深耕多年，为高合提供了高算力、高传输能力的芯片，助力高合汽车开发出业内领先、最具特色的 H-SOA 超体电子电气架构。该架构的优势在于，集成了车身、动力、自动驾驶、智能座舱、车联 V-Box 和中央网关六大计算平台以及 562 个传感器、307 个执行单元，并通过构建软件中间件实现软硬分离

① 《高合 HiPhi X ｜ 可进化超跑 SUV》，https：//www. hiphi. com/hiphix. html？ utm_ campaign = PU2021091429426&utm_ source = C0019&utm_ medium = link0004，最后访问日期：2023 年 10 月 11 日。

和构建标准化服务接口。这一架构直接解放了软件工程师的生产力，也提高了硬件的可靠性和可玩性。事实上，不仅开发工程师省去了大量重复的"造轮子"过程，用户也可以通过软件，参与场景功能的自定义，让车辆的个性化又上一层①。

可以看到，高合 HiPhi X 的推出离不开高合与高通的强强合作。科技公司利用自身技术积淀带来赋能，可以帮助汽车企业更快落地新概念、新技术和新产品，正如高通利用自身在连接与计算上的软硬件积累，依托 5G 生态，与合作伙伴聚焦场景化解决方案，帮助高合打造独一无二的 5G 出行全域方案。科技企业与汽车企业联手打造汽车智能网联平台的案例不在少数。致力于让 AI 引领人类进步的商汤科技推出了 SenseAuto 商汤绝影智能汽车平台，该平台以 SenseCore 商汤 AI 大装置为基石，以 SenseAuto Empower 绝影赋能引擎为底座，通过智能车舱、量产智能驾驶、自动驾驶接驳及车路协同构成全栈体系，全面赋能国内外车企客户的智能化升级战略和人们的智能出行需求，并深度挖掘车载行业数据价值，连接智能汽车与商汤智慧产业生态，实现与汽车产业和生态的共生共赢。目前，索伯集团、本田中国"e：N"系列、戴姆勒以及国内主流主机厂等多家车企已与商汤科技达成合作②。

3. 互动：创造个性化体验，培养忠诚客户

数字化转型还将汽车产业转变为一个全方位的服务型产业。新一代汽车消费者不再只关注车辆本身，而是对工程服务、汽车改装、专业维修、配件推荐等多元化的服务需求越来越大。服务化模式下，汽车生产企业需要完善服务模块和服务流程，满足消费者多样化的服务需求，进而提高客户的满意度和忠诚度。因此，在互动领域，包括 AI 在内的数字化技术能够帮助车企了解消费者的真正需求，创造超出客户期望的个性化体验，通过提供能够打开新收入流的客户体验和服务，成为生活方式品牌。

---

① 《造辆 5G 汽车，也没那么难》，https：//mp. weixin. qq. com/s/NEZcyPw1 _ 9tzeIvAiIGX0Q，最后访问日期：2023 年 10 月 11 日。

② 《SenseAuto 商汤绝影智能汽车平台》，https：//www. sensetime. com/cn/product-business？categoryId = 32857&utm_ source = baidu-sem-pc&utm_ medium = cpc&utm_ campaign = PC－商汤科技－产品词－汽车出行 &utm_ content = 绝影 &utm_ term = 汽车智能 &e_ creative = 74103388456&e_keywordid =596414867682，最后访问日期：2023 年 10 月 11 日。

　　高合 HiPhi X 支持用户参与场景功能自定义的实践大幅提升了驾乘体验的个性化水平，越来越多的汽车公司深谙"共创定义价值"的要义，纷纷推出满足多场景需求、具备多用途模式的汽车产品，加强汽车与驾驶员或乘客之间的良性互动。例如，小鹏汽车的智慧多场景座舱可根据用户多场景化的需求，将时间、地点、温度等环境感知设置为触发条件，实施车辆功能的自定义组合。如在上班场景中，时间早上 8：00，车内温度 35℃，车辆可推出自动开启空调、自动导航到公司、播放新闻＆音乐、抵达公司提醒打卡等功能的组合以供驾驶员选择。针对不同的天气和路况，小鹏汽车还推出了五种可随心切换的驾驶模式：标准模式动力响应适中，兼顾续航里程和驾驶性能；舒适模式动力适应平缓，乘坐体验更舒适；运动模式动力响应快，体验超强的驾驶乐趣；弹射模式动力响应更快，充分释放车辆性能，享受畅快推背感；脱困模式动力响应平稳，可获得整车最大扭矩，提升脱困能力[①]。

　　值得一提的是，互动领域的数字化转型并不局限于汽车驾驶的体验升级，而是在涵盖产品、营销、商务、销售和服务的整个客户生命周期内推动数字化转型。其关键在于将客户体验置于业务的核心位置，利用人工智能、数据分析等技术提供由数据驱动的情境式体验，在降低成本的同时为客户提供更好的体验[②]。

　　除了生产出色的车辆外，一汽－大众还希望提供卓越的整体客户体验，将初次客户转变为终身客户，它与 IBM 携手创建的移动服务应用程序 We Experience 在重塑客户体验并提升企业收入水平方面为行业树立了标杆。一汽－大众管理服务部互联应用开发科经理兼成都研发中心负责人金维鹏称："我们在所有接触点上打造了引人入胜的客户体验，由数字技术和数据提供支持。"在数字化转型过程中，IBM 为一汽－大众组建并培训了一支由 150 多名成员组成的数字化创新团队。该团队发现，一汽－大众三大汽车品牌使用的三个不同网络平台缺乏跨平台的可扩展性和稳定性，

---

① 《小鹏 G6 超智驾轿跑 SUV ｜ 小鹏汽车官网》，https：//www. xiaopeng. com/g6. html？ force-Plat＝h5，最后访问日期：2023 年 10 月 11 日。

② 《客户生命周期转型咨询》，https：//www. ibm. com/cn-zh/consulting/customer-experience，最后访问日期：2023 年 10 月 11 日。

阻碍了新项目的创新和交付。为解决这一问题，一汽－大众实施了 IBM Cloud Pak for Integration，它可以提供符合该公司需求的集成模式，开发针对两个场景的容器化 API 集成：生态系统集成和后端集成。生态系统集成将多样化的数字服务生态系统引入车辆和客户的移动设备，如此一来，驾驶员将获得简化的体验：他们可以在一站式的一汽－大众应用中查看所有可用的充电选项，并根据他们的车辆需求进行过滤。后端集成是指将公司的记录系统与一汽－大众所有车型中不断改进的软件连接起来，对客户来说，这意味着可以获得更加便捷无缝的体验。例如，车主可以从汽车的主机或移动应用向经销商下达维修订单，或跟踪最近订购的汽车的生产进度。自一汽－大众进行开发与集成转型以来，已有超过 300 万新用户注册了它旗下的大众和捷达品牌的移动应用，从订购汽车到驾驶汽车的全过程体验均得到了改善①。

（三）数字助力：汽车产业迈向全新未来

1. 驾乘体验的升级与产业格局的巨变

在数字化力量的驱动下，汽车产业迎来了全新未来，从消费者的驾乘体验到汽车本身，再到汽车企业和汽车产业，一股新生力量正在凝聚。

对于消费者而言，汽车产业的数字化转型带来的是完全革新的驾乘体验。以高合 HiPhi X 的沉浸式智能座舱为例，Touch Pad 触控方向盘是车辆的操作中心，通过集成在方向盘上的触控面板，以手势组合实现更多的操作功能；14.6 英寸的高清液晶仪表＋HUD 高清彩色抬头显示能够全面展示驾驶信息；16.9 英寸中央触控屏能够实现对车辆各项功能的集中控制。此外，座舱内还有副驾驶娱乐显示屏、高级音响系统、定制香氛、可智能调色氛围灯配套设施，为驾驶员打造了一个专属空间，营造精神上的愉悦②。

对于汽车而言，汽车产业的数字化转型是一场关于汽车的革命，是汽

---

① 《加速汽车行业的未来之旅：一汽－大众提供无缝的现代驾驶体验》，https://www.ibm.com/case-studies/faw-volkswagen/cn-zh/，最后访问日期：2023 年 10 月 11 日。

② 《HiPhi X－想象力》，https://www.hiphi.com/imagine.html，最后访问日期：2023 年 10 月 11 日。

车在信息化、网络化和智能化方面的融合发展。人工智能、大数据、物联网等新一代数字技术的快速渗透，一方面提升了驾驶智能汽车的安全性、舒适性和便利性，另一方面加速了汽车产品的升级换代，通过赋予汽车全维度感知的能力，激发汽车的进化潜能，开启性能进化新形态。

对于汽车企业而言，数字化转型不仅仅是追求成本效益和优化生产效率的过程，更是创新的驱动力，为汽车企业带来了更广阔的发展前景。在汽车制造上，数字化转型在生产效率、质量控制、工艺升级、产品设计等方面带来了全面的升级与优化，能够为用户提供更个性化的产品设计和生产，实现量身定制；在汽车销售和营销上，汽车企业通过采用数字化平台实现全链路的营销，提供更多元化的销售渠道，让用户体验和互动交流更加个性化；在汽车售后服务上，汽车企业通过大数据等技术手段和全面的管理方式，实现售后服务的全生命周期化，并提高售后服务质量，如通过物联网技术远程检测和诊断车辆，在线排除故障，利用大数据技术，更好地分析客户的售后需求和车辆状况，针对不同车主的使用习惯、保养需求等制订个性化的车辆保障与服务方案[1]。只有通过数字化转型和不断创新，企业才能在竞争激烈的市场中获得生存和发展的空间。

对于整个汽车产业而言，数字化转型带来了全新的机遇与挑战。借助数字化的虚拟和仿真、网络的数据和信息集成、平台的数据分析和实时决策，汽车产业在新的"物理层、数字层、平台层"框架体系下，正在获得前所未有的流程创新能力。数字化转型已经成为汽车产业可持续发展的"金钥匙"，引领汽车产业迈向更加智慧、高效、个性化和便利的未来。国务院发展研究中心产业经济研究部研究室主任王晓明指出，与传统产业格局相比，未来汽车产业新格局具有三个方面的新特征[2]。

一是包括独立的汽车设计公司、独立的模块化供应商、无品牌代工工厂、硬件管理运营商、出行服务运营商等在内的新产业体将逐步出现，拓展了产业组织的多样性和复杂性。

---

① 《汽车产业的数字化转型》，https://baijiahao.baidu.com/s？id＝1768310190209365475&wfr＝spider&for＝pc，最后访问日期：2023年10月11日。

② 《观点 ｜ 王晓明：新时代 新格局——汽车产业的解构和重构》，http://www.gdnevia.org/nd.jsp？id＝347，最后访问日期：2023年10月11日。

二是产业垂直分工形成的链式产业结构向水平分工形成的网络状产业结构转变，同时以汽车产品设计、生产、销售、使用和保养为主的"物理层"向包括与"物理层"相互映射的"数字层"和以数据集成为基础进行功能整合的"平台层"发展，最终形成包括"物理层、数字层、平台层"在内的汽车产业信息物理系统（CPS）。

三是随着汽车产业数字化程度的加深，具有网络和数据集成能力的硬件和软件服务平台将成为产业的"规则制定者、流程管理者和价值分配者"，以数字为中心的"平台层"将逐步获得对以产品为中心的"物理层"的支配性地位。

2. 汽车产业数字化转型的困难与克服

如上所述，汽车产业的数字化转型是紧跟时代步伐的必然趋势，也是汽车产业发展的必由之路。但是，传统汽车产业格局向新格局的演化需要经历一个渐进的、从量变到质变的过程，涉及消费者行为习惯的改变、汽车所有权和使用权的分离、购买出行服务对购买汽车的替代、电动汽车的普及、模块化生产的推广、柔性生产体系的建立等方方面面。要想实现整个产业的数字化转型，还有很长的路要走，为开创汽车产业的全新未来，理念上、技术上、管理上的多重困难仍需克服。

随着智能电动汽车需求猛增，汽车产业面临的挑战并不在于制造规模上，而是在于软件开发上。如今的高端汽车内含超过1亿行代码，相比之下，一架波音787梦想客机包含大约1400万行代码，世界上最大的粒子加速器大型强子对撞机包含5000万行代码，高端汽车内含的代码数目相当庞大。此外，随着车辆技术的不断发展和新需求的涌现，为支撑提供更多控制选项和媒体、更多移动设备支持功能，甚至自动驾驶功能和车联网连通性等的实现，软件的数量将继续呈指数倍增长。要使驾驶员获得无缝便捷的驾驶体验，就必须在软件与驾驶员使用的外部服务生态系统（如流媒体、停车、充电和导航服务）之间创建无缝集成，并且即使每个元素中的软件不断快速演变，这种无缝集成也能继续保持。为实现这一目标，汽车企业的软件开发能力亟须拓展。

创造汽车的数字化体验看似简单，实际上其背后包含的工程难度十分大。一方面，软件与传统电子产品在研发方法上存在巨大差异，软件开发注重敏捷迭代和实践，这给传统汽车工厂的研发组织带来了巨大的挑战；另一方面，汽车企业需要从设计整体的出行方案角度开始，审视汽车的功能和制造流程，这就需要懂 5G、懂 AI、有 V2X 研发经验的企业深度参与汽车的产品定义和开发初期。尤其是现在，智慧城市还处于建设探索阶段，缺乏完善的技术解决方案，如何预留好与智慧城市的接口，甚至拿出完善的出行方案，各家汽车企业都在探索，寻求有经验的合作伙伴[①]。

　　克服上述困难，需要汽车企业等市场主体和政府齐心协力加速推动新旧产业格局的转化。汽车企业一方面需要转变理念思路，重新对汽车产品未来的形态进行思考，将重心更多放在提供更智慧、高效、个性、便捷的出行服务上；另一方面，在数字化体验塑造中，要积极寻求可靠的合作伙伴，将丰富的汽车研发制造经验与高端数字技术优势相结合，实现效率和质量的双赢，更快地推动未来出行的实现。政府则要发挥战略性、前瞻性和引导性作用。一是要从战略高度考虑未来交通出行变化对汽车价值链、产业链和创新链的影响，在交通出行革命、能源革命、新型城市化、数字经济的大背景下统筹汽车产业的数字化转型，组织跨行业、跨领域的相关机构和专家学者对汽车产业的中长期格局变化进行前瞻性、趋势性、情景化的研究，准确把握汽车产业格局变化的内在规律和外部推动因素，为相关战略、规划和政策的制定奠定理论基础。二是在产业管理体制改革和产业政策创新上，一方面要顺应汽车产业格局的趋势性发展，管理上放宽行业和市场准入，产业政策上鼓励和支持创新，以新型产业平台发展为重点，激发更多创新主体的积极性，推动形成面向未来智能出行的产业生态体系；另一方面要对汽车产业格局变化带来的产业冲击、就业冲击和社会冲击做好准备，在传统汽车产业主体的转型方面考虑制定专门的支持性政策，在汽车国有企业改革的设计方面考虑发挥国企在就业结构调整上的"稳定器"作用。三是在产业管理内容上要顺应新产业格局下业务模式的变化，由对汽车产品的一致性监管向产品和服务一致性监管并重转变，由对传统汽车企业的管理向汽车企业和平台管理并重转变，探索借助硬件和出行服务平台对汽车产品和服务一致性监管的新模式，注重对汽车产业数

---

① 《造辆 5G 汽车，也没那么难》，https://mp.weixin.qq.com/s/NEZcyPwl_9tzeIvAilGX0Q，最后访问日期：2023 年 10 月 11 日。

据资产所有权和使用权的管理。

四 案例：零售行业的数字化发展

（一）创新基础：传统零售行业发展概览

零售是向最终消费者——个人或社会集团出售生活消费品及相关服务，以供其最终消费之用的全部活动。零售是贸易的终点，处于生产环节与消费环节之间，在商品流通中发挥中介作用（见图3-3）。零售活动并不局限于零售店铺，一些便利的设施如自动贩卖机也是零售终端。其顾客不限于个别的消费者，非生产性购买的社会集团也可能是零售环节的顾客。

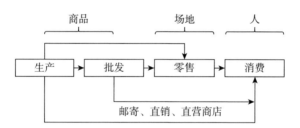

图3-3 零售在商品流通过程中的中介作用

西方零售行业的发展大体上经历了如下四个阶段。第一阶段，具有现代意义的百货商店出现，学术界称其为"现代商业的第一次革命"。其特征为明码标价制度、商品退换制度的产生，商品种类繁多、商品部门分类，一体化管理等现代化手段逐渐得到运用。第二阶段的开启以超级市场、大型综合超市的出现为标志。二战后，在原有现代意义的百货商店基础上开架售货、集中经营，提高购物环境舒适度、增强商品包装设计感等理念得到运用。第三阶段，连锁商店产生，其作为现代大工业发展的产物，主要特征是标准化管理、专业化分工、集中化进货、简单化作业，以实现提高协调运作能力和规模化经营效益的目的。信息技术孵化了第四次变革，其中最主要的影响因素是网络技术的发展，它打破了零售市场的时空界限，随后形成了我们熟知的发展形态。

改革开放以后，中国市场经济不断发展。零售行业也顺应这一趋势，经历了如下四个发展阶段[①]：（1）1978～1989年，国营商店逐渐减少，各地出现了传统形态的百货商店，并逐渐占据主导地位，是零售行业发展的起步阶段；（2）1990～1992年，超级市场、大型综合超市开始出现，传统形态的百货商店受到一定程度的冲击；（3）1993～1995年，零售组织的形态变得更加多样化；（4）1996～1999年，跨国零售出现，一些跨国零售商开始进入中国市场，加快了零售业的现代化进程；（5）1999年以后，与西方接近同时发生的信息技术孵化的零售变革也在中国出现，零售行业正式迈入了数字化发展阶段。

纵向对比中国与西方国家的零售行业发展路径，可以发现，中国用几十年的时间走过了西方国家近百年的道路，尤其是在最新的零售行业数字化发展阶段，中国与西方国家几乎是同步进行的，有很多新事物、新模式甚至是中国自身独有的。这要求政府为零售行业的数字化发展提供良好创新发展环境，重新思考政府与新生事物的关系。什么是需要政府介入监管的？什么是政府应当借鉴学习的？什么是需要政府引导发展筹划大局的？这当中产生了不少优秀的实践案例，也产生了一些不良影响，需要重新审视。

（二）双向促动：传统零售行业数字化转型

中国零售行业数字化转型的原因，主要有内部原因和外部原因两大类。在内部原因方面，零售行业数字化转型是零售组织自身发展变化的必然规律。零售行业围绕商品流通系统的变化，自身进行发展变革。在工业化大生产的情境下，零售行业势必在多样化消费与大生产之间进行协调，通过创设电商平台等新型组织形式，将生产与销售结合起来。在外部原因方面，技术进步与市场环境变化推动零售行业的数字化转型。零售行业的几次变革都有其背后的技术力量推动。国外将信息技术引入零售行业并迸发出强大生命力的实践，直接刺激着中国零售行业的数字化转型尝试。恰好在零售行业数字化转型的早期阶段，中国网络基础设施建设逐渐完善，民众上网门槛逐渐降低，为零售行业数字化发展提供了必要的条件。中国

[①] 《零售的定义》，https://wiki.mbalib.com/wiki/%E9%9B%B6%E5%94%AE，最后访问日期：2023年10月11日。

的市场环境逐渐从卖方市场转变为买方市场，消费者成为市场的主导力量。而信息技术发展恰好能够满足消费者个性化、多样化的需求，为零售行业的数字化转型提供了转型动力。此外，早期阶段政府对待"信息技术""市场转型"等领域的政策支持与话语鼓励，为早期转型企业大胆尝试营造了良好的政策环境与创业氛围。

（三）多维发展：从平台到业务的转型路径

零售行业的数字化发展并没有改变零售的核心定义，更多的是通过数字化为传统的零售赋能，使零售呈现数字化、信息化、智能化特征。《2022年中国零售数字化白皮书》将零售企业数字化进程划分为四个阶段：信息化、线上化、数智化、平台化（生态化）。[①] 信息化是指 IT 基础设施升级改造，业务流程的系统化、信息化；线上化是指布局线上渠道，实现全渠道运营，数据洞察辅助部分经营决策；数智化是指全面应用基于大数据分析的经营决策，实现运用自动化和智能化；平台化（生态化）是指行业或价值链的整合、生态圈的构建，用数据科技驱动新兴业务、赋能产业和行业。

根据这一定义，结合我国零售行业的数字化发展实践，本书认为中国零售行业数字化实践呈现"平台—配套—个体—业务"的发展路径，在当中企业发挥着主要的推动作用。平台是零售行业数字化最早的发展业态，也是联结生产者、销售者与个体的基础；配套是保证零售行业数字化高效发展的保证，也是零售行业数字化发展的亮点；个体主要指零售行业数字化发展在个体层面的运用；业务主要指业务创新，是零售行业数字化持续创新发展的保障。

阿里巴巴作为中国最早开启零售行业数字化转型实践的企业，完整地经历了零售行业数字化的各个发展阶段，在平台、配套、个体、业务四个维度方面发挥开创性、引领性作用。因此，本部分将选取阿里巴巴的发展历程作为案例，从一个代表性企业的视角来剖析我国零售行业数字化发展的历史（见图 3-4）。

---

① 《2022 年中国零售数字化白皮书》，http：//ccfa. org. cn/portal/cn/xiangxi. jsp？ id = 443889&t ype = 33，最后访问日期：2023 年 10 月 11 日。

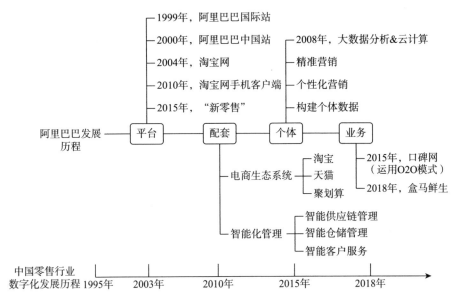

图 3 - 4 阿里巴巴集团与中国零售行业数字化发展历程的时间对比

1. 最早的转型实践：线上零售平台的搭建

线上零售平台的搭建是零售行业数字化最早也是最重要的实践，以电子商务平台为代表。电商平台打破了时空界限，将线下的交易场景搬到线上，将数字化技术引入商品流通的批发、零售、消费三个环节，使商品流通的效率进一步提高。1999 年，马云在杭州创立阿里巴巴，并初步搭建了 B2B 电子商务平台——阿里巴巴国际站。其最初的目的是通过互联网帮助中国的中小企业寻找全球贸易伙伴。随后一年成立了阿里巴巴中国站，专注于国内贸易，为中国中小企业提供更多贸易机会。2004 年，阿里巴巴推出了淘宝网。作为 C2C 电商平台，淘宝网逐渐成为中国最大的在线购物网站，引领了电商行业的快速发展。2010 年，阿里巴巴推出淘宝手机客户端以迅速适应移动互联网的发展，进一步拓展移动电商市场。2015 年，阿里巴巴逐渐将新兴技术应用到电子商务中，在这一时期提出了"新零售"的概念，主张线上与线下融合，基于新兴技术的个性化推荐、优化供应链管理、智能搜索等功能，为商家提供更多的营销工具，为消费者提供更丰富的购物体验。

白东蕊和岳云康（2021）将电子商务的发展概括为以下四个阶段。

（1）基于电子数据交换的电子商务：20世纪60年代末70年代初。为了节约纸张、提高效率，外国企业在贸易活动中逐渐使用电子数据进行贸易信息的交换，以电子订单代替纸质订单进行发货，大幅度地节约了交易成本。（2）基于互联网的电子商务：起源于1995年。在这一阶段，既有传统的零售商（如沃尔玛）搭建自己的网上销售平台，也有一些新兴企业搭建交易平台服务于商品流通的各个环节。（3）基于移动通信技术的移动电商。随着移动通信技术的发展，手机上网成为重要的上网方式，移动电商的出现极大地促进了电子商务平台的推广、使用。（4）基于新兴技术的智慧电子商务：2015年前后。电商平台的发展逐渐进入基于新兴技术的智慧电子商务阶段中，大数据、人工智能、云计算等技术对推动电商平台的智慧化发挥着重要作用。

结合这一定义可以发现，以阿里巴巴为代表的中国企业完整地经历了零售行业数字化的后三个发展阶段，即基于互联网的电子商务、基于移动通信技术的移动电商和基于新兴技术的智慧电子商务，是中国零售行业的数字化转型之路的重要推动者。

2. 构建转型的体系框架：配套与要素

随着零售行业增速放缓、利润下滑，零售行业数字化不再只关乎单纯的渠道拓展和平台搭建，而是更需要驱动门店、商品、供应链的精益运营，实现降本增效。在配套方面，电商生态的构建、智能化管理的运用是重要举措。

阿里巴巴在20多年的发展中逐步建立起庞大的电商生态系统，提高了企业自身的经济韧性和抗风险能力，同时也为不同类型的数据流通使用打下基础。阿里巴巴旗下拥有淘宝、天猫、聚划算等多个电商平台，并且在这些电商平台中引入了信用评价体系，帮助买家选择可信赖的卖家，促进了电商平台的信任建设，构建了良好的电商生态系统。

此外，在这一阶段，智能化管理逐渐得到应用，主要集中于供应链、仓储、客户服务三个方面。智能供应链管理是指将物联网技术与现代供应链管理理念结合，在企业内部及企业间构建起智能化、自动化、网络化的技术与管理综合集成系统，从而帮助企业实现对供应链的全面控制，提高供应链的效率和透明度，降低成本，提高客户满意度。智能仓储管理是基于物联网等技术，实现仓库物流的自动化、信息化、智能化管理。仓库内货物的存储、调度、盘点等环节均可自动化完成。它能够节省企业仓储用地、减少仓储损失，实现账实同步、降低仓储成本等目的。智能客户服务融合大数据处理、数据挖掘、机器学习、NLP 等技术，在原始客户服务系统中构建起一个人工智能处理模块，以取代原始的人工处理功能。

阿里巴巴在 2015 年以后逐渐增加了在三大智能化管理方面的投入。2016 年，阿里巴巴推出"菜鸟智能物流"项目，将智能仓储、智能配送、数据分析等技术结合起来，提高了物流处理的效率。2017 年，阿里巴巴推出"阿里机器人"自动化仓储机器人系统。阿里机器人能够自主移动并执行仓库内的各种任务，提高仓储效率。同时，阿里巴巴推出"阿里小蜜"智能客服虚拟助手，它可以回答用户的问题，提供产品推荐、订单处理查询等服务，增强用户的服务体验。

3. 挖掘数字零售的微观价值：个体数据的开发使用

近年来，零售行业发展势头放缓，进一步强调了挖掘使用个体数据的价值，它表明：无论是线上还是线下，零售业依靠"流量红利"的时代已经过去，之前"补贴换增长"的模式不可持续。全渠道、精细化的流量及用户运用能力，是零售企业实现流量价值最大化的必备能力①。

阿里巴巴在电商平台创建的早期就注重收集用户和卖家的数据，构建个体数据，在 20 多年的实践中积累了大量数据，逐渐成为企业重要的核心竞争力。早在 2008 年，阿里巴巴就布局大数据分析、云计算等新兴业务，为后续进入智能化电子商务打下基础。个体数据的运用主要集中在精准营销、个性化营销两个方面。通过对目标市场不同的消费者进行细致分析（如消费心理、行为特征），企业能够采取有针对性的营销策略，实现对目标市场内不同消费群体强有效性、高投资回报的营销沟通。例如，根据用户的购买历史、浏览行为和兴趣偏好，向用户推荐相关的产品或服务。当用户将商品添加到购物车但未完成购物时，电商平台可以发送邮件或短信，提醒用户购物车中的商品还未购买以促进消费行为的发生。

---

① 《2022 年中国零售数字化白皮书》，http://ccfa. org. cn/portal/cn/xiangxi. jsp？id＝443889&type＝33，最后访问日期：2023 年 10 月 11 日。

4. 细化转型的应用领域：开拓新兴业务模式

开拓新兴业务模式是当前零售行业数字化的最新实践，是满足近年来的新兴消费需求的尝试。阿里巴巴在O2O模式、社交电商、无人零售等新兴业务领域有所拓展。2015年，阿里巴巴正式引入运用O2O模式。阿里巴巴集团联合蚂蚁金服集团，整合双方资源，联手打造了"口碑网"（现在被称为"淘宝口碑"），让用户可以在线上预约线下的服务，如餐饮、美容、健身等，将线上和线下商业有机结合，为消费者提供了更加丰富的购物体验。随后一年，社交电商乘着国家脱贫攻坚的政策之风逐渐兴起。社交电商通过社交媒体平台和网络社区拓展销售渠道，利用社交关系和用户口碑传播来推动产品销售。个人或小团队通过社交媒体平台开设在线商店，通过社交分享、社群互动等方式吸引用户购买，从而降低营销成本并增强销售效果。阿里巴巴旗下的各大电商平台中都不乏购物直播的身影，一些店家也可以利用视频平台进行商品零售，这些社交电商的举措提高了商品的购买转化率。2018年，阿里巴巴推出了"盒马鲜生"无人零售超市，利用物联网和人工智能技术，实现了线下零售的自动化。顾客可以通过扫描商品码、人脸识别等方式完成购买，而无须人工收银。无人零售店通过技术创新实现自动化的销售和服务，降低人力成本和提高效率，常常利用自动售货机，将人脸识别和物联网等技术相结合，消费者可以通过移动支付等方式自助购买商品，无须人工服务。

通过对阿里巴巴的发展历程进行梳理，我们可以发现，它与中国零售行业数字化发展历程大体吻合，都经历了"平台—配套—个体—业务"的发展链条。零售行业数字化的早期以平台构建为主，为了优化线上零售的体验，逐渐以平台为中心延伸出配套措施。数字化零售平台的长期运行积累了大量的用户数据，加之大数据人工智能技术的兴起，零售行业的数字化开始注重个体数据的分析构建，并向其他领域进行产业数字化或数字产业化，开拓新兴业务模式。

（四）回顾历史：零售行业数字化带来的优势

站在消费者的角度来看，零售行业数字化能够缩短交易时间，减少消费者的选购时间，真正做到了打破时空限制，消费者无须去线下的实体零售商店进行商品的选购。数字化零售还能引导消费者的购物情绪：近年来电商直播、人造购物节等激发消费者购买动机的活动不断兴起并得到广泛运用。此外，它还可以为消费者提供多样化的选择。电商平台将拥有超级市场特征的线下实体搬到线上，并进一步扩展了商品的门类，消费者拥有的购物选择大大增多。

站在平台和企业的角度来看，零售行业数字化节省了企业的人工成本，智能机器人、辅助性 App 的引入，使企业能够更加方便灵活地同消费者进行对接。同时，人工智能算法的引入也让企业更加方便清晰地了解消费者的个人偏好，降低了企业的信息收集成本。零售行业数字化提高了交易效率——零售行业的数字化不仅是商品交易的数字化，也是资金流通、信息交流等方面的数字化，而后两者是提高交易效率的重要因素。此外，它还可以降低流通费用。零售行业数字化能够降低城乡之间的商品互换成本，提高双方的商品可得性。最后，零售行业数字化使信息覆盖面扩大，成为新的致富手段。直播带货等数字化零售方式在农村掀起热潮，并在脱贫攻坚实践中得到广泛运用。

（五）展望未来：当前零售行业数字化发展遇到的难题

1. 平台监管与消费者隐私保护难题

首先，零售行业数字化是否为消费者提供了更加便利、更加自由的选择仍然是一个有待考究的问题。平台交易中产生的巨量消费者数据被各个平台掌管，一些同属母公司的子平台还会进行数据共享，掌握着消费者方方面面的数据。与此同时，算法推荐技术被各个平台引入并使用。这一方面能够为消费者提供更多元、丰富、符合偏好的商品，另一方面由于平台掌握着海量的精确数据，可能被用于实施价格歧视以获取更多的利润，侵害消费者的权益。

其次，政府在平台监管与消费者隐私保护问题上处于被动地位。2019年1月1日，《中华人民共和国电子商务法》正式实施生效，其中对数据真实使用的责任被归于电子商务经营者身上，这是这一群体难以单独完成的任务。数字经济发展迅速，法律条文的更新难以完全同步，法律颁布往往发生在社会热点问题之后。尤其是算法推荐等数据技术复杂、操作隐蔽、使用范围广泛，调取证据困难，市场监管部门能力有限，往往处于"秋后算账"的被动局面。

平台经济的迅猛发展，离不开政府的政策环境支持。但是，与任何一种经济形态一样，平台经济也有自己的市场逻辑，也拥有纯粹的经济价值动机。政府在当中既是一个促进者，在保证平台经济的良好、健康发展，撬动其他行业的同时，也应该是一个"积极跟进"的维护者。尽管难以做到完全与社会同步，对新兴技术的理解也不够充分，但为了保障绝大多数人的利益，实现公共价值，政府规制的力量是不可或缺的。从数据端入手，增强自身的专业性，将监管引入数据流通的各个环节，是提高政府监管能力的一个方向。

2. 维护市场竞争公平性难题

零售行业数字化具有一定的门槛，平台因而产生了垄断化的倾向。零售行业数字化需要大量的资金、技术支撑，最后往往是那些资金雄厚、技术底蕴强劲的公司占据着大多数的市场份额，掌握更多的消费者数据。数据作为当前最具有价值的资源，为平台企业向其他领域扩张提供了得天独厚的优势。近年蚂蚁金服的天价罚款事件，警示平台企业不能无序扩张。此外，那些处于初创阶段、技术积累不足的企业进入数字化零售行业市场的难度是巨大的，如果它们找不到新的盈利模式，那么难以在已有的市场形态中打开新局面。未来，政府如何继续保证平台经济健康发展是需要长期探讨的问题。

3. 新型发展方向的探索难题

近年来，零售行业数字化的发展势头开始放缓，出现了以下问题：相关配套产业的需求逐渐饱和，现有的数字化零售平台数量稳定，不同平台之间已经形成了差异化的竞争格局，难以产生新的零售平台。部分配套行业如快递行业的增长速度放缓，相关从业人员数量饱和。随着越来越多主体涌入零售行业数字化产业中，个体电商运营成本不断提高，竞争压力加剧，盈利空间不足，降本增效的方向仍需探索。消费者逐渐理性客观地看待电商平台的促销活动，各种"购物节""狂欢节"促销活动的消费额增长不再迅猛，消费端的需求呈现疲软态势。一方面，这与当前经济增速减缓的大环境有关；另一方面，这是因为消费者对长期没有较大变化的数字化零售模式已较为熟悉，需求逐渐回归正常。这要求数字化零售商回归"商品运营"本质，把"好货"放到用户面前。

汽车产业的数字化转型和零售行业的数字化发展都是数字技术与传统产业相结合的产物，体现的是"怎么用"和"如何用好"数字技术，而算力产业和5G产业的发展体现的是数字技术"有什么可用""能够发挥什么作用"。作为基础性产业，算力产业的支持和发展为各行各业的数字化转型提供了坚实的技术保障。因此在下一个案例中，我们将具体谈谈算力产业发展的重要性、面临的挑战以及未来应对这些挑战的一些可行措施。

五　案例：算力产业的发展与面临的挑战

（一）战略资源：算力的重要性

算力产业，顾名思义是以"算力"这一概念为基础延伸出的庞大产业。广义上的算力是指数据收集、存储、计算、分析和传输的综合能力，而狭义上的算力是指数据的处理能力。

算力是基础性力量，是新科技革命和产业变革中的新兴基础能力，是当前人工智能竞赛中最稀缺的战略性资源，是其他领域竞争的重要保障。作为数字经济时代新的生产力，算力水平已经成为衡量国家经济社会发展的重要指标，以数据中心为代表的算力基础设施是支撑数字经济发展的重要资源，成为推动我国经济转型升级和培育新动能的重要力量。

算力发展能够推动科学研究范式转变。随着数据规模的爆炸性增长，科学研究范式逐渐由第三范式（传统的计算模拟与数字仿真）走向第四范式，即基于大规模数据相关性分析的发现和研究。掌握充足的算力，是科学研究能够紧跟当前时代前沿、抓住新兴科学研究范式机遇的保障。

算力的发展是国家实现弯道超车与跨越发展的有力武器。传统产业由于竞争时间跨度长，竞争格局趋于稳定，后发国家难以实现超越。而算力产业作为新兴产业，其发展时间不过半个世纪，许多后发国家能够抓住机遇，实现弯道超车。中国在新一代信息技术的技术研发、产业应用方面走在世界前列，算力赶超功不可没。

（二）前沿阵地：算力产业的特征与竞争维度

正是因为算力的重要性，算力产业成为目前人类科技发展最前沿、竞争最为激烈的产业，其竞争格局呈现"三高一强"特征。"三高"是指：（1）高投入，算力的物质基础是数据的获取、传输、存储和处理，其中每个环节的建设都耗资巨大；（2）高风险，算力相关技术进步快，一旦出现颠覆性的技术，前期投入就可能作废；（3）高垄断特性，数据要素和算力资源可能会集中在少数企业和国家中，进而形成垄断，造成数据鸿沟。"一强"则是指算力产业的强外部性，作为基础性力量，掌握算力的国家和企业能更好、更快地实现数字化转型发展。

正因如此，算力的竞争是多方位的，并且规模巨大、强度激烈、影响深远。其竞争维度主要包括如下四个方面（李平、邓洲、张艳芳，2021）。

一是规模与市场占有率的竞争。算力规模竞争主要包括算力需求规模和总算力规模的竞争。算力需求规模是算力发展的动因，而总算力规模是算力发展高度的体现，两者互为表里。市场占有率竞争主要是指算力设施的市场占有率，特别是本国研发生产的算力设施的市场占有率。算力设施是构建算力竞争优势的物质条件，是确定总算力规模的基础。

二是技术路线的竞争。各国常常通过多线并进的发展方式分摊风险。技术路线主要包括三大类：超级计算机研发、大型数据中心建设使用与边缘计算。首先，超级计算机是传统且主要的竞争赛道，是各国长期以来算力竞争的主要阵地。超级计算机研发的门槛极高，是一个国家科技实力和制造能力的集中体现，是影响力最大的竞争维度。其次，大型数据中心建设使用随着近年来云计算的兴起而逐渐成为重要的竞争路线。作为当前公共算力最重要的提供者，大型数据中心是提供云计算服务的基础设施，是算力市场化产业化发展的保证。最后，边缘计算是未来竞争路线的重要一环。边缘计算将数据在生成数据的传感器、设备上或附近进行处理，节约网络带宽资源，在未来物联网领域中将发挥重要作用，这一赛道在当前的影响力度较前两者小。

三是产业链和产业体系的竞争。上游相关信息技术的研究开发、中游算力设备制造和设施建设、下游的算力应用开发三者构成了完整的产业链和产业体系。若要为算力竞争提供源源不断的力量来源，则必须让算力产业化、体系化。产业化发展能够为算力竞争提供多样化的需求促动、多渠道的资金，进而消除单纯由政府制定政策、营造环境造成的滞后性、高风险性等不良因素的影响。

四是国家间科技实力的比拼。一方面，科技实力高低决定了算力能否持续高质量发展。科技实力越强的国家，在算力竞争当中越能够更好地把握最新的发展趋势，使用最新的技术，并且能够推进算力发展与科技发展之间的互促融合；另一方面，超大规模数据计算为当前的科研提供了新的研究模式。相较于传统的数据建模、数字仿真，超大规模数据分析的结果更加精确。研究人员能够依托更加广阔的数据空间为自己的研究提供帮助，以减少传统研究方式存在的风险，降低不确定性。

（三）一超多强：世界主要国家（地区）的算力发展格局

由于算力竞争全方位、规模大、影响深远，世界主要国家（地区）都布局参与了算力产业的发展，以提高本国的算力竞争优势。李平、邓洲和张艳芳（2021）依据算力规模和市场占有率竞争、不同技术路线间的竞争、产业链和产业体系间的竞争三个方面，描绘出中国、美国、日本、欧洲四大主要算力输出国家（地区）算力竞争的基本格局（见表3-1）。

表3-1 中国、美国、日本、欧洲算力竞争的基本格局

主要国家（地区） 竞争维度	中国	美国	日本	欧洲
算力规模和 市场占有率	国内潜在需求大；国内市场占有率高，但国际市场占有率较低	国内需求大；全球市场开拓早，国际市场占有率高	国内需求有限；全球市场开拓早，国际市场占有率较高	地区内需求有限；全球市场开拓较早，国际市场占有率较高
不同技术路线	超级计算机总规模全球第一；大型数据中心和美国差距不断缩小；边缘计算处于第二梯队但与美国差距大	超级计算机竞争力强；大型数据中心市场和供给均全球第一；边缘计算全球第一且领先优势显著	超级计算机单体算力暂列全球第一；大型数据中心和欧洲竞争力相当；边缘计算处于第二梯队，与美国差距大	超级计算机规模和单体算力与中国、美国、日本有较大差距；大型数据中心和日本竞争力相当；边缘计算处于第二梯队，与美国差距大

续表

主要国家（地区） 竞争维度	中国	美国	日本	欧洲
产业链和 产业体系	全产业链布局，设备制造、设施建设和应用环节优势突出；人工智能、量子计算等领域技术研发和应用全球领先	全产业链布局，核心零部件、算法、软件平台优势突出	产业链的各个环节、产业体系的各个领域都具有较强的竞争力	技术研发能力强；掌握个别核心工艺和关键设备；应用创新能力强，但实际应用相对较弱

资料来源：李平、邓洲、张艳芳，2021。

从表3-1可以看出，尽管美国相较于其他国家（地区）而言在全球算力竞争中拥有较大的优势，但依旧存在短板。这说明在算力竞争这一赛道上，各国都有自己的优势与不足，呈现"一超多强"的格局。例如，在算力需求上，中国比其他三个国家（地区）拥有更大的需求；而在技术路线上，中日美三国实力强劲，差距逐渐缩小；在产业链与产业体系上，欧洲掌握着核心工艺与关键设备，在世界算力设施市场上具有重要的话语权。这一格局在未来还将持续较长一段时间。

我国算力发展起步晚，但我国是算力发展最具有潜力的国家。我国算力创新不断提速，算力产业保持高速增长，算力产业生态日渐完善。此外，算力基础设施建设也在不断加快推进。我国已建成全球规模最大、技术领先的网络基础设施，为后续的数字经济发展和各行业的数字化转型打下了良好的基础。算力融合应用也加速涌现，从金融、航空、勘探等领域向政务、交通、医疗等领域拓展。

（四）现实图景：中国算力发展的优势与短板

1. 优势：基础良好，未来可期

从上文的分析可以得知，我国当前算力发展拥有良好的基础，在某些领域获得了全球领先地位（如人工智能与量子计算），未来算力产业的发展前景广阔。我国算力产业发展的优势可以概括为以下五个方面。第一，数据资源丰富。我国人口众多、产业体系完备、制造业规模最大、信息化基础设施完善，这些都是产生数据需求与数据资源的重要来源。第二，技术创新体系和产业体系完善。我国是少有的能够提供算力技术创新、生产制造、基础设施建设、应用开发全部资源要素的国家，不会出现产业性的短板现象。第三，经济社会转型对算力需求大。我国经济发展进入转型阶段，新兴需求逐渐产生，各种"智能""智慧"工程将是"十四五"时期的重点发展领域，产业化发展也逐步推进，以迎合经济社会转型的需求。第四，算力应用的诸多领域实现全球领先，应用场景最丰富。算力在人工智能、金融、医疗、教育等领域取得了较好的应用成果，呈现"晚起步，快发展，促引领"的特征。第五，我国拥有的举国体制对于算力竞争而言是得天独厚的优势。"举国"是指政府和社会共同为本国算力产业的发展助力的格局，即政府规划、牵头，把握未来算力产业发展的方向；民间参与、投入，为算力产业的发展注入社会活力。政府与民间相结合的发展方式，既能减少算力产业发展面临的风险，为社会大胆创新发展提供保障，又能充分发挥社会力量灵活性的优势，国际出现的新技术、新业态、新方向能够被投入到国内算力产业的发展当中，确保我国算力产业发展紧跟世界潮流。

2. 短板：产业化不足，软硬件短板突出

首先，我国的算力发展目前还处于初级阶段，算力是国家牵头的一项基础设施建设工程，当前产业化并不成熟，不能很好地通过产业化需求来撬动算力产业的发展。此外，硬件基础技术薄弱、软件生态系统影响力弱。硬件基础技术薄弱主要体现在芯片的"卡脖子"问题上。在人工智能时代，算力的重要性更上一层楼，各国 AI 发展的竞争实质上是算力规模的竞争，谁拥有更强大的算力，谁的 AI 学习就能取得更快的进步。近年来，美国联合一些西方国家禁止将那些具有强大计算能力、高数据传输速率的芯片出售给中国，以减缓中国算力产业的发展速度。国产算力应用软件开发不足，国外企业的垄断程度较高，中国不仅要支付高昂的软件使用费用，还会因对国外软件的依赖而限制自身算力产业的发展。

其次，我国算力产业的创新能力还有较大提升空间。算力发展如何匹配社会需求，通过社会需求来撬动算力产业的发展，如何开拓新的应用领域，而不局限于现有的应用局面，如何改变现有的政府主导数据采集局面，让社会力量参与数据采集，提高与增加数据的质量与数量，都是亟待解决的问题。

最后，我国算力产业的人才问题也较为严峻。算力产业的竞争到最后都是相关人才的竞争，如何"留住"顶尖人才，如何培养算力产业所需要的复合型人才，如何减少人才的过分聚集，如何实现人才的价值，都是未来需要持续探讨解决的问题。

（五）六大方向：如何推进我国算力产业发展

要推动我国算力产业发展，必须从我国国情出发，发挥我国的优势，补齐我国的短板。具体而言，可以概括为举国之力、突出重围、增强应用、人才培养、制度体系建设与构建生态六个环环相扣的举措（李平、邓洲、张艳芳，2021）。

举国之力，即国家应该加大投入、对"卡脖子"问题实行产学研用多方融合。发挥举国体制优势，布局新基建，在算力总量上形成绝对优势。用国家能力承担算力产业发展的风险，为企业创新提供良好的环境。

突出重围，即"软硬"兼施（软件和硬件两方面都要兼顾）。一方面，要努力开发国产算力应用软件，减少对国外软件的依赖；另一方面，要在硬件领域的"卡脖子"问题上下狠功夫，尤其是芯片问题。政府要向社会倾斜，整合和保护算力领域的社会资源，发挥社会领域创新能力强、生命力旺盛的优势。

增强应用，即面对我国算力需求潜力巨大的优势，增强创新应用能力，打破现有的政府主导数据采集局面。应当引入社会力量，提高与增加数据采集的质量与数量，提升分析与运用能力，释放潜在需求以促进算力产业发展。

人才培养，即增强交叉学科人才的培养和储备。人才问题是算力发展问题中最核心、最关键的问题。拥有强大的人才队伍是解决各种"卡脖子"问题最为关键的一环。高校、企业、政府三者之间应当联合培养复合型人才，推动技术向政府、高校下沉，让人才培养紧跟世界最新发展潮流。

制度体系建设，即积极探索政府数据与社会数据的合作共享机制，打破政社之间的壁垒，将二者的优势结合起来。政府为社会提供良好的发展环境，而社会则为政府治理提供新兴技术，二者优势互补、协同发展。

构建生态，即政府应该扮演引导者、支持者角色，推动算力产业转变为算力产业生态,通过社会力量与市场发展来撬动中国算力产业的发展。以芯片算力为出发点,外延出设备、通信、云服务、行业运用、标准化联盟与产业联盟(见图3-5)。芯片技术发展有自身的规律,且我国芯片领域一直存在被"卡脖子"的现象,光靠政府投入难以缩小技术差距。因此政府要转变角色,从产业的促动者变为生态的构建者,将算力产业生态的各个部分打通融合,发挥生态的力量,为社会力量提供良好的环境,从外到内推动芯片产业的发展。

图3-5 算力生态圈示意

资料来源:李正茂等,2022。

六 案例:5G产业化的发展与挑战

(一)技术演进:5G产业化的基础核心

5G全称为5th Generation Mobile Communication Technology,即第五代移动电话行动通信标准,也称第五代移动通信技术。5G具有高速率、低时延和大连接的技术特点。国际电信联盟(ITU)定义了5G的三大应用场景,即增强移动宽带(EMBB)、超高可靠低时延通信(URLLC)和海量机器类通信(MMTC)。三大应用场景是指5G将采用网络切片等方式,使一张网络同时为不同的用户提供服务。3G存在四种标准,包括W-CDMA、CD-

MA2000、TD-SCDMA 和 WiMAX，4G 包括 TD-LTE 和 FDD-LTE 两种制式。然而，5G 不是多种技术标准的合集，而是只利用 5G 这一技术标准整合了集多种关键技术于一身的、真正意义上的融合网络。

5G 技术最早可追溯到 2008 年。2008 年，美国官方政府机构 NASA 开始与 M2Mi 公司建立合作关系，正式开始了对 5G 技术的探索。2012 年，欧盟加入 5G 技术的研发，发起了以研究 5G 小基站技术为核心的"IJOIN EU"项目。2013 年，韩国成功抢占了 5G 市场的先机，三星公司宣布已经研发出 5G 网络。然而，能够搭载 5G 网络的关键设备仍未出现，5G 技术仍然无法得到大规模使用和传播。2018 年是 5G 发展的关键节点。2 月，华为公司发布了首款 3GPP 标准 5G 商用芯片巴龙 5G01 和 5G 商用终端，支持全球主流 5G 频段。6 月，3GPP5GNR 标准 SA（Standalone，独立组网）方案在 3GPP 第 80 次 TSGRAN 全会正式完成并发布，这标志着首个真正完整意义的国际 5G 标准正式出炉。从此，5G 的发展正式迈入标准化和商业化的发展阶段。此后，世界各国不断推进 5G 的商用发展，推出一系列搭载 5G 芯片的产品，并建立基站确保 5G 的基本运行和广泛普及。根据北京电信技术发展产业协会（TD 产业联盟）发布的《全球 5G/6G 产业发展报告（2022—2023 年）》，2022 年，全球 5G 市场在网络人口覆盖、基站部署数量、5G 连接数等方面快速发展，5G 真正成为全球趋势[①]。

（二）场景丰富：5G 产业化的价值实现

5G 融合应用正处于规模化发展的关键期，应用场景不断丰富。我国持续优化基础设施布局，提升 5G、千兆光网等高质量网络覆盖深度广度，深化工业互联网融合应用，打造一批 5G 工厂，进一步丰富拓展 5G 应用场景，持续推动 5G 应用发展。

《5G 应用"扬帆"行动计划（2021—2023 年）》指出[②]，目前我国主要将 5G 技术赋能于三个领域，分别是新型信息消费、行业融合应用以及

---

① 《全球 5G/6G 产业发展报告（2022—2023 年）》，https：//www.zhizhi88.com/articles/44608. html，最后访问日期：2023 年 10 月 11 日。

② 《5G 应用"扬帆"行动计划（2021—2023 年）》，https：//www.gov.cn/zhengce/zhengceku/ 2021－07/13/content_5624610.htm，最后访问日期：2023 年 10 月 11 日。

社会民生服务普惠。我国大力推动5G全面协同发展，促进形成"需求牵引供给，供给创造需求"的高水平发展模式，驱动生产方式、生活方式和治理方式升级。

1. 新型信息消费

（1）"5G＋信息消费"，激发消费潜力

中国信通院把5G对信息消费的赋能归纳为生活类、公共服务类、行业类和新兴信息产品，并预计2020～2025年，5G商用将直接带动信息消费服务8.2万亿元，其中智能手机、可穿戴设备等终端产品的升级换代将释放4.3万亿元信息消费空间。云游戏、环境监测、电商直播、竞技体育、文化旅游等产业都会受益于5G技术的发展[①]。以"5G＋淘宝电商直播"为例，淘宝直播发展至今离不开技术的发展进步。在3G时代，淘宝依靠文字和图片展示商品；在4G时代，淘宝依靠短视频和流媒体展示商品，吸引资本投入；在5G时代，淘宝凭借5G技术特有的高带宽、低延迟特点，大力推进电商直播。淘宝的电商直播搭载5G技术，呈现低时延、高清画质、实时互动性的特征。"5G＋直播电商"促进信息消费的增加。

（2）"5G＋融合媒体"，促进智能宣传

"四全"媒体包括全程媒体、全息媒体、全员媒体、全效媒体，是当下5G应用背景下媒体融合发展的风向标。5G技术的发展和应用促进了传统媒体的转型。第一，扩大了媒体渠道。5G折叠屏手机、AR眼镜、智能投影仪等媒体融合产品层出不穷，人们可以在客厅、厨房、私家车接收各类信息。第二，媒体内容生产的智能化。媒体的新闻可以使用人工智能算法来抓取数据，通过对用户搜索、浏览的分析，对热门搜索词进行排序，抓取热门话题呈现给用户。传媒业将有更多人工智能应用，如新闻写作机器人、新闻聊天机器人、人工合成主播等。第三，媒体产品推送更为精准。随着5G"万物互联"的实现以及移动设备、社交媒体、大数据、传感器和定位系统的结合，媒体将全方位地了解用户需求和兴趣，实时描绘其立体画像，提高用户场景感知及信息内容服务的适配度。例如，中国人

[①] 《中国信息消费发展态势报告（2020年）》，http://www.caict.ac.cn/kxyj/qwfb/bps/202012/P020201204391939572098.pdf，最后访问日期：2023年10月11日。

民大学新闻学院新媒体研究所联合腾讯企鹅智酷对移动媒体用户进行的调查显示，卫生间和床上（晚上睡前或早上醒来）是用户通过移动设备阅读新闻的重要场景，并基于此有针对性地推出相关新闻和内容产品。当前，微信公众号"人民日报评论"每天晚上 10 点左右会推出一篇《睡前聊一会儿》的评论推文，就是贴合用户睡前使用移动设备阅读新闻的场景需求。在 5G 时代，基于工作和生活场景的媒体内容精准化分发将成为常态（张明新、常明芝，2019）。

2．行业融合应用

（1）"5G＋工业互联网"，赋能工业生产

目前，工业和信息化部办公厅已经印发了两批"5G＋工业互联网"的十个典型应用场景和五个重点行业实践的通知。"5G＋工业互联网"在电子设备制造、装备制造、钢铁、采矿、电力等行业领先发展，已形成协同研发设计、远程设备操控、设备协同作业、柔性生产制造、现场辅助装配、机器视觉质检、设备故障诊断、厂区智能物流、无人智能巡检、生产现场监测等场景。"5G＋工业互联网"可以降低生产成本、提高生产效率、优化产品质量。例如，"5G＋智慧仓储"通过内置 5G 模组或部署 5G 网关等设备可以实现厂区内自动导航车辆、机械臂和无人仓视觉系统的 5G 网络接入，部署智能物流调度系统，结合基于 5G 的室内高精定位技术，实现商品入库存储、搬运、分拣等作业全流程自动化、智能化。

（2）"5G＋智慧交通"，提高行程质量

在交通领域，5G 技术同样发挥了巨大的作用。结合 5G 商用部署，我国实现了对高速公路重点路段、重要综合客运枢纽、港口和物流园区的网络覆盖。此外，通过 5G 技术还可以实现车联网、船联网技术应用，推动建设泛在感知、港车协同的智慧互联港口，整合建设天地一体的行业综合信息通信网络。例如，智慧矿卡通过 5G 独立组网应用，为无人矿卡安全、高效、稳定的运行提供了可靠保障，使无人矿卡可以驶向人力所不及的极寒之地或深山，告别"人受罪""车罢工"。

具体到车联网中的 5G 应用，车联网的四个关键要素——车、路、云、人的信息会被汇集起来，通过 5G 网络和大数据分析，进行有效调控，在统一协议下实现数据互通互享，最终实现智能交通、智能服务以及智能驾

驶等功能。"5G+车联网"促进了汽车的网联化与智能化协同发展。例如，5G与车联网的结合可以使汽车通过其自身传感器主动探索周边环境，并实现车辆自主连接城市各类红绿灯和其他交通信号，做出精准的行车提示，极大地降低了交通事故率。

（3）"5G+智慧能源"，促进产业转型

5G与能源领域各行业深度融合，促进能源革命，推动能源生产方式和消费模式的创新。智慧能源主要包括电气、油气和水利等。"智能电气+5G"促进了基于5G通信的工业控制与检测网络的升级改造，通过智能巡检能够实现对生产的有效控制，对人员安全、高风险作业实施可视化管理，提高了生产的安全性。"智能油气+5G"能够对作业场景实现高清和几乎实时的视频监控，并且可以对治理污染的设施进行监测和异味溯源，实现绿色生产。在5G技术与水利行业的深度融合中，应用5G、物联网、遥感、边缘计算等新兴数字技术，能够有效提高水利要素感知水平。

（4）"5G+智慧农业"，创新培育模式

随着新一代5G信息技术的广泛应用，传统农业正朝着智慧农业加速转变。农业的根本出路在于现代化，数字化、智能化是重要路径。5G技术促进了农业生产和销售方式的创新，有利于农业生产提质增效、保障国家粮食安全，推动乡村振兴。将5G、物联网、大数据等新一代数字技术广泛应用于农林牧渔业各环节，有助于农业生产不断向规模化、标准化、智能化发展，构建智能感知、智能分析、智能控制的"智慧农业"新模式。例如，江西联通充分运用5G、物联网、卫星遥感等信息技术建设数字养殖牧场，构建"一场一码、一畜一标"动态数据库，实现畜牧生产、流通、屠宰各环节信息互联互通，实现湖羊的溯源追踪以及精细化培育智慧养殖，实现政府、企业、市场等多方数据共享交换，为湖羊产业发展提供丰富、准确、实时的数据资源，破解湖羊养殖各环节难题。

3. 社会民生服务普惠

（1）"5G+智慧教育"，提高教学质量

5G网络具有超高速、低时延、大连接的特性，综合运用人工智能、大数据、云计算、物联网等技术，围绕"教、考、评、校、管"等关键教学环节，推进5G与教育双向赋能和融合创新。通过"5G+智慧教育"试点申报项目公示以及相关采访发现，目前 5G 在教育教学方面存在三个方面的共性：一是搭建跨校区、跨地域的 5G 教育专网，支撑多方信息资源共享，将教学覆盖范围从同城多校区、多网点扩大至一校跨多省；二是以 5G 广泛整合校园设施、资源和师生，实现精细化校园管理，深化智慧校园建设；三是利用 5G 技术开展大规模远程教学和多学科虚拟仿真实验实训教学（李克，2022）。部分地区依托专业需要打造了一批特色教学项目，如博物馆讲解、图书馆导览和智慧戏剧等。

（2）"5G＋智慧医疗"，搭建生命桥梁

智慧医疗利用先进的物联网技术，整合了病患、医护人员和医疗设备，构建了完备的信息化体系。5G 通信技术为智慧医疗创造了更多新的机遇，帮助解决当下存在的医疗资源不足、分布不均衡、跨区域就诊困难等问题。2019 年，华为完成全球首例 5G 远程人体外科手术，从北京到海南，横跨 3000 公里零延迟进行了帕金森病"脑起搏器"的植入手术。结合 5G 技术，能够利用优势医院的医疗技术和医疗人员、资源，为患者提供实时、远程、数字化的医疗服务，从而有效促进医疗信息化，提升医疗效率和诊断水平，降低医院的运营成本，促进医疗资源共享。

（3）"5G＋文化旅游"，改善文旅体验

文化部和国家旅游局合并为文化和旅游部之后提出来的体验文化旅游的第一个大战略概念是场景文化体验，即把传统的观光旅游彻底转型为文化旅游、体验旅游。5G 智慧文旅发展将主要体现在智慧监管、智慧服务与智慧体验三大方面。在智慧监管方面，通过实时监测，掌握游客的数据；在智慧服务方面，通过大数据搭载 5G 技术，旅游地能够及时并且精准推送游客的喜好，为游客提供定制化服务；在智慧体验方面，5G 的高速率、低时延特性能够帮助进行实时旅游管理，为景区提供意见指导，提升智慧旅游管理能力，同时为游客带来更加丰富的旅游体验。例如，敦煌研究院通过"5G＋VR＋AR"，打造"数字敦煌"。"数字敦煌"是一项敦煌保护的虚拟工程，该工程包括虚拟现实、增强现实和交互现实三个部分，使敦煌瑰宝数字化，打破时间、空间限制，满足人们游览、欣赏、研究等的需求。

4. 城市政务治理

随着城市人口数量的快速增加，城镇化进程不断推进，城市的资源承载能力需要得到极大的提升，传统政务服务和治理模式与现状之间产生深刻矛盾。"5G+智慧城市"提升了城市治理能力，有利于防范治理风险。第一，5G 有助于提升城市信息感知速度。依托 5G 低时延、大带宽、大连接的优势，通过 5G 专网实现安全的无线互联，实现全域感知，及时监控和处理治理问题。第二，5G 有助于提升城市治理信息利用程度。在 5G 的加持下，物理城市正在和虚拟城市融合，过去的物理信息正在变成极具价值的数据资产，指导城市治理、生产生活的优化，持续激发数据动能，释放数据价值[①]。第三，5G 使城市治理更加精细化。"扬帆"行动计划提出，形成一批 5G 智慧社区综合解决方案，提供全方位数字化社区生活新服务，将城市服务下沉到街区层面，提升城市服务的人性化和精细程度，实现"城市管理应该像绣花一样精细"[②]。例如，华为与深圳联合发布的以数据为基础，融合 5G、云计算等信息技术的鹏城智能体，打造了一个自感知、自思考、自进化的思考大脑。此外，在 5G、大数据、区块链等技术的加持下，深圳"秒报秒批一体化"平台也正式上线，涵盖了深圳市的高频政务事项，充分提高政务处理效率。

（三）全链协同：5G 产业化的发展动力

5G 行业的市场规模呈现重点建设、层层推进的发展特点。2019 年 6 月 6 日，工信部向中国电信、中国移动、中国联通和中国广电四家运营企业发放了 5G 商用牌照，标志着我国 5G 商用和产业化进程正式启动。

5G 产业链包括上游的基础元器件和关键零部件研发、中游的运营商投资和基础设施建设与覆盖、下游的终端和应用程序开发。上游是 5G 产业形成的重要基础。在 5G 发展初期，最重要的环节是研发 5G 的关键零部件和接入网络的基础元件，主要指负责接入网的 5G 基站及其配套设备的建设，包括铁塔、有源天线、芯片、光纤光缆等。中游的运营商是推广 5G 商业化、产业化的重要主体，包括三大运营商巨头中国移动、中国电信、

---

① 《5G 赋能智慧城市"扬帆远航"》，http://www.xinhuanet.com/tech/20210823/679506b5551 24559a68cdd12bb753c21/c.html，最后访问日期：2023 年 10 月 11 日。

② 《5G 应用"扬帆"行动计划（2021—2023 年）》，https://www.gov.cn/zhengce/zhengceku/ 2021-07/13/content_5624610.htm，最后访问日期：2023 年 10 月 11 日。

中国联通，以及获得 5G 运营牌照的中国广电。中游的基础设施建设与覆盖是 5G 产业化推广的基础。5G 基站的持续覆盖，为消费者提供了更多的 5G 使用机会，促进 5G 产业的推广使用。下游的应用产业是 5G 产业形成的关键环节，通过将 5G 技术搭载到终端和应用程序中，赋能千行百业，提高各产业的生产效率和生产效益，丰富 5G 的应用场景，扩大 5G 产业的规模。我国通过上、中、下产业链的发展与互动，搭建 5G 产业化体系。

1. 上游研发关键技术，推进 5G 产业化形成

5G 产业链的上游以研发 5G 技术的核心零部件为主，是整个 5G 产业的开端。5G 产业链的上游主要包括基带芯片和元器件的制造，是 5G 产业价值链中的重要环节，是整个 5G 技术架构中的基站、终端等硬件设备的核心零部件。芯片是 5G 电子产品中不可或缺的核心组件，基带芯片集成基带，能够更高效地进行功耗控制和保持信号稳定，提高 5G 使用的性能，为 5G 产业化提供发展基础。滤波器、光模块射频系统等元器件的开发，为 5G 产业的推广提供底层技术。

2. 中游运营商投资，提供 5G 产业化发展机遇

运营商对 5G 产业的投资支撑着 5G 产业的发展。2021 年，三大运营商在 5G 方面的投资超过了 1800 亿元（见图 3 - 6），共新建 65 万个 5G 基站，5G 基站总数超过了 142 万个，基本实现城区、县城、乡镇连续覆盖。据运营商近三年年报公布的数据估算，三大运营商 2019 年 5G 相关投资总和为 412 亿元，2020 年 5G 相关投资总和为 1757 亿元，2021 年 5G 相关投资总和为 1870 亿元（见图 3 - 6）。但是，从 2022 年开始，5G 的投资出现下滑。2022 年中国移动、中国电信、中国铁塔（联通未公布）移动网络相关资本开支同比下滑约 3.2%[①]。

中国移动是唯一一家持续披露 5G 投资详细数据的运营商。其 2021 年资本开支为 1836 亿元，其中 5G 相关资本开支为 1140 亿元，占比超过 62%。在经过两年的 5G 网络高速建设后，2022 年中国移动资本开支为

---

① 《2022 电信资本开支：5G 投资稳定 产业数字化发展带动 ICT 产业机遇》，http://stock. finance. sina. com. cn/stock/go. php/vReport _ Show/kind/lastest/rptid/701853997312/index. phtml，最后访问日期：2023 年 10 月 11 日。

1852 亿元，其中 5G 相关资本开支为 960 亿元，占比下降至约 52%；其 2023 年 5G 相关资本开支计划为 830 亿元，占比进一步下调至约 45%[①]。目前，运营商开始更加注重 5G 场景的拓展，发展 5G 数字化产业。

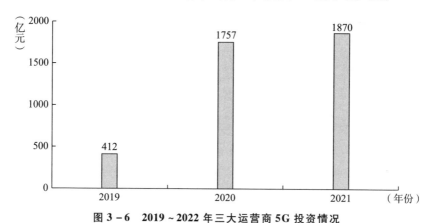

图 3 - 6　2019～2022 年三大运营商 5G 投资情况

资料来源：《格局失衡下的奋楫：深读三大运营商 2021 年报》，http://www.ccidcom. com/yunying/20220325/iONnrLhMatAxhKeAq192w834a7u9k.html，最后访问日期：2023 年 10 月 11 日。

3. 中游建设基础设施，夯实 5G 产业化基础

5G 产业化过程离不开中游基础设施的持续建设和覆盖。根据《2022 年通信业统计公报》，截至 2022 年底，全国移动通信基站总数达到 1083 万个，全年净增 87 万个（见图 3 - 7）。其中 5G 基站为 231 万个，全年新建 5G 基站 88.7 万个，占移动电话基站总数的 21.3%，占比较上年末提升约 7 个百分点[②]。基站覆盖面持续扩大为 5G 产业发展提供了有力支撑。

4. 下游终端和应用程序开发，丰富 5G 产业化应用场景

下游终端和应用程序开发，拓展了 5G 产业的发展场景。5G 赋能千行百业，促进全行业数字化发展。5G 技术正在催生医疗、金融、媒体、能源等各行业的不断创新，促进数字化进程的关键技术，如大数据、云计算、

---

① 《5G 商用第四年：三大运营商整体资本支出温和增长 算力网络成新宠》，https://finance. sina. com. cn/tech/roll/2023 - 03 - 25/doc-imynatny2633230. shtml，最后访问日期：2023 年 10 月 11 日。

② 《2022 年通信业统计公报》，https://wap. miit. gov. cn/gxsj/tjfx/txy/art/2023/art_77b586a554e6 4763ab2c2888dcf0b9e3. html，最后访问日期：2023 年 10 月 11 日。

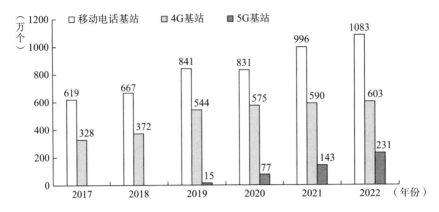

图 3-7　2017～2022 年移动电话基站发展情况

资料来源：《2022 年通信业统计公报》，https://wap. miit. gov. cn/gxsj/tjfx/txy/art/ 2023/art_77b586a554e64763ab2c2888dcf0b9e3. html，最后访问日期：2023 年 10 月 11 日。

区块链等，通过 5G 连接在一起。根据对"扬帆"行动计划的解读，5G 融合应用不同于消费互联网应用，5G 应用的主战场在赋能实体经济、赋能千行百业。这就决定了 5G 应用是一项长期性、复杂性、系统性工程，既涉及信息技术（IT）、通信技术（CT）、运营技术（OT）的深度融合，又与各行业企业数字化基础、经验知识等紧密结合[①]，需要产业链上下游多方主体间广泛参与，政府积极引导，开展团体合作，推动形成 5G 应用的大融合、大生态，实现 5G 产业化发展。

（四）危机并存：5G 产业化的长远发展

1. 独特优势：5G 产业化的协同生产

我国 5G 产业的发展坚持需求牵引、创新驱动、重点突破、协同联动的基本原则。中国在 5G 产业发展上具有三个独特的优势：一是政府提供政策方面的强有力支持，二是企业的 5G 技术专利数量多，三是 5G 消费市场规模巨大。

早在 2013 年，工信部、国家发改委、科技部就联合成立了 IMT-2020（5G）推进组，全面启动 5G 技术研发试验。《"十三五"国家信息化规划》

---

① 《5G 应用"扬帆"行动计划（2021—2023 年）解读》，https://www. gov. cn/zhengce/2021- 07/13/content_5624612. htm，最后访问日期：2023 年 10 月 11 日。

《国家信息化发展战略纲要》《信息通信行业发展规划（2016—2020 年）》等重要文件都提出要积极推进 5G 产业发展。2018 年 6 月 13 日，3GPP5GNR 标准 SA（Standalone，独立组网）方案在 3GPP 第 80 次 TSGRAN 全会正式完成并发布，这标志着首个真正完整意义的国际 5G 标准正式出炉。在此之后，我国加速布局 5G 产业，发布 5G 商用牌照支持三大运营商和中国广电加速推进 5G 网络建设、推进 5G 落地应用建设。

2022 年 6 月，国家知识产权局知识产权发展研究中心在京发布的相关报告显示，当前全球声明的 5G 标准必要专利共 21 万余件，涉及近 4.7 万项专利族，其中国声明 1.8 万余项专利族，占比接近 40%，排名世界第一。在申请人排名方面，华为公司声明 5G 标准必要专利族 6500 余项，占比 14%，在全球居首[①]。数据充分说明，我国 5G 在标准、硬件设备以及应用场景开发等方面都具备明显的先发优势，这为我国 5G 产业的发展提供了充足的动力。

与手续复杂、建网分散的欧美国家相比，中国的 5G 在政府的大力支持下迅速发展，5G 网络基站呈现指数型增长。2023 全球数字经济大会发布的数据显示，截至 2023 年 5 月底，我国已累计建成 5G 基站 284.4 万个，移动互联网终端用户超过 20.5 亿人，在全球主要经济体中率先实现"物"连接数超过"人"连接数[②]。并且，中国拥有大量的专利、强有力的政策支持，5G 的运营成本比国外低，因此，5G 消费的价格也相对较低。中国的 5G 产业发展具有巨大的市场潜力。

2. 回归现实：5G 产业化面临的多重阻碍

随着 5G 的不断发展，5G 产业发展的问题也不断涌现。第一，5G 网络供给能力仍然有待提高。5G 基站的建立有着极高的选址要求，从城市到乡村、从海岛到沙漠，5G 网络覆盖面仍面临不小的挑战。第二，由于 5G 的技术要求极高，5G 的进一步发展面临着极大的融资挑战。5G 技术的深入研发需要较长的周期，虽然 5G 本身具有解决融资难、融资贵问

---

① 《中国声明 5G 标准必要专利 1.8 万项，居全球首位》，https://www.cnipa.gov.cn/art/2022/6/8/art_55_175931.html，最后访问日期：2023 年 10 月 11 日。

② 《我国已建成 5G 基站 284.4 万个 移动物联网终端用户超 20.5 亿》，https://www.gov.cn/yaowen/liebiao/202307/content_6890845.htm，最后访问日期：2023 年 10 月 11 日。

题的潜力，但是难以破除自身成本高、回报慢、效益少等问题带来的融资门槛瓶颈。第三，5G的生态融合程度仍有待进一步提高，与实现万物互联的目标仍有一定距离。并且，5G的使用没有实现真正的全民普及，5G带来的纵深改变没有深入普通民众的生产生活，甚至普通民众对5G技术的应用一知半解。第四，虽然5G技术的应用范围不断扩大，但是其安全供给能力仍显不足。5G技术深入各行各业，也意味着信息风险的增加，民众虽然使用5G，但是对5G存在的风险难以形成正确认知，5G应用的安全评测认证能力稍显不足。第五，5G的发展缺乏完善的制度保障。目前5G技术主要依靠工信部牵头，国务院重点发展，但在实际应用中缺乏各部门的统筹合作，导致未对5G形成有效的反馈，应用停留在浅层的技术发展层面。

3. 多措并举：5G产业化的未来进路

5G产业未来的发展离不开多主体多措并举，赋予5G产业更强劲的发展动力。政府、高校、企业和社会组织应当以问题为导向，提供各类援助，促进5G技术的发展。第一，在技术层面，加快产学研相结合，破除技术难关，提高网络覆盖率，提高网络供给能力，并且建立更加具有普适性的标准，夯实5G的发展基础。同时，要厚植5G人才培育基础，支持高等院校、科研院所与企业联合精准培养。第二，政府在为5G产业提供税收优惠、资金补贴的同时，也要创新投融资方式，鼓励企业、社会资本支持5G技术的发展，保障5G的长远发展。第三，各企业之间需要进行更加高效高质量的技术交流，积极探索搭载5G的应用场景，加快跨领域融合创新发展，强化5G应用共性技术平台支撑，促进5G生态融通。第四，政府、企业要注重5G技术的安全应用，总结成功经验并进行规范性立法，确保技术使用在法定框架下进行；企业要提升5G应用安全评测认证能力，深耕5G安全服务现实，强化5G应用安全供给支撑服务。第五，将5G从技术层推进到服务层，提升人民对5G技术带来的优惠的实在感知，政府部门之间要强化统筹联动，优化发展环境，积极对5G在各方面的应用进行深入反馈，并与企业进行交流，提出改进建议。

七 结论与启示

(一) 关键支柱：产业数字化与数字产业化

当前，数字技术日益融入经济社会发展的各领域全过程，成为重组要素资源、重塑经济结构和积极创造市场的关键力量。许多行业和企业在推进数字化的过程中受益匪浅，既创造出新产业、新业态和新模式，又很好地发挥了放大倍增的乘数效应。实践表明，数字技术既是改造提升传统产业的支点，也是创造市场的利器和法宝。面对当前各种矛盾和困难，各行各业都应重视这把利器、用好这个法宝①。

推进数字化主要有两条基本路径：一是产业数字化，即利用现代数字信息技术对传统产业进行全方位、全角度、全链条改造，使数字技术与实体经济各行各业深度融合发展；二是数字产业化，指数据要素的产业化、商业化和市场化。两者共同构成了数字经济发展的关键支柱。同时，两者之间的关系是相辅相成、密不可分的。一方面，推动数字产业化能够为产业数字化发展提供数字技术、产品、服务、基础设施、相应解决方案以及完全依赖数字技术、数据要素的各类数字产品和服务，从而引领和推动各行各业的快速发展和数字化转型升级，使传统产业可以更好地适应数字经济的发展趋势，提高创新能力和竞争力。另一方面，产业数字化转型的推进又会产生关于各行各业生产经营销售等的海量数据，为数字产业化提供源头活水和数据资源，推动我国数字产业不断做大做强，催生出数字产品制造业、数字产品服务业、数字技术应用业、数字要素驱动业、数字化效率提升业等数字产业，为数字产业化奠定基础、提供重要推动力。因此，数字产业化和产业数字化是一个相互促进、协同发展的过程②。实践中，许多企业在进行产业数字化的过程中，也在积极探索和拓展数字产业的发

---

① 《数字化再造传统产业大有可为》，https://baijiahao.baidu.com/s？id=1773898220305509382&wfr=spider&for=pc，最后访问日期：2023年10月11日。

② 《加快推动数字产业化和产业数字化》，https://baijiahao.baidu.com/s？id=1713631794634808541&wfr=spider&for=pc，最后访问日期：2023年10月11日。

展空间。例如，制造业企业在推动数字化转型的同时，也在开展"互联网＋"、智能制造等数字产业化的实践，推动传统制造业与数字经济的深度融合。这种融合将进一步激发创新活力，带动新一轮的经济增长①。

本章聚焦数字经济语境下传统产业的转型与新型数字产业的发展，描绘了当前我国产业数字化和数字产业化的发展图景。

传统产业数字化转型的关键在于生产流程和产业结构的重塑。如上所述，传统产业具有典型的劳动密集、资金密集等特征，要想更好地适应数字经济的发展趋势，势必要以现代信息技术为手段对产业各环节进行调整，扭转产业对劳动、资金等传统生产要素高度依赖的局面。以汽车产业的数字化转型为例，传统汽车产业以大规模生产和大规模销售为主，但随着汽车保有量的不断增长，在购车需求减少和能源形势变化的现实压力下，汽车企业纷纷开始寻求新的出路，从售卖传统汽车转变为提供互联车辆数字服务，产业重心逐渐向智能制造、智慧互联、个性营销等方面转移。以零售行业的数字化发展为例，传统零售行业的主要作用是整合生产、批发和消费三者，其发展规模在很大程度上受到实体零售店的数量与分布的制约，由于信息流动存在延迟，商品流通速度并不高。数字化平台技术的发展恰好弥补了传统零售行业受制于实体零售店面、信息流动滞缓的缺点，让生产、批发、零售和消费四个环节的数据能够集中流动，打破了传统零售行业的时空界限，因此加快了商品流通的速度，促进了实体经济的发展。

数字产业当前正不断夯实基础，内部结构持续优化。数字技术持续进步推动应用场景拓展，数字工匠提升产业发展质量，数字消费习惯为产业提供发展机遇，数字产业集群培育发展优势。然而，关键核心技术之争加剧了数字产业链的动荡局势，数字产业发展的系统性、整体性、协同性亟须提升。数字产业化发展的关键在于提升创新能力和改善发展环境。如上所述，数字产业具有技术密集、渗透性强和战略性强的特点，为了更好地

---

① 《数字产业化还是产业数字化？一文看懂区别和联系》，https：//mp. weixin. qq. com/s？__biz = MjM5OTEyMTc1MA = = &mid = 2652662852&idx = 1&sn = ae345ba30f93a4c139a502e04ed7f385&chksm = bd288a7d8a5f036b8dc16ef13f12110079419b5f3837f86fe0eeea6829229347e892ac7ac7de&scene = 27，最后访问日期：2023 年 10 月 11 日。

适应数字经济的发展趋势，必须提高关键技术创新能力，完善数字产业发展制度框架，凝聚各方发展力量。以算力产业为例，算力产业的发展以芯片技术为核心，向外延伸出其他行业门类。算力产业具有高投入、高风险、高竞争等特征，单靠政府或社会的力量是难以为继的，因此各国的发展形态都呈现政社合作的特点。政府需要持续关注国际发展态势，做好政策规划部署，营造良好的算力产业发展环境，构建算力生态圈，吸引社会力量的参与，用社会需求撬动算力产业的发展。以5G产业为例，5G产业的发展进步将技术演进作为其产业化的基础核心，通过应用场景的不断丰富实现5G的产业价值。上游、中游、下游全链协同发展，政府通过布局5G产业、发布5G商用牌照、出台相应政策文件等方式为5G产业营造了良好的发展环境。

（二）擘画未来：产业转型发展的瓶颈与进路

1. 强化数字认知，增强转型发展动力

如前所述，产业数字化升级面临的问题表现在不会转、不能转、不敢转、不善转、不愿转等方面，归根到底，其原因在于市场主体对数字化转型和数字化发展的重要性认识不足，尤其是在数字化规模效益不明显时，推进动力和积极性明显不足。

一方面，无论是传统产业的数字化转型还是新兴数字产业的发展，都不仅仅涉及技术更新，更是经营理念、战略、组织、运营等企业经营领域全方位的变革和商业模式、经营模式的全面调整和优化。若企业的数字化发展意识不足，就会走到各业务域信息化的道路上去，停留在引入新兴技术和先进信息系统上，没有真正上升到战略层面，仅仅靠单一的信息部门来片面地推动数字化，难以实现产业数字化和数字产业化。同时，对于企业而言，一把手的决心和态度对企业数字化转型和发展有着至关重要的作用。很多企业及其管理人员对数字化的概念存在理解的偏差和态度的分化，企业内部必定会出现不同的态度和声音，积极倡导者有之、极力反对者有之、冷眼旁观者有之。若企业一把手不能排除阻碍、一锤定音、公开表示支持，则数字化转型发展的其他支持者更加寥寥无几。

另一方面，数字化意识薄弱导致企业对数字化转型发展的规划不甚清晰。数字化转型发展需要有整体规划，清晰地知道每一阶段的目标和要达到的效果。若企业的数字化战略定位不清晰，缺乏明晰的数字化路径，就会本末倒置，抓不到重点，达不到预期效果，无法探明未来的前进方向，甚至阻碍数字化进程的推进。数字化转型是企业长期战略发展的需要，是一项长期、艰巨的任务，因此，数字化转型规划要具备足够的前瞻性，从平台建设的角度有足够的预留和技术超前性探索。若企业仅仅着眼于眼前的利益，部门之间数字化转型的责、权、利不清晰，也缺乏行之有效的考核、激励制度和措施，就会难以应对技术创新、业务能力、人才培养等多方面的挑战，因无法评估数字化带来的投入和产出而丧失信心。

综上所述，要实现产业的数字化转型发展，首先必须强化数字认知，增强转型发展动力。对于在赛场上丧失信心和动力的"参赛选手"，作为"裁判"的有关政府部门必须采取相应的措施来保证"赛出水平、赛出风格、赛出士气"。规模较小但数量庞大的中小企业为我国经济发展做出了巨大的贡献，分布于产业链和供应链的各个环节，但由于技术能力有限、认知不足等原因，在数字化转型发展的赛道上缓慢前行，它们尤其需要得到政府的支持与助力。基于此，下文提出了在认知与规划方面加速产业数字化转型发展的三点政策建议。

一是强化企业对数字化转型发展重要性的认识。日本经济产业省中小企业厅设置了专门机构，推进开展中小企业数字化转型工作，依托本国各级政府，以及商会、行业协会等工商团体，通过举办 IT 研讨会、咨询会、转型讲习会、研究班等多种方式，面向中小企业中高层管理者，推广数字化转型相关知识[①]。借鉴此模式，政府部门可以通过线上线下相结合的方式推动数字化转型发展。同时，面向细分行业，遴选一批适合中小企业数字化转型的小型化、轻量化、快部署且精准化解决现实问题的优秀解决方案，培育一批"小灯塔"企业作为数字化转型样本。

二是为企业数字化转型发展提供专业化支持。当前，世界各国非常重视对中小企业数字化转型的专业化支持，如德国依托中小企业 4.0 能力中心，与来自各地各领域的 1000 名专家合作，通过研讨会、培训课程、实践

---

① 《五位一体构建中小企业数字化转型政策体系》，https://baijiahao.baidu.com/s？id = 1768021396140000957&wfr = spider&for = pc，最后访问日期：2023 年 10 月 11 日。

测试等方式,为中小企业提供数字化咨询服务。日本支持企业研发适合中小企业的 IT 系统,鼓励大企业、产业链龙头企业和社会团体提供"物美价廉"的云服务,引导企业多使用基于云的 IT 技术。认证一定数量的 IT、AI、IoT 供应商为信息处理支援机构,并与 2.5 万个中小企业经营革新支援机构共同推进数字化转型。西班牙推出"数字工具包"计划,支持本国超 135 万家中小企业和个体经营者购买数字化服务和解决方案[①]。

三是为企业数字化转型发展指明前进方向。2022 年 11 月 8 日,工业和信息化部办公厅印发了《中小企业数字化转型指南》,从降低数字化门槛到加快数字赋能,对中小企业帮扶加力施策,从开展数字化评估、推进管理数字化、开展业务数字化、融入数字化生态、优化数字化实践五个方面明确了中小企业数字化转型路径[①]。多样化、多形式的政策解读,可以将指南更快更好地递送至中小企业"家门口"。未来,建议由工信部相关司局牵头会同相关部门,联合各级工信部门,设立专门的中小企业数字化转型推进工作领导小组,发挥统筹协调作用,加强中小企业数字化转型各方面的政策制定和工作部署,协调解决中小企业数字化转型过程中的重大问题。

2. 攻克技术难题,夯实转型发展基础

产业数字化转型发展,离不开技术方面的支持。事实上,各类产业数字化或数字产业化的实践取得转变的基础便是技术方面的突破。时刻关注各类新兴技术的突破,寻找应用途径,是确保产业数字化转型发展的重要举措。回顾上文产业数字化转型的案例可以发现,当前我国产业数字化转型发展存在以下三个方面的问题。

(1)"卡脖子"问题依旧存在

"卡脖子"问题是制约我国产业数字化转型发展的长久之痛。数字化转型之路能走多远,能走多好,能否提高转型的抗风险能力,关键便是"卡脖子"问题的解决程度如何。我国面临的"卡脖子"问题体现在"软"和"硬"两个层面。

---

① 《〈中小企业数字化转型指南〉政策解读》,https://www.gov.cn/zhengce/2022 – 11/09/content_5725643.htm,最后访问日期:2023 年 10 月 11 日。

"软"层面的"卡脖子"问题主要是指在软件、操作系统等方面存在的技术瓶颈问题。尽管国产的工业设计软件、国产操作系统在逐渐开发运用，但其技术水平和实现效果与国际一流软件相比仍有较大差距。一些想要推动数字化转型的企业，如果想要达到更好的设计运用效果，就不得不支付高昂的费用去购买软件使用权，或者支付高额的专利费用，因而减少了企业在其他领域投入的经费。一旦软件提供方停止合作，企业的业务就无法顺利开展。上述因素不利于长久的数字化转型发展。

"硬"层面的"卡脖子"问题主要是指在硬件制造尤其是芯片类的硬件技术方面存在的技术瓶颈问题。产业数字化转型离不开算力的支持，而芯片尤其是高性能芯片的供应保障是维持算力的基础。汽车产业、零售行业、算力产业和5G产业发展的硬件基础是芯片。尽管我们已经能够独立设计制造出芯片，但其算力水平与国际一流水平仍有较大差距。攻克芯片难题，确保核心技术的独立自主，国产芯片仍在路上。

（2）技术应用壁垒导致发展差距

评价产业数字化水平高低很重要的维度便是技术的引入和应用水平，然而，技术的引入和应用能力因人而异，现实状况往往是不同主体使用的技术存在代际差异，即便是同一代技术也存在应用能力的强弱，这被称作"技术壁垒"。能够时刻保持技术更新迭代，并有能力将其投入实际运用的企业只是少数，不同的经营主体之间往往存在技术壁垒。对技术掌握程度高的主体往往能够获得更大的市场份额，甚至造成垄断局面，这不利于市场良性竞争，降低了整体的技术创新能力。加之当前全球化潮流受阻，政治极化风险加深，不同国家之间的技术壁垒也呈扩大之势。打破技术壁垒，减少垄断现象，需要多方的共同努力。

（3）仍需高度重视技术竞争风险

产业数字化转型发展离不开技术的支持，技术的运用则离不开对风险的防范。当前各国技术竞争越发激烈，技术发展多线并进，技术复杂程度逐渐提高，这些都增加了技术竞争的风险。若不清楚技术发展的规律，不了解技术发展的潮流，盲目投入资源，很有可能造成技术研发失败，或者技术应用难以转换为成果，浪费资源，并在今后的技术竞争中处于劣势。因此，提高技术竞争的抗风险能力，洞察技术发展潮流与规律，合理布局和利用整合资源，需要各国政府和企业不断思考重视。

面对我国当前产业数字化转型发展存在的技术问题，以下建议或许能够提供参考。

抓紧技术攻关，切实培养人才。"卡脖子"问题的本质是技术发展瓶颈问题，其解决途径的核心仍旧是技术攻关，从软件与硬件两方面配套入手，缩小与国外的技术差距。这需要科研工作者尽心尽力，需要社会力量的多维参与，更需要政府的体制支持。此外，技术竞争的本质是人才的竞争，这离不开对人才的培养，离不开共同发挥人才作用的良好环境。应该调整学科建设方向与人才培养模式，培养技术攻关急需的复合型人才，同时政府要继续出台系列政策，为人才提供切实有效的优惠，为他们营造真正纯粹的科研攻关环境。

做好布局规划，打破应用壁垒。信息壁垒与资源壁垒是导致不同国家、不同企业出现技术壁垒的原因。我国想要防范技术应用壁垒，打破少数企业的垄断局面，就需要熟悉技术发展规律，洞察技术发展潮流。在国家层面，政府要做好布局规划，缩小与国外的信息差距，为国内的企业竞争与发展提供风向标。在企业层面，政府要做好政策规范，适时适当干预产业数字化中出现的垄断行为，确保其他企业的创新能力不因不良的市场竞争环境而遭到"扼杀"，营造充满活力的市场竞争氛围。

构建产业生态，分摊竞争风险。既然技术竞争风险不是单靠政府或者企业就能应对的，那么就顺应这一思路，将技术竞争的风险分摊到多方主体当中。构建产业生态便是一种有效的应对方式。产业生态不仅能使政府、企业共同参与技术竞争，还能凝聚社会力量，运用产业市场来提高技术竞争的抗风险能力。此外，产业生态还能将各类技术纳入一个共同体中，将各类信息凝聚传播，大大提高了整体的抗风险能力，这对于应对当前世界各国激烈的技术竞争态势而言是一种科学有效的方式。

3. 优化顶层设计，增强转型发展保障

在数字化转型发展的过程中，政府发挥着关键作用。政府应以帮助企业解决数字化转型发展面临的各种问题为出发点，营造有利的外部环境，提高企业转型发展的能力、增强企业转型发展的意愿和信心。产业数字化转型和数字产业化发展都需要政府统揽全局，通过战略规划和顶层设计引领各方利益群体互动，促进数字经济的长足发展。

（1）完善制度保障，维护市场安全

近年来，数字产业化和产业数字化不断发展，提高了社会生产力，优化了资源配置，实现了产业链、供应链、价值链优化升级，但数字化转型发展也出现了不少问题，迫切需要完善制度法规，保障市场安全。

如上所述，产业数字化和数字产业化都以数字技术为核心驱动转型发展，意味着数字化转型发展具有一定的门槛。因此，在数字化转型发展过程中，掌握核心技术、丰富资源的企业更容易产生垄断化倾向，加剧市场不公平竞争。它们能更快地掌握市场变化的信息，从而塑造消费者的数字消费习惯，形成价格垄断、注意力垄断，挤压其他企业的生存空间。垄断问题从长远看会影响数字经济整体的良性发展，政府如何通过顶层设计保障数字经济健康发展需要深入探讨。

此外，越来越多的人虽然获得了数字化转型发展的红利，但是也面临着前所未有的个人信息泄露风险。企业为了提高竞争力，大量收集并滥用用户隐私数据。对于企业而言，一方面，数字化的转型发展需要大量用户数据以达到规模效应；另一方面，过分收集用户数据对用户的隐私造成了巨大威胁。个人信息兼具私人化属性和社会公共属性，数字化生存需要个人让渡部分个人信息，但信息使用的不透明与不确定性带来了不少风险，隐私保护需要得到政府的密切关注。

为更好预防和打击数字经济领域的垄断行为，2021 年国务院出台了《关于平台经济领域的反垄断指南》。同年 10 月，《中华人民共和国反垄断法（修正草案）》新增的第九条明确规定"经营者不得滥用数据和算法、技术、资本优势以及平台规则等排除、限制竞争"。这向企业传达了政府坚决打击数字化转型发展中的垄断行为的坚定信心。虽然政府积极出台和完善了相关法律法规，但想要彻底解决数字经济垄断问题，仍需在现有法律体系的基础上，注意多部法律的协同，建立事前、事中、事后的反垄断机制，促进数字经济的长远发展。

在隐私保护方面，第一，要继续完善隐私保护的相关法律和制度，通过法律明确信息使用各方权责和行为边界，规范数据的传输、使用，维护信息安全、保护公民隐私；第二，辅以严格的司法和执法手段作为法律的保障和支撑，增加侵犯隐私安全的成本；第三，要注意平衡多元主体之间的利益。企业通过信息采集和分析提供个性化服务，打造发展优势。从公民个体来看，隐私关系其人身财产安全。政府既要发展数字经济，又要保护公民的个人隐私。因此，政府需要充分发挥自身的监管和宏观调控作用，促进个人防范、企业自律与政府监管的有机结合。

（2）扩大人才储备，提供技术支持

数字化转型发展需要扩大高技能人才队伍储备，提供充分且源源不断的知识支撑。随着我国数字经济的快速发展，数字化人才短缺问题日益突出，培养数字人才日益成为我国数字化转型发展的关键。

数字化转型发展的人才缺失体现在以下两个方面。一方面，数字化转型发展缺乏具有数字化思维的人才。一些管理者无法敏锐地意识到数字化转型发展的优势，对数字化转型发展存在"不敢转"的顾虑，导致错失数字化转型发展的良机，阻碍数字化转型发展的进程。另一方面，数字化转型发展缺少具备专业技术技能的人才。数字经济处于高速发展的阶段，但教育的数字化转型仍在起步阶段，数字素养培养不足，导致工作人员的知识结构不合理，普遍缺乏新一代数字技术的知识储备和应用经验，极大地阻碍了数字化转型发展。

培养数字化转型发展人才，要在国家层面推动实施人才强国战略，地方政府也要大力推行人才政策。2021年，中央网络安全和信息化委员会印发了《提升全民数字素养与技能行动纲要》，提出在2035年基本建成数字人才强国，全民数字素养与技能等能力达到更高水平，高端数字人才引领作用凸显[1]。各地政府也围绕数字人才培养提供了充分的政策支持，加快建设数字人才高地，促进数字化转型发展。

要发挥多元主体的人才培养作用，形成政府主导、政策支持、企业支持、学校重视、社会参与的高技能人才培养格局。政府积极推进高校教育改革，让学校增设数字化课程，培育数字素养。同时，引导学校与企业进行数字化人才培养，优化调整人才培育模式，鼓励企业深度参与高校教学和人才培养。此外，还应着力建设以"资源汇集、线上学习、信息发布、

---

[1]　《提升全民数字素养与技能行动纲要》，http://www.cac.gov.cn/2021-11/05/c_163770886 7754305.htm，最后访问日期：2023年10月11日。

社群交流"为核心的平台服务模式，构建可持续发展的数字素养与技能人才培养体系，提升社会数字素养，扩大人才储备。

（3）建设发展生态圈，推进多方合作

数字生态是产业数字化转型发展中各参与方共建共治共享的利益共同体，可重构主体关联模式，促进多元主体合作，推动数字化转型发展。实现产业数字化转型发展，需要政府、企业、社会等多方协作。数字生态为数字化转型发展的相关主体提供协同发展新空间，优化资源配置，促进产业链之间的互动，有利于打破生产与消费相互割裂的状态，有机融合生产、商业、消费、社交。

当前，我国数字生态建设仍处于初级阶段，存在多方面的挑战与困难。"十四五"规划纲要对我国数字生态做了清晰的顶层设计，明确我国数字生态建设的核心目标是"坚持放管并重，促进发展与规范管理相统一，构建数字规则体系，营造开放、健康、安全的数字生态"①。数字生态的构建应满足三大要求：开放、健康、安全。

构建开放的数字生态，需要政府、企业和社会共同构建政产学研关系。政府应当发挥引导作用，推动数字化服务普惠应用，推进公共服务资源数字化建设，促进数字化资源共享开放，为数字化转型发展提供充足的数据资源，弥合"数字红利差异"。基于发展开放式平台，各主体加强资源协调和整合——科研机构承接基础技术研发，高校提供复合型创新人才培养，企业实现技术产品化，最终通过开放式平台共享发展成果，提高数字化转型发展的能力。

构建健康的数字生态，需要政府出台一系列制度规范数字化转型发展，也需要企业、社会配合政府的制度设计，营造良好的数字化转型发展环境。在健康的数字生态中，公民个人对隐私信息处理活动应当具有自主判断和信任意识，企业应当正确利用数字技术获得合理合法的收益，政府不仅要对数字活动进行监管，也要鼓励企业进行有序创新，保障数字化转型发展的创新性。

---

① 《中华人民共和国国民经济和社会发展第十四个五年规划和 2035 年远景目标纲要》，https://www.gov.cn/xinwen/2021－03/13/content_5592681.htm，最后访问日期：2023 年 10 月 11 日。

　　构建安全的数字生态，需要从制度、物理硬件和软件三个方面着手。"十四五"规划纲要明确提出要加强网络安全风险评估和审查，同时需对现有规则体系予以优化。数字关键基础设施和数字关键技术也是安全的数字生态的重要组成部分。企业、高校、智库等主体要提升安全防护能力，防范应对潜在风险。

第四章　数字经济的实践探索

——城市转型发展

在现代信息技术的发展浪潮下，数字经济已经成为全球经济发展的大趋势，全球范围内主要国家和城市均将数字化作为优先发展的方向，抢占未来产业发展的高地。国内外不同地区争相探索先行，探索出不同特色的发展路径。例如，我国上海、杭州、广州、深圳、合肥等城市，或结合自身传统发展基础，或抓住时代机遇"后来居上"，或高瞻远瞩制订阶段发展计划等，推动数字经济发展加速腾飞；而国外如纽约、东京和伦敦，其探索理念与治理模式不断更新迭代，在不同层面推进了数字经济与智慧城市的建设，在社会、经济与法制等领域掀起了一场深刻的变革。

显然，城市转型发展业已离不开数字经济带来的助推力，城市发展的战略选择是紧追最前沿数字经济发展态势，进行更高层级的发展范式转换的结果。在此过程中，需要了解过去数字经济对城市经济发展的作用与战略趋势，同时根据城市发展的策略与差异进行具体的实践与探索。

一　数字时代城市经济发展战略趋势

习近平总书记指出："数字技术正以新理念、新业态、新模式全面融入人类经济、政治、文化、社会、生态文明建设各领域和全过程，给人类生产生活带来广泛而深刻的影响。"[1] 而依赖数字技术发展的数字经济具有高创新性、强渗透性、广覆盖性，发展数字经济是把握新一轮科技革命和

---

[1] 《习近平向 2021 年世界互联网大会乌镇峰会致贺信》，https://www.gov.cn/xinwen/2021 - 09/26/content_5639378. htm，最后访问日期：2023 年 10 月 11 日。

产业变革新机遇的战略选择，是推动城市转型发展和提高经济社会质量的重要引擎。根据 2022 年 3 月 25 日国家发改委发布的《"十四五"数字经济发展规划》，我国数字经济的发展目标为：到 2025 年，数字经济迈向全面扩展期，数字经济核心产业增加值占 GDP 比重达到 10%。此外，预计 2035 年我国数字经济将迈向繁荣成熟期，力争形成统一公平、竞争有序、成熟完备的数字经济现代市场体系，数字经济发展基础、产业体系发展水平位居世界前列。[①] 结合我国发展数字经济的理念与规划，以及其与城市发展交互融合的发展进程，数字时代的城市经济发展主要有三大战略趋势。

（一）先进趋势：城市经济发展与数字技术普及相辅相成

数字技术的不间断创新与推广是数字时代下城市发展的重要引擎。全世界范围内数字技术的普及，使得不同类型的资源要素得到优化配置，数字经济已经成为推动城市经济发展的重要引擎之一。通过数字技术的广泛应用，城市得以开展智慧交通、智慧医疗、智慧教育等服务，提高了城市的管理效率和服务水平，促使城市经济活动更加高效、便捷和智能化。比如，上海延伸"数字化转型、高质量发展、便捷化就医"主题，坚持"顶层设计、试点建设、快速复制"实施原则，依托"一网通办""一网统管"等已有建设成果和"随申办"移动端总入口，通过多部门协作、多数据融合和多方位调研，将数字技术纳入医院管理、医疗服务场景及数字健康城区、未来医院和新兴技术示范试点。可见，数字化技术手段可切实提高城市管理和服务的效率和质量。

此外，数字经济还可以推动城市传统产业向智能化、数字化方向转型升级，深圳正是这种产业升级的缩影。作为中国数字经济的重要中心之一，其通过发展数字经济推动了城市的创新发展。深圳市政府提出"互联网＋"行动计划，鼓励企业利用数字技术进行创新，推动一批新兴产业的发展。而随着城市人口的增加和城市化进程的加速，城市的经济规模不断扩大，市场需求也在不断增长，这亦为数字经济的普及提供了广阔的市场

[①] 《"十四五"数字经济发展规划》https://www.ndrc.gov.cn/fggz/fzzlgh/gjjzxgh/202203/t20220325_1320207_ext.html，最后访问日期：2023 年 10 月 11 日。

空间与应用场景。城市经济发展与数字技术的普及相辅相成，两者之间的关系是相互促进与共同发展。未来的城市经济发展，需要更注重数字技术的应用和创新，推动数字经济的普及，实现技术赋能经济、经济反哺技术的良性互动。

（二）福利趋势：数字经济服务推动城市发展成果共享

数字经济拉动城市经济发展的同时倒推发展成果由不同群体共享。随着新时期数字经济发展的不断深入，不同企业正以更快的速度应对市场需求变化，迭代更新数字经济产品与服务的同时推进数字技术的应用，有效促进了区域之间、城乡之间的公共服务资源配置优化，从而实现公共服务高效化、便捷化和共享化。在数字经济对服务的助推下，智慧医疗、智慧教育等创新发展成果让更多人受益于数字经济发展带来的红利，使我国区域和城乡之间的数字接入鸿沟有所弥合，城乡间互联网普及率差异从2016年底的36%缩小到2021年6月的19.1%。网络扶智取得显著成效，广大农村学校实现互联网接入，更多农村地区和贫困地区的孩子们享受到了更多优质教育资源。数字经济的发展带动沟通的即时性、便捷性以及高效性，将以城市为中心向外辐射，拉动不同地区提供更多的便利和互补性服务，亦将推动城市发展的创新性成果进一步共享，为推动共同富裕美好愿景的实现添砖加瓦。

（三）规范趋势：城市经济发展要求条例法规的完善

数字时代的城市经济发展并非数字经济的单边运动，城市经济发展亦要求数字经济规范化。城市数字经济在发展过程中，虽然对国民经济发展、广大人民群众的生产生活质量起到了重要的促进作用，但若技术操作不当或监督缺位，容易导致违规隐性化、新型风险漏洞，产生黑色地带，一旦失控，其连锁反应以及危害程度亦是更为庞大的量级。因此，快速发展的数字经济对相应的规范和监管提出了更高要求，而在数字时代背景下，城市经济发展需要倒逼数字经济的规范性提升。近年来，我国在大力推动数字化转型的同时，出台一系列法律法规，加强数据安全和隐私保护，以确保数字经济的健康发展。比如浙江[①]、广东[②]、广州[③]、合肥[④]、上海[⑤]等省市各自颁布与数字经济有关的条例法规，既为数字经济的发展提供支持，亦为潜在的风险预防提供合规性合法性安排，如图4-1所示。总体而言，这些法制规范的不断完善有助于提高数字经济的整体水平，促进城市经济的可持续发展。未来，我国数字经济立法将会进一步加快，并且逐渐成为支持和促进数字经济发展的重要组成部分。

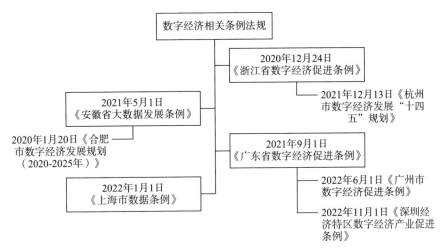

图4-1　部分省市关于数字经济的法规及其正式实施时间
资料来源：作者自制。

二　数字经济发展中的城市策略与差异

在数字时代，发展数字经济成为各个城市把握新一轮科技革命和产业

---

① 《浙江省数字经济促进条例》，https：//jxt. zj. gov. cn/art/2020/12/24/art _ 1229123459 _ 4349621. html，最后访问日期：2023 年 10 月 11 日。

② 《广东省数字经济促进条例》，http：//gdii. gd. gov. cn/szcy/content/post _ 3459410. html，最后访问日期：2023 年 10 月 11 日。

③ 《广州市数字经济促进条例》，https：//www. 163. com/dy/article/H79HHRIA0514D9EA. html，最后访问日期：2023 年 10 月 11 日。

④ 《合肥市人民政府关于印发〈合肥市数字经济发展规划（2020 - 2025 年）〉的通知》，https：//www. hefei. gov. cn/public/1741/105359735. html，最后访问日期：2023 年 10 月 11 日。

⑤ 《上海市数据条例》https：//www. shanghai. gov. cn/nw12344/20211129/a1a38c3dfe8b4f8f8fcba 5e79fbe9251. html，最后访问日期：2023 年 10 月 11 日。

变革新机遇的战略选择。随着大数据、云计算、人工智能等新一代数字技术日益融入经济社会发展的各个领域，深刻改变了生产方式、生活方式和社会治理方式，数字经济的发展速度、辐射范围、影响深度都达到了前所未有的程度。当前，各大城市纷纷抢占数字经济新赛道，在数字经济领域加快部署，以期用数字经济催生发展新动能，助推经济高质量发展。在全国数字经济总体格局下，各个城市坚持赛道思维，因地制宜、因企施策，立足于当地资源禀赋、经济基础和产业结构，培育数字经济新赛道，打造"人无我有，人有我优"的核心功能，发挥比较优势，形成了差异化的数字经济发展战略。具体来看，各地区数字经济发展的侧重点不同，主要形成了三种数字经济发展策略。

第一，以数字产业化为突破口，从数字技术到数字产业，以数字技术为核心形成高新技术产业群，进而带动产业链整体转型升级。数字产业化以数字技术为引擎，催生新产业、新业态、新模式，最终形成数字产业链和产业集群，为产业数字化转型升级创造条件。数字产业化通过发展人工智能、大数据、云计算等新兴数字技术，构建基于5G的应用场景和产业生态，提升通信设备、核心电子元件、关键软件、集成电路等产业水平，在智慧交通、智慧物流、智慧能源等重点领域寻求发展和突破。

选择该发展战略的城市高度重视培育支撑关键技术创新的生态体系，通常拥有较为完备的数字基础设施，高等院校和科研机构聚集，科技创新活跃，具备较强的数字技术攻关能力。如上海市依托其数字基础设施建设水平领先、高水平科研机构集聚、创新拔尖人才丰富等突出优势，加快布局关键共性和前瞻引领的数字技术，全面提升关键技术创新和产业转化力度，打造具有国际竞争力的高端数字产业集群和强大的数字赋能体系，其已成为驱动上海数字经济发展的重要引擎；深圳市聚焦前沿高端领域，培育优势核心技术突破和共性关键技术研发能力，重点支持高端软件、人工智能、区块链等十余个重要数字产业发展，促进"产学研用"协同创新，到2023年建成3个以上千亿级细分领域的数字产业集群，居全国大中城市前列。

第二，以产业数字化为突破口，通过服务业数字化形成消费领域的数字生态之后，向传统制造业等实体经济企业渗透融合，进而形成以产业数字化和数字服务化为突出特点的发展格局。产业数字化指利用数字技术对传统产业进行全方位、全角度、全链条的改造,为传统产业带来产出增加和效率提升。在数字经济形态下,数字技术重塑了服务业消费场景和零售渠道,开启了数字化生活新方式。在技术变革和新基建的支撑下,中央和地方持续推动"互联网+"、平台经济等数字产业发展,新的服务场景不断拓宽,线下生活服务的新需求催生了线上生活服务新供给,数字化转型赋能服务业向纵深发展,成为推动数字经济发展的新动力。服务业数字化形成了消费领域的数字生态,成为实体经济转型的主要着力点。依托消费互联网,以大数据中心、产业互联网、数字平台等数字化基础设施为抓手,促进数字化转型在实体经济研发设计、产业链、客户服务等环节渗透,通过将数字技术与传统产业深度融合,赋能传统产业改造升级。

选择该项发展战略的城市通常有丰富的消费场景和多元的消费需求,鼓励数字化场景应用,以数字技术赋能消费升级;同时,实体产业实力较强,通过服务业数字化带动传统产业数字化转型,释放数字技术对经济发展的倍增作用。如杭州作为全国信息消费示范城市,其智能化服务新模式蓬勃发展,网络零售、金融科技等领域发展领跑全国,服务业数字化成果突出,同时大力推进数字技术赋能产业发展,走出了一条"工业互联网""企业上云""未来工厂"的智能制造之路;作为服务业大市,广州依托消费规模庞大、消费资源集聚、消费载体众多、消费业态创新、跨境电商发达等特色优势,顺应消费升级趋势,利用新技术创造新产品、提供新服务,同时不断深化工业互联网赋能,利用数字技术改造传统制造业和优势产业集群,令其焕发出新活力。

第三,以特色产业数字化为突破口,以点带面,形成区域性的数字产业竞争点,吸引产业链上下游的联动集聚,进而实现以产促城、以城兴产、产城融合。特色产业指具有较强区域特色和比较优势的产业。推进优势特色产业集群数字化建设,要求城市结合区域自身发展条件,充分发挥数字技术的引领作用,利用当地在产业布局、发展环境、经济基础等方面的优势,优化数字产业化和产业数字化的区域布局,延伸数字产业链,打造区域特色明显的数字经济产业集群。以特色产业为牵引,在寻求新的发展机遇和创新机会上有所作为。

选择该发展战略的城市通常在技术、人才、基础设施等方面优势不明显，甚至处于落后地位，但是具备主导产业聚集、优势特色突出、资源要素汇聚等独特优势，可以聚焦区域优势产业，以特色产业数字化拉动区域数字经济全方位发展。如合肥市利用自身工业体系完备的优势，确立了"工业立市"的发展路径，推动以新型"铜墙铁壁"为代表的传统产业转型升级和以"芯屏器合"为标识的新兴产业形成体系，区域特色明显，产业集群效应显著，实现了数字时代"产投之都"的"弯道超车"。

不同城市的数字经济转型发展有着不同的历史发展际遇、基础设施条件、政治制度环境等。以下将阐述不同城市的数字经济建设背景与路径。其中，第一类为传统强城，如上海、广州等对外开放型城市，其充分利用自身在经济、资源、制度等方面的既有优势，实现了数字经济的高速高质量发展；第二类为后起之秀，如杭州、合肥等相对内部型城市，其抓住发展机遇，利用数字经济发展的契机助力城市发展；第三类为国际经验，如伦敦、纽约、东京等兼具传统与现代的城市，其根据不同创新优势、落实重点举措走上了数字经济发展的快车道。

三　数字经济下我国不同城市转型发展的实践探索案例

（一）上海——数字经济高质量发展典范

上海数字经济发展水平稳居全国前列，在数字基础设施建设、数据资源利用、数字公共服务体系构建等方面奠定了坚实的发展基础。在此基础上，上海坚持"双轨并行"的数字经济发展战略，激活数字产业化引擎动力，激发产业数字化创新活力，对传统经济体系进行全方位、全角度、全链条的改造重构，并不断催生新产业、新业态、新模式，成为数字时代城市高质量发展的典范。

1. 建设背景：数字经济发展优势突出

（1）数字经济投入与产出并重

第一，数字经济发展水平领先。上海数字经济发展水平稳居全国前列，《2021上海市数字经济发展研究报告》显示，上海市数字经济规模已突破万亿元，数字经济对经济增长的贡献率接近70%，GDP占比超过50%，综合实力强劲。①《上海市数字经济发展"十四五"规划》提出，到2025年底，要实现"数字经济增加值达到3万亿元，GDP占比大于60%"的发展目标，国际数字之都形成基本框架体系。②

第二，科技研发投入高。充足的资金投入为科技创新筑牢了坚实的基础。2021年上海市全社会研发（R&D）支出高达1819.8亿元，GDP占比约为4.2%。其中，基础研发是支持科技创新"从0到1"的关键环节，上海市极为重视基础研发这一项长线投资，基础研发投入达177.73亿元，较五年前翻了近一番。同时，上海科技创新资源聚集力不断增强，汇聚了高新技术企业3.6万余家，各类孵化器和众创空间1300余家，还聚集了各类国家级科研基地、国家大学科技园、高水平研究机构、特色产业园区等，加快打造国家科技战略力量（上海推进科技创新中心建设办公室，2023）。

第三，积极完成国家重大科创任务。上海坚持以创新为中心，努力攻关关键领域的核心技术，形成了一大批科研成果。近十年来，上海已建和在建的国家重大科技基础设施达14个，在设施数量、投资金额、建设进度等方面均处于全国领先位置，上海超级计算中心、上海光源一期、国家肝癌科学中心等已建成设施承接国家重大科研任务，大科学设施集群效应初步凸显，助力原创成果涌现。除了顶尖的科学设施，上海还聚集了一批一流科研平台，上海期智研究院、李政道研究所、上海量子科学研究中心等平台瞄准世界科技前沿领域的发展方向，为原创突破提供了探索空间。

（2）数字基础设施相对完备

上海不断强化数字经济发展的基础支撑，夯实城市底座，统筹推进千兆宽带、5G、卫星互联网、算力基础设施等新型数字基础设施的建设和布局。

---

① 参见亿欧智库发布的《2021上海市数字经济发展研究报告》，https://www.iyiou.com/news/20210125101 3782，最后访问日期：2023年10月11日。

② 《上海市人民政府办公厅关于印发〈上海市数字经济发展"十四五"规划〉的通知》，https://www.shanghai.gov.cn/hfbf2022/20220712/d3f5206dec5f4010a6065b4aa2c1ccce.html，最后访问日期：2023年10月11日。

一方面，上海 5G 网络建设的规模和速度均处于全国领先地位。2020年，上海率先建成"双千兆宽带城市"；2021年，上海成为全国首批千兆光网城市，千兆光网已经覆盖了近 1000 万户家庭，实现了固定宽带千兆全覆盖、中心城区和郊区城镇化地区 5G 网络全覆盖，平均下载速率和用户渗透率均为全国领先。[①] 为深化"双千兆宽带城市"建设，进一步夯实数字底座，《上海市信息通信行业加强集成创新持续优化营商环境二十条》确定了"2023 年全市新建成 5G 基站 1 万个，5G 网络流量占比超过 60%"的目标，持续推动实现全市域 5G 室外连续覆盖及典型应用场景深度覆盖。

另一方面，上海算力基础设施建设成效显著，强算赋能行动稳步推进。上海提出的以"网络为基础、数据为核心、算力为关键、安全为底线"的数字新设施已成为建设现代化产业的重要基础底座。2023 年 2 月，依托上海超算中心建设并运营的公共算力服务平台已经正式投入使用，并与第一批行业重要客户和合作伙伴联合共建算力网络应用创新实验室，有效整合了算力资源，形成统一调度机制，满足各方的算力需求，探索关键产业领域的发展。当前，上海算力指数排名位列全国第一，已经初步形成了"3 + 1 + n"的算力网络调度体系和"一平台、五中心"的智算中心赋能格局，探索打造全国首个算力交易集中平台，并在国际数据中心协同、国产算力芯片应用和绿色低碳试点等方面形成了多项创新案例。

（3）数字经济治理能力较强

一方面，持续推进数字经济体制机制创新。上海重视数字经济体制机制建设，不断强化目标引领和制度供给，出台了一系列政策，为数字经济的健康发展提供了制度基础。在宏观部署上，2021 年，上海市印发《促进城市数字化转型的若干政策措施》，为数字经济核心产业增加值进一步提高保驾护航；2022 年，上海市印发《上海数字经济发展"十四五"规划》，围绕数字新产业、数字新要素、数字新基建、智能新终端四个重点领域，加强数据、技术、企业、空间载体等关键要素的协同联动，加快数字经济发展布局。在持续推进科技成果转化方面，上海相继出台了《上海

---

① 《上海率先建成"双千兆宽带城市"——2020"双千兆宽带城市"发展高峰论坛今在沪举办》，https://www.sheitc.sh.gov.cn/zxxx/20201112/9e8d075550a343f1a7152dcfdf9d02cf.html，最后访问日期：2023 年 10 月 11 日。

市促进科技成果转化条例》《关于进一步深化科技体制机制改革 增强科技创新中心策源能力的意见》《上海市推进科技创新中心建设条例》《上海市促进科技成果转移转化行动方案 （2021-2023）》等法规和政策文件，逐步完善科技成果转化制度体系，提高转化效能，为数字经济发展提供了有力支撑。

另一方面，数据要素基础制度体系完善。数据是数字时代的重要生产要素，也是基础性和战略性的资源，其在推动数字经济高质量发展中的重要作用日益显著。2021年，上海数据交易所正式成立，其针对数据交易体系中普遍存在的确权难、入场难、定价难等问题进行了一系列创新探索，这是上海市释放数字红利、推动数据要素流动、促进数字经济发展的重要举措。2022年，上海市出台了《上海市数据条例》，正式将数据管理纳入法制轨道，直面大数据杀熟、算法歧视、盗采人脸信息等乱象，从法律层面保护个人数据权益，规范数据处理活动，促进数据依法有序流动。上海依托《上海市数据条例》持续完善数据治理的配套措施，至2022年底已经基本建成数据领域"1＋X"的制度体系。

2. 建设路径与成效：数字经济"双轨并行"的高质量发展典范

上海坚持数字产业化和产业数字化双轮驱动、协同发展，大力推动数字经济与实体经济深度融合，打造数字经济发展新优势。

（1）数字产业创新能力不断提升

上海充分利用在数字经济投入、数字经济机制体制、数字新基建、科研成果等方面的比较优势，加快培育具有上海特色的数字产业集群，数字产业保持快速增长态势。

上海市围绕集成电路、生物医药、人工智能三大核心产业，全面落实"上海方案"，谋划布局战略性新兴产业和先导产业发展体系。三大先导产业重点承担国家战略项目，资助资金和项目数量位于全国前列，一批关键技术实现突破，产业规模不断壮大，数字产业创新能力持续提升。集成电路以自主创新、规模发展为重点，实现14纳米先进工艺规模量产，5纳米刻蚀机、12英寸大硅片、国产CPU、5G芯片等技术产品打破垄断；生物医药以全链协同、成果转化为重点，加快向"首发引领"转型，涌现阿尔茨海默病等领域全球首研新药、PET-CT（正电子发射计算机断层显像）等国际一流医疗器械；人工智能以创新策源、广泛赋能为重点，入选国家创新发展试验区和创新应用先导区，云端智能芯片取得突破，连续成功举办 3 届世界人工智能大会。① 2022 年，三大先导产业总规模超 1.4 万亿元，2023 年上半年实现了 20% 以上的增长，持续发挥高端引领功能。

同时，上海大力构建更具有活力的创新生态，为数字产业化持续发展保驾护航。一方面，金融科技、科技成果转化等领域机制体制不断完善，国家授权上海先行先试的 10 项重大改革举措已全面落地，并出台了《上海市推进科技创新中心建设条例》《关于进一步深化科技体制机制改革 增强科技创新中心策源能力的意见》等 70 余个地方配套法规政策；另一方面，数字经济产业园区蓬勃发展，2021 年，上海市拥有高新技术企业超 1.7 万家、国家大学科技园 14 家、众创空间 500 余家，其中众创空间服务中小科技企业和团队近 3 万家，各类创新主体能级持续提升，服务实体经济的能力稳步增强（张岩，2023）。

（2）产业数字化转型稳步推进

人工智能、物联网、大数据等新一代数字技术快速发展，持续赋能实体经济。在数字产业化的牵引和驱动下，上海产业数字化保持良好发展势头，以供给侧结构性改革为主线，传统业态加速向智能化、数据化、信息化转型发展。上海立足产业结构特点，积极推进新旧动能转化，产业经济效益和核心竞争力不断提升。

在具体路径上，上海主要从以下三个方面发力，发展以新一代数字技术为驱动的数字经济核心产业，促进产业数字化。

第一，积极打造制造业新模式。大力推动制造业与数字技术深度融合，促进工业互联网和消费互联网"两网贯通"和"要素链接"，布局"3 + 6"产业体系，即以集成电路、生物医药、人工智能为三大先导产业，聚焦电子信息、生命健康、汽车、高端装备、先进材料、时尚消费品六大重点产业，将服务业和制造业"两业融合"。上海计划到 2025 年打造 100 个具有行业影响力的制造业数字化赋能平台，实现 80 万企业上平台，形

---

① 《上海市人民政府办公厅关于印发〈上海市先进制造业发展"十四五"规划〉的通知》，https://www.shanghai.gov.cn/nw12344/20210714/0a62ea7944d34f968ccbc49eec47dbca.html，最后访问日期：2023 年 10 月 11 日。

成 1000 个数字化标志性工业应用场景，打造产业集群，夯实数字化发展基础。

第二，持续提升产业链和供应链现代化水平。2020 年，上海开始推动"工赋上海"行动，依托 5G、IPv6 等数字新基建，探索出工业互联网链式发展"上海模式"。截至 2023 年，上海市在能源、消费品、集成电路等多条产业链中，确立了约 10 家工业互联网链主，形成了行业性数字化转型"雁阵"，不断丰富"上海制造"的内涵和附加值。上海以数字技术赋能产业链和供应链的韧性提升，聚焦重点行业和关键环节，加快核心技术的创新突破，全力打造自主可控、安全可靠的产业链和供应链。同时，通过工业互联网加快"上云""上链"，不断拓展制造业领域的数字化应用，推动生产效率提升和供需协同。

第三，夯实工业数字底座。在连接方面，加强 5G、人工智能、工业互联网、物联网等新型基础设施建设，完善工业连接体系，为制造业数字化转型提供信息网络支撑。在数据方面，健全工业数据体系，构建工业大数据流闭环，打造工业大数据生态体系。在安全方面，围绕应用程序、平台、数据、网络、控制和设备安全，统筹推进安全技术研发和手段建设，构筑工业安全体系。

（二）广州——数字经济发展中的"老城市新活力"

2018 年 10 月 24 日，习近平总书记在广州荔湾区永庆坊视察时，对广州提出了"老城市新活力"的要求。[①] 广州市作为岭南文化中心地和国家中心城市，其经济发展亦需要在新时代下激发"新活力"，迎接"再创一个新广州"的时代任务，为全面建设数字经济引领型城市添砖加瓦。基于此，下面将从广州历史底蕴的建设背景与创新互补的建设路径展开，讲述广州市何以焕发"新活力"，总结绘就城市高质量发展的"广州样本"。

1. 建设背景：羊城抢占数字经济"新蓝海"的基础优势

作为传承千年的文化名城，广州历史悠久、人文荟萃，从古至今经济

---

① 《广州书写时代答卷 老城市焕发新活力》，http://gd.people.com.cn/n2/2021/1025/c123932-34972797.html，最后访问日期：2023 年 10 月 11 日。

发展保持昂扬状态，这与其历久所奠定的坚实基础密不可分。广州充分利用上下链产业资源，以高质量实现"老城市新活力"。

（1）往昔与新颜：千年商都谋变数字经济，内外融通强化湾区引擎

作为拥有深厚商业底蕴的"样板城市"，广州因商而立，也因商而兴，从古时为海上丝绸之路起点、唐宋第一大港，到清代一口通商"十三行"，再到改革开放40余年来，在国家、广东省出台的一系列重大战略决策部署中，以积极创新、勇于尝试的态度，扮演着"先行者"的角色。60余载风雨兼程的广交会，保障着千年商都广州的外向型经济环境畅通。"羊城"营商环境的长期性经营与开放，促进广州积极采取"思变"与"创新"的思维，推动数字经济领航区的不断拓展。如今的广州位于粤港澳大湾区的中心，对周围城市与地区发展发挥着强辐射作用，也是"一带一路"的重要节点，同时，作为国家重要的中心城市、国际商贸中心、综合交通枢纽，具有得天独厚的先天区位优势和发展数字经济的基础潜能。

表 4-1　广州千年商都的发展历史脉络

时间	地位	发展历程
前 214 年	南海郡治所	标志着广州成为中国南方的政治、经济和文化中心之一
2 世纪	广州治所	广州成为海上丝绸之路起点，通过海上贸易与东南亚、南亚、中东等地进行贸易往来
唐代	第一大港	与广州进行贸易的国家数以百计，常年在广州居住的外国人达 10 多万人，政府特别在今光塔路附近辟出一块蕃坊供其居住
960 年	广东东路的首府	进一步加强广州在中国南方地区的政治和经济地位
清代	"天子南库"	"一口通商"时期，广州十三行的发展达到巅峰，与亚洲、欧美主要国家都有直接的贸易关系
19 世纪初	对外贸易的重要门岸	吸引大量外国商人和移民前来定居，此时期广州成为充满活力和创新精神的城市
20 世纪初	近代工业的发源地，南方的经济中心	拥有众多的工厂和企业，对中国现代化进程做出重要贡献

资料来源：作者自制。

（2）纵向与横向：上中下游数字产业链条完整，数字基建完备、应用场景多元

随着互联网技术的不断发展和普及，数字经济已经成为全球经济发展

的重要驱动力之一。作为我国南方的经济中心城市和改革开放的重要窗口城市，广州市产业发展覆盖原材料采购、生产制造、加工增值到销售服务的全过程，可发挥上下游产业链条完整性高的优势，探索数字经济发展的新路径。在基础产业链条层面，计算机、通信等电子设备制造业是广州数字经济产业基础完备最具代表性的领域。2019 年广州电子及通信设备制造业增加值增长 24.1%，软件和信息技术业务收入增长 18.5%。截至 2020 年底，广州已经逐步建立起完善的创新产业体系，全市高新技术企业数量超过 1.2 万家。[①] 此外，广州市进一步盘活已有产业链资源，壮大数字经济核心产业。在创新产业链条层面，广州将坚持产业第一，创新高位推进链长制，以"一链一策""一企一案"的灵活政策，推动"链主"企业和上下游企业构建协同创新联合体和稳定配套联合体，打造软件和信创、超高清视频、集成电路和半导体、人工智能、区块链等"万千百"亿级产业集群，建设一批可复制推广的重点产业链。如今，广州市已拥有齐全的数字经济产业链上中下游配置，为激发数字经济活力做好了充足的前期准备。

数字经济的发展需要有强大的数字化基础设施支持，而广州在信息基础设施、融合基础设施和创新基础设施等方面走在全国前列。广州以建设网络完善、应用丰富、产业集聚的 5G 强市为目标，推动电信运营企业、铁塔公司完善 5G 网络建设，加快 5G 等新型信息基础设施布局，推进 5G 技术与千行百业深度融合，加速广州产业生态与数字经济引擎点火，持续推动高质量发展。截至 2021 年 9 月，广州市工业和信息化局统计数据显示，广州已建成 5G 基站超 5 万座，5G 用户超 850 万户。此外，广州着力提升"千兆城市"建设水平，加快 700MHz 5G 基站规划建设，推动城市室内分布系统建设，提高 5G 网络覆盖质量，并落实"千兆光纤进家庭"举措，持续推动 20 户以上自然村的光纤接入和 4G 网络覆盖。广州市凭借强势且完善的数字基建，为数字经济刺激城市发展提供硬件保障。广州的数字产业扎根数字经济应用场景创新生态圈，多元化产业发展正从"单兵作战"向"集团攻坚"演进，陆续涌现一批优质创新企业，推动基础电信运营商、工业互联网服务商跨界合作，在汽车、船舶、机器人及智能装备、

---

① 《数产融合已成全球性经济趋势 广州如何打造领跑地位？》，https://www.sohu.com/na/463227725_162758，最后访问日期：2023 年 10 月 11 日。

新型显示、生物医药、信息通信、定制家居等行业，探索 5G 在视频远程监控（识别）、机器人及智能设备控制、在线远程智能诊断、AR/VR 辅助交互设计、智能车间、无人工厂、智慧园区等多元素场景的应用。多元化的应用场景为数字经济赋能城市发展提供生长的沃土。

2. 建设路径与成效：以互补、创新发展助力老城市焕发新活力

（1）各区制定特色发展方向，提升城市治理数字化水平

数字经济体量超万亿元的广州，早已启动数字经济发展的建设蓝图。2020 年 3 月，广州正式出台《广州市加快打造数字经济创新引领型城市的若干措施》，指出以广州人工智能和数字经济试验区作为广州数字经济创新发展的核心空间载体，充分发挥海珠、番禺、黄埔和天河四区的优势，沿珠江东部形成协同联动发展空间格局，在统一规划政策文件的指引下，广州各区根据地域实际开展特色化部署，并交出各具风采的答卷。

海珠以琶洲为基点建设算法高地。海珠区大力推动算法高端资源集聚，锚定琶洲建设"智算中心"，进而建设世界一流数字经济示范区，加速构建"头部企业 + 上下游配套 + 研发 + 场景应用 + 金融 + 人才"的产业生态系统。目前，位于海珠区东北部的琶洲，业已形成庞大的数字经济集聚区，吸引诸如百度、腾讯、阿里云等数字经济、算法产业和人工智能的龙头企业深耕，而数字经济平台型企业的入驻导入了更多的核心业务量，目前区域入驻企业数已超 3 万家，2021 年主营收超 3600 亿元。由此可见，海珠区数字经济产业体系不断完善，强力拉动了全区经济发展。未来，海珠区将积极抢抓琶洲列为广州人工智能与数字经济试验区核心区的机遇，构建"一区一谷一圈"发展布局，打造数字生态城，朝着"建设世界一流的数字经济示范区"的目标稳步迈进。

番禺盘活大学城资源推进产学研合作。位于番禺区的广州大学城是广州人工智能与数字经济试验区的组成部分，广州大学城·中关村青创汇项目总投资达 3.2 亿元，是助力番禺区将科研资源转化为创新发展的重要举措。未来，番禺将加快培育壮大一批高质量、高成长的人工智能和数字经济创新型企业，着力打造人工智能与数字经济试验区高质量发展引擎。此外，番禺区业已加快建设广州人工智能与数字经济试验区、大学城片区以及华工、暨大科技产业园、广州大学城软件园，并成立区软件和信息技术

服务业协会。未来，人才与数字经济同频共振，共同助力番禺区打造数字经济高质量发展的新引擎。

黄浦区构建"一核三带多点"发展格局。作为中国唯一一座不曾关闭的通商口岸，黄埔港见证了海上丝绸之路的起步与繁荣，而今亦引领实体经济与数字经济融合发展的新潮流。在发展前景上，《黄埔临港经济区"十四五"规划》明确指出要在五年内实现建成数字经济试验区、新贸易创新中心、港城融合示范区、滨水生态文明示范区、数字化社会治理示范区的目标。在空间格局上，《黄埔临港经济区"十四五"规划》提出在黄埔临港经济区和广州人工智能与数字经济试验区（鱼珠片区）构建"一核三带多点"，建设以人工智能为引领、以数字技术为驱动、以信创产业体系和现代服务业产业体系为支撑、宜居宜业宜游的全球智慧创新港城。2020年广州人工智能与数字经济试验区构建"一江两岸三片区"空间格局，而其中鱼珠片区正主要分布于黄埔临港经济区。在产业生态上，黄埔区将构建集"硬件、软件、服务"于一体的人工智能和数字经济产业生态，打造人工智能和数字经济发展高地。此外，黄埔区还加快布局晶圆制造、封装测试、设备材料等制造型项目，构建"芯片设计－晶圆制造－封装测试－终端应用"一体化模式，推进数字产业化和产业数字化，引导数字经济和实体经济深度融合。

天河整体性构筑全局数字化生态。天河区从整体布局出发，瞄准全局出台《天河区加快发展数字经济若干措施》，指出将构筑全区数字经济"1＋3＋N"发展新格局，从发展载体、基础设施、关键技术、产业融合应用、关键要素、公服配套等方面，构建"生产服务＋商业模式＋金融服务＋人才供给＋发展环境"的数字化生态。其中，"1＋3＋N"中的1是指一个人工智能与数字经济试验区国际金融城片区集聚核；3是指天河智谷片区数字生态示范区、天河智慧城数字经济科技创新区、天河中央商务区数字经济高端商务区三大功能片区；N是指若干个产业应用标杆示范企业载体（中心）。在人工智能与数字经济试验区国际金融城片区集聚核，将重点发展数字金融、数字贸易、数字文创、大数据、区块链、在线文娱等领域产业以及各种消费新业态、新模式；天河智谷片区数字生态示范区聚焦工业软件、人工智能、5G应用软件、数字时尚（数字出版）、电子商务等领域；天河智慧城数字经济科技创新区重点培育发展物联网、信创应用、信息安全、大数据、云计算、行业应用软件、数字文创、智能网联汽车等领域产业，打造国家级软件产业示范基地；在天河中央商务区数字经济高端商务区，天河 CBD 将落地建设区域型数字化转型促进中心，巩固壮大数字内容、创意设计等新兴文化产业，打造国家数字服务出口基地和粤港澳大湾区服务贸易自由化示范区；建设 N 个产业应用标杆示范企业载体（中心），辐射带动产业链上下游多点发展。天河区正推动产业集聚，打造数字经济产业发展高地，狠抓开发建设，高质量推动重大项目建设。从广州国际金融城出发，联动全区数字经济发展载体，抢抓广州人工智能和数字经济试验区建设新机遇，天河将崛起高质量发展新引擎，推动天河综合实力再上新台阶。①

（2）优化数字经济发展环境，构建数字经济全要素发展体系

以传统制造业与数字技术相融合为坚固地基。2023 年国务院政府工作报告指出，"加快传统产业和中小企业数字化转型，着力提升高端化、智能化、绿色化水平"，业已为中小企业下一步发展指明了方向，即要瞄准目标、科学谋划、精准发力，针对不同发展阶段、不同类型中小企业的特点和需求，着力从供给和应用双向发力，构建好中小企业数字化政策体系、支持体系、赋能体系，全面推进中小企业数字化转型加速、扩面、提质、增效。数字经济作为新型经济形态，其最大的优势在于能够推动多者之和大于整体，即传统制造产业吸纳高效率的数字化技术手段后，能够在促使已有实体经济提升产业优势的同时，推动产业朝着高端化、智能化与绿色化的方向发展。自广州这一南粤沃土沿着数字经济路径发展以来，数字经济所带来的变革切实推动着传统产业建设"灯塔工厂"、工业 4.0 智能制造示范基地。广州市传统龙头企业率先进行数字化转型，而后中小企业主动迎接"上云""用云"等数字化浪潮，改变以往人力密集型的生产方式，专注解决关键核心领域的"卡脖子"问题，点燃了数字经济的燎原之火。

以正式立法推动城市数字化转型为栋梁支撑。数字经济已成为经济发

---

① 《广州天河崛起"1＋3＋N"数字经济发展带》，https://baijiahao.baidu.com/s? id＝16737
04766499042638&wfr＝spider&for＝pc，最后访问日期：2023 年 10 月 11 日。

展的新动能，是深入推动经济转型升级、实现高质量发展的一项重要措施。在当今关乎城市未来的变革中，广州采用立法推动城市数字化转型，以更大力度、更大魄力紧紧抓住全球数字经济快速发展的机遇，夯实数字"栋梁支撑"。2022 年 6 月 1 日，《广州市数字经济促进条例》经广州市人大常委会表决通过并批准实施，从起草到实施前后历经近一年时间，起草团队先组织调研论证，广泛听取社会各界特别是企业的意见建议，修改完善后最终通过表决。该条例内容详细、覆盖面广，共有十一章、八十九条内容，在总则、数字产业化、工业数字化、建筑业数字化、服务业数字化、农业数字化、数字基础设施、数据资源、城市治理数字化、发展环境和附则等章节对政府部门应当履行的职责进行了规定。作为全国范围内的第一部超大城市地方数字经济立法，《广州市数字经济促进条例》不仅彰显出广州市加强新兴领域立法"敢为人先"的重要魄力，还阐明了广州市数字化转型的基本路径与思路，即以数字产业化和产业数字化为核心，推进数字基础设施建设，实现数据资源价值化，提升城市治理数字化水平，营造良好发展环境，构建数字经济全要素发展体系①，切实为广州建设成为具有全球影响力的数字经济引领型城市提供法治保障。

以政策规划"算谷"汇聚产业资源为未来蓝图。2021 年，《国务院关于印发"十四五"数字经济发展规划的通知》（国发〔2021〕29 号）提出，鼓励各地区、各部门积极探索适应数字经济发展趋势的改革举措，支持各地区结合本地区实际情况，综合采取产业、财政、科研、人才等政策手段，不断完善与数字经济发展相适应的政策。OpenAI 研发的人工智能产品 ChatGPT 激发了阿里云、腾讯、京东、百度、360、科大讯飞等企业加入类 ChatGPT 技术竞逐。基于此，广州市政府顺应国际和国内的时代发展脉搏，重点发展软件开发、集成电路设计、信息系统集成、物联网技术服务、数据处理和存储支持服务等领域，加快算力枢纽节点建设，推动广州人工智能公共算力中心等一批重大数据中心项目落地。其中，值得关注的是广州市推动打造的"算谷"，其聚焦"算法、算力、算量"人工智能发展三大支柱，实施"八个一"举措（即组建算法产业联盟、举办算法大

---

① 《城市数字化转型的广州路径》，https：//www. gz. gov. cn/ysgz/xwdt/ysdt/content/post_ 80203 16. html，最后访问日期：2023 年 10 月 11 日。

赛、组建算法产业中心、出台算法产业政策、认定算法产业基地、集聚算法人才、拓展算法应用场景和集聚算法领域优质项目），政策规划"算谷"汇聚产业资源，符合国家、广东省鼓励和引导企业提升核心竞争力的政策导向。未来，广州市将通过深入实施这些举措，健全算法、算力、算量协同发展的人工智能产业链，推动经济高质量发展，描绘新型数字城市蓝图。

（三）深圳——数字经济发展的"先行者"

作为全国信息产业重镇，深圳拥有先进技术支撑和高端数字要素资源，数字经济业态集聚发展。深圳充分发挥海量数据和丰富应用场景优势，从数字产业、数字市场等多个方面抓住数字技术产业变革的机遇，大力推动数字化转型，是数字经济领域发展的"先行者"。

1. 建设背景

（1）制造业与软件产业优势稳定

电子信息、软件等战略性新兴产业是推动数字经济发展的主引擎。2022年6月，深圳出台《关于发展壮大战略性新兴产业集群和培育发展未来产业的意见》，发展壮大"20+8"产业集群，大力发展以先进制造业为主体的20个战略性新兴产业集群，前瞻性布局8大未来产业，夯实了数字经济发展的制造业基础，形成了稳定优势。

深圳是全球电子信息产业重镇，拥有雄厚的电子信息产业基础。2022年，深圳电子信息制造业产值达2.48万亿元，多年稳居内地城市首位。其中，深圳网络通信、智能终端产值超万亿元，超高清显示、半导体、集成电路产值超千亿元。此外，新一代信息通信等4个集群入选国家先进制造业集群，新型显示器件等3个集群入选首批国家级战略性新兴产业集群发展工程。深圳拥有全国电子信息百强企业21家，年产值百亿元以上的企业27家，形成了合理的产业格局，产业发展成效显著。

当前，软件领域已经成为全球新一轮竞争的制高点。2021年，深圳软件与信息服务业集群增加值2295亿元，同比增长13.7%；全市软件业务收入9013亿元，规模位居全国大中城市第二；软件出口连续20年居全国首位，拥有11家全国软件百强企业，软件产业优势明显。2022年，深圳出台《深圳市关于推动软件产业高质量发展的若干措施》，从明确产业重点发展方向、构建技术创新体系等 7 个方面为软件产业提供支持，进一步加强软件对新兴产业集群发展及各行业数字化转型的赋能、赋智作用。

（2）工业互联网生态培育与应用

工业互联网是制造业数字化转型和数字经济高质量发展的重要抓手。当前，深圳工业互联网基础设施完善，行业融合应用成效初步彰显。

在制度支持上，2018 年，深圳出台《深圳市工业互联网发展行动计划（2018－2020 年）》，以构建核心支撑、融合应用、生态系统三大体系布局工业互联网产业；2021 年，出台《深圳市推进工业互联网创新发展行动计划（2021－2023 年）》，全面支持工业互联网平台建设、融合创新应用项目、加强服务商培育、构建服务体系等。在标准制定上，深圳市积极与多元主体沟通协调，推动华为、腾讯、奥联、深信服等深圳工业互联网头部企业主导、参与，着力建立统一、综合、开放的工业互联网标准体系。

同时，深圳加快构建工业互联网公共服务体系。2019 年，深圳成立了由院士牵头、科研院所和企业专家组成的"深圳市工业互联网专家委员会"；同年，由华为、腾讯、富士康等龙头企业牵头成立了"深圳市工业互联网联盟"，为工业互联网发展提供了有力支撑。着眼于巩固互联网的长期发展，工业互联网联盟与深圳信息技术学院共同建立了"工业互联网学院"，致力于培养工业互联网领域的专业技术人才。

（3）政策全面支持

作为深圳市七大战略性新兴产业之一，数字经济产业是推动深圳经济社会发展的重要引擎。近年来，深圳在数字经济上扎实发力，不断完善数字经济制度体系，促进数字经济健康、规范、高质量发展。

2021 年，深圳市"十四五"规划对未来五年的数字经济发展做出了宏观部署，提出要以数字产业化和产业数字化为主攻方向，充分发挥深圳在先进技术、高端数字要素资源、数字经济业态集聚等方面的比较优势，构建数字经济新优势，打造数字产业高地，引领产业数字化转型，打造数字应用新标杆。同年，深圳发布《深圳市数字经济产业创新发展实施方案（2021－2023 年）》，对高端软件、人工智能、区块链等 12 个优势产业予以重点扶持，推动数字经济产业规模扩大、创新能力提升、支撑体系完善、集聚效应增强。2021 年出台的《深圳经济特区数据条例》从法律层面破除了培育数据要素市场的制度性障碍，促进了数据更好的流通。2022 年，《深圳经济特区数字经济产业促进条例》开始施行，再次从立法层面为数字经济发展释放新动能，从基础设施、数据要素、技术创新等维度对数字经济产业进行了全面规范。

（4）高等教育机构入驻

2016 年，深圳发布《关于加快高等教育发展的若干意见》，确定了"建立国际化开放式创新型高等教育体系，建设成为南方重要的高等教育中心"的总体目标，并从提升质量、推进国际化、增强支撑能力、深化综合改革、强化组织保障等方面提出了一系列政策措施，积极引进国内外名牌大学来深圳办学，大力发展高等教育。

近年来，清华大学深圳国际研究生院、香港中文大学（深圳）、中山大学（深圳）等高等院校先后在深圳布局，高等教育"扩规模"与"提质量"并重，高校的人才集聚效应日益明显。目前，全市拥有"两院"院士超 30 位，各类国家级高层次人才超 500 人。高校牵头建设 4 个重大科技基础设施、9 个诺贝尔奖科学家实验室和 5 个重大基础研究机构。① 深圳高等教育取得跨越式发展，高端人才和原创性科研成果不断涌现，为建立数字经济发展高地提供了有力支持。

2. 建设路径与成效：特区实现从"同频共振"到"开放共兴"的凤凰涅槃

（1）数字产业：从数字产业化到产业数字化

20 世纪 90 年代初期，深圳大力发展信息产业，通过兴建高新技术产业园区和制定优惠政策吸引电子信息产业入驻，初步形成了通信、计算机、软件和电子元器件等门类齐全的电子信息产业集群。进入 21 世纪，产业集聚效应初步显现，华为、中兴、长城等一批信息技术企业自主研发能力提升，逐渐掌握核心技术，国内外销售份额逐年提升；同时，腾讯、迅雷等一批互联网应用型企业诞生，依托良好的信息产业基础，数字产业发展势头强劲，逐渐占领了国内互联网行业的高地。近年来，深圳继续积极

① 《深圳高等教育超常规跨越式发展》，http：//szeb. sz. gov. cn/home/jyfw/fwxsjz/gdjy/gxxx/content/post_7900800. html，最后访问日期：2023 年 10 月 10 日。

布局、加速推进数字产业集群建设，推行多项创新举措，巩固数字产业地位。2021 年，深圳数字经济核心产业增加值达到 8446.6 亿元，占全市GDP 比重 30.5%，数字产业化成效显著。

数字产业化的蓬勃发展为传统制造业和服务业数字化转型奠定了良好的基础。在服务业方面，金融和物流等深圳传统优势服务业率先与先进的互联网技术相结合，催生出金融云服务平台、物联网等新业态，以及电子钱包、智能分拣设备等新产品。同时，深圳拥有广阔的制造业转型空间和丰富的数字化转型应用场景。深圳以制造业数字化转型为主攻方向，实施规模以上工业企业数字化转型、中小企业数字化赋能、产业园区数字化改造、产业集群数字化生态构建"四大行动"，以工业互联网、大数据、云计算等数字技术赋能企业研发设计、生产制造、经营管理、市场服务等全生命周期数字化转型，打造了制造业数字化转型的深圳样本。

如今，一批龙头企业正成为推动深圳制造业转型升级的重要支撑。以比亚迪为例，比亚迪成立了信息化委员会，通过制定近期、中期和远期规划，提出信息化战略，针对不同业务场景，依托人、财、物、产品、客户和生态等载体，大力推进企业信息化建设。比亚迪深入推进研发信息化、生产信息化、产品智能化，对电动汽车产业链和创新链、电动汽车及核心零部件数字工厂等进行全面深入的数字化部署，推进迈向工业 4.0 的战略目标；同时，加快配套产业布局，软硬件共同发力，积极与供应链信息化、智能制造、大数据分析等多方面开展交流合作。[①]

（2）数字市场：从需求数字化到数字要素化

在市场方面，数字经济和信息消费深度融合发展释放出强大的数字红利，推动深圳消费水平显著增长。深圳政府高度重视信息消费工作，主要从以下三个方面统筹部署，推进基础设施建设和产业转型升级，持续挖掘需求潜能。第一，信息基础设施建设领先。作为全球首个实现 5G 独立组网全覆盖的城市，深圳用先进的 5G 技术反哺开拓更多数字经济应用场景。同时，深圳大力推动建设了国家超算深圳中心、鹏城云脑等高性能计算中心以及国家新型互联网交换中心等新型信息基础设施，为信息消费提供了

---

① 《制造业数字化转型的深圳样本》，http://www.xinhuanet.com/fortune/2021 – 07/07/c_112763 0622.htm，最后访问日期：2023 年 10 月 10 日。

良好的底座支撑。第二，大力推动信息消费业态创新发展。深圳拥有良好的新一代信息技术产业基础，金融科技服务数字化转型成效突出，具备从传统信息产品到新型智能硬件的全方位供给能力，"互联网＋传统优势服务业"等信息消费新技术、新产品、新模式加速涌现。第三，全方位构筑信息消费支撑体系。深圳不断完善信息消费领域的顶层设计，出台了《深圳市数字经济产业创新发展实施方案（2021－2023年）》《关于促进消费扩容提质创造消费新需求的行动方案（2021－2023年）》等20余项相关政策，为信息消费发展营造了良好的制度环境。[1]

坚实的数字产业基础和高度的产业数字化程度不仅有效促进了信息消费供给侧改革，也正在升级成为数字经济时代的关键生产要素。深圳大力培育数字要素市场，持续从制度保障、核算试点、平台建设等方面促进数据要素有序流动和利用。第一，完善制度保障。在制度层面，深圳出台了《深圳经济特区数据条例》，为数据处理活动提供了制度保障。第二，开展数据生产要素统计核算探索和实践。2021年，深圳在南山区开展了数据生产要素统计核算试点工作，以期掌握深圳数据要素市场现状和新经济发展状况，为推动数据生产要素早日纳入国民经济核算体系提供有益的探索和实践。第三，建立数据交易平台。2021年11月初，深圳市人民代表大会常务委员会通过了《深圳数据交易有限公司组建方案》，该公司旨在提供专业的数据处理、评估、确权和交易服务，目前正积极推进交易规则和技术标准规范制定、合规体系构建、交易平台搭建、首批数据商及交易落地等相关工作。

（四）杭州——数字经济助力城市发展"弯道超车"

作为全国数字经济发展的领航者，浙江以数字化改革为引领，从世纪初即提出建设"数字浙江"，历任政府规划共同将蓝图绘到底、填充实，并不断催生出新业态、新模式，以"弄潮儿"的姿态，奋力推动浙江打造数字变革高地。同时，推动数字化与服务型政府建设转型，不断破解经济领域各方面体制性障碍等问题，为企业生产经营赋能、为产业生态培育服

---

① 《深圳市入选2021年国家综合型信息消费示范城市》，http://www.sz.gov.cn/cn/xxgk/zfxxgj/bmdt/content/post_9544787.html，最后访问日期：2023年10月10日。

务、为政府数字化治理助力。

1. 建设背景：以"数字浙江"为缘起逐步实现"弯道超车"

从"数字浙江"先发，到推进"两化"深度融合、大力发展以互联网为核心的信息经济，再到打造数字经济"一号工程"，杭州积极抢占数字经济竞争制高点，不断激发高质量发展新动能，实现"弯道超车"与真正意义上的可持续发展。

（1）抢占先机：世纪初布局"天堂硅谷"棋盘

杭州如今之所以在新一线城市中迅速"出圈"，其最大的推力正是数字经济，而杭州发展数字经济的历史可回溯至 20 世纪 90 年代末，当时杭州的电子通信制造业产值就已过百亿元，诞生了东方通信、UT 斯达康、士兰微电子等名企。早在 2001 年，杭州就入选首批国家集成电路设计产业化基地，当时全国仅 7 个城市入选。同年，国内最早的芯片设计公司之一——杭州国芯在杭州诞生，士兰微电子在杭州建设第一条 5 英寸芯片生产线……在已有企业实践背景下，浙江省于 2002 年着力部署"数字浙江"工程。2003 年，浙江省政府发布《数字浙江建设规划纲要》，其中明确提出要以信息化带动工业化，以工业化促进信息化，为浙江数字经济发展提供系统性指导。尽管杭州作为相对内部型城市，缺乏外向型经济发展的地理位置等先天优势，但在 2003 年 4 月，时任浙江省委书记习近平同志在杭州调研时，为"天堂"杭州调整了内涵——过去是"风景天堂""西湖天堂"，下一步是"硅谷天堂""高科技天堂"。故而在 2006 年，杭州首次发布《中共杭州市委、杭州市人民政府关于进一步打造"天堂硅谷"推进创新型城市建设的决定》（市委〔2006〕11 号），以创新性导向推动杭州经济社会又快又好发展和城市综合竞争力的全面提升。杭州在打造"天堂硅谷"的进程中，没有浅尝辄止，而是持续深化发展，继续在顶层设计上做大做强。2014 年，杭州推出信息经济"一号工程"，并制定首部促进信息经济和智慧应用的地方性法规——《智慧经济促进条例》。由此可见，杭州在数字经济前身的战略布局中极具前瞻性思维，以较为完备的制度机制体系推动杭州不断增加数字经济发展的可拓展空间。

（2）化蝶之变：率先引领移动支付新方式改革

随着杭州对数字经济的布局与规划落地，在其数字经济发展之蝶变历程中，与阿里巴巴的合作是关键性的互利共赢之举。彼时，阿里巴巴尚未赴美上市，而杭州 GDP 仍停留在 8000 亿元的水平，"数字经济"的字眼亦未出现在国务院的政府工作报告里。2013 年"淘宝城"落户西溪，成为阿里巴巴的总部。2013 年 12 月 2 日，杭州市政府和阿里巴巴集团首次走到一起，签署战略合作协议。二者的合作无疑是锦上添花，强强联手。在签约仪式现场，时任浙江省委常委、杭州市委书记的龚正表示，阿里巴巴是杭州发展创新型经济的一艘旗舰，是杭州推进创新、驱动发展的一面旗帜，是杭州企业服务社会的一个标杆，是杭州提升城市国际化水平的一张名片。2017 年 4 月 18 日，由联合国环境署担任理事的无现金联盟在杭州宣布成立，首批 15 家成员机构包括支付宝、芬兰旅游局、首都机场、浙江省新华书店等。以上成员机构计划在 5 年内推动中国进入无现金社会，同时吸纳超 3000 万成员，覆盖 100 个国家和地区，在全球范围内加速从现金到无现金支付的转化。2017 年 4 月 22 日，马云旗下阿里巴巴、蚂蚁金服和杭州萧山国际机场签订战略合作协议，三方将为旅客打造"从家门口到飞机舱门口"的 D2D 一站式服务，旅客在机场内的所有业务均可通过支付宝完成，杭州萧山国际机场将成为全球第一个"无现金"机场。如今，从最初的"淘宝城"，到阿里总部、菜鸟、之江实验室、达摩院，再到今天的浙江云计算仁和数据中心、犀牛智造工厂，均在杭州这片土地上落地、开花、结果。杭州与阿里巴巴合作，蚂蚁金服旗下的支付宝、蚂蚁花呗等新型支付方式亦以杭州为中心，推动杭州成为全球前沿的移动支付之城，并向外环形辐射，影响着全国甚至是全球数字经济再次跨越式发展。

（3）深化发展：建设全国数字经济"第一城"

2018 年，杭州出台《杭州市全面推进"三化"融合 打造全国数字经济第一城行动计划（2018－2022 年）》，提出实施领军企业"鲲鹏计划"，加大对国内外数字经济龙头企业的招商力度，全力扶持企业做大做优做强。2018 年 10 月 11 日，杭州市召开"打造全国数字经济第一城"动员大会，发布《杭州市全面推进"三化"融合 打造全国数字经济第一城行动计划（2018－2022 年）》，此倡导文件可视为"一号工程"的深化和延续，将杭州的核心产业分为十二大类，同时提炼出六大产业中心，即电子商务、云计算和大数据、物联网、互联网金融、智慧金融以及数字内容，明确产业招商发力方向。而后，21000 多家各领域龙头企业汇聚杭州，形成电子商务、云计算、大数据、数字安防等产业集群，随之而来的是杭州数字经济发展、数字治理综合指数的稳步提升。转眼间，杭州先手布局业已为其数字经济及产业带来长远性的可持续发展。2022 年，杭州数字经济核心产业增加值突破 5000 亿元，占 GDP 比重为 27.1%；营业收入达 1.6 万亿元。2022 年工信部所属中国电子信息产业发展研究院发布《中国数字经济城市百强榜》，北上深杭广 5 城被列为"一线城市"。杭州的数字经济发展在逆周期中跑出加速度，并逐渐成为转型发展的主动力和经济稳定增长的"压舱石"。

2. 建设路径与成效：规模与产业不占优势之杭州的特色发展之路

（1）数字产业化：商业模式创新，集聚创业创新人才

电子商务促数字经济扬帆起航。电子商务已成为数字经济和实体经济的重要组成部分，是催生数字产业化、拉动产业数字化、推进治理数字化的重要引擎。杭州在与阿里巴巴进行战略且长远的合作后，创新将传统购物方式数字产业化，从国内电子商务链条完善延伸出跨境电子商务。杭州作为中国第一个跨境电商综合试验区所在地，率先开展跨境电子商务"小包出口""直邮进口""网购保税进口""跨境 B2B 出口""保税出口"等业务试点，并探索"跨境电商退换货中心""全球中心仓""定点配送""保税进口 + 零售加工"等新模式，成为跨境电商制度创新策源地。此外，杭州还从纯粹的零售物流线上产销关口前移至直播电商带货，从源头拉动经济的飞速发展。2020 年 7 月，杭州发布《关于加快杭州市直播电商经济发展的若干意见》等直播产业相关的扶持政策，同时成立直播电商产业基地，引导商贸服务行业向数字化、社交化方向转化。据不完全统计，杭州已集聚跨境电商服务商两千多家，跨境电商贸易联通欧美和"一带一路"新兴市场等 220 个国家和地区。在全国直播电商百强地区榜单前十强中，杭州独占四席（滨江区、江干区、余杭区和萧山区）。2022 年，杭州跨境电商进出口总额达 1203.33 亿元。如今的杭州业已从顶层设计上结合地方特色，从资源整合、资金支持、人才体系搭建、舆论宣传等多方位为新发展路径助力。

教科研创新平台强强联合。2023 年 2 月 8 日下午，杭州高新区（滨

江）与浙江大学城市学院战略合作签约仪式举行。本次战略合作以"浙江大学滨江研究院"和"浙江省鲲鹏生态创新中心"的创立为契机，深化双方在创新平台建设、关键核心技术研发、顶尖人才引进培养、"双创"企业孵化培育、科技成果转化等方面的合作。杭州市与浙江大学的战略合作，既是双方资源整合、优势聚合的共同愿望，也是双方助力浙江打造具有全球影响力的科创高地和创新策源地的共同责任。2023 年 4 月 24～27 日，来自世界各地的上千名数据和统计界专家学者相聚杭州，参加第四届联合国世界数据论坛，共商如何利用数据和统计帮助各方更好地实现可持续发展目标。论坛闭幕式同时发布《杭州宣言》，呼吁全球数据和统计界加快行动，制定与开普敦可持续发展全球行动计划相一致的数据管理方法，推进数据创新和伙伴关系，确保其能满足社会各界需求。杭州作为会议承办方开展此类论坛，为全球数据生产者和使用者搭建对话平台，推动教科研等创新平台强强联合，为杭州乃至世界数字经济发展提供强力人才资源助力。此外，杭州在高水平研究上亦搭建了众多平台，国家实验室实现零的突破。比如，位于杭州的 115 国家实验室正式挂牌运行，中科院医学所获得中央编办批复，西湖实验室、浙江大学脑机交叉研究院加快纳入国家实验室体系，新获批 11 家全国重点实验室，其中浙江大学"脑机智能全国重点实验室"入选全国 20 家标杆国家重点实验室，新挂牌成立白马湖、东海、天目山、湘湖 4 家省级实验室。杭州以数字为抓手稳步推进人才赋能数字产业化，系统构建高能级创新平台体系，战略科技力量不断壮大。

（2）产业数字化：低成本撬动高质量发展，助力企业智能化改造

数智赋能传统产业，建设工业互联网。2013 年，李强总理还在浙江工作时即提出"四换三名"工程，其中之一就是"机器换人"。从"机器换人"到"工厂物联网"，再到"企业上云"，直到打造以"未来工厂＋产业大脑"为核心的数实融合当下场景，杭州始终走在全省前列。作为推进产业数字化的主要手段，工业互联网是杭州的重要发力点。在浙江省提出建立"1＋N"工业互联网平台体系的背景下，杭州充分发挥全省 70% 以上的工业互联网服务能力，推动 supET 工业互联网平台建设，同时联合区域内的工业龙头企业、各类服务商，助力打造 N 个行业级、区域级、企业

级的工业互联网平台。同时，杭州还积极引进国家重点实验室和国家级工程技术研究中心。随着全国"双创周"活动在杭州成功举办和全国工业互联网大赛永久落户杭州，覆盖平台、安全和网络三大领域的综合性工业互联网体系在杭州逐步形成。2019 年，杭州在全面实施新制造业计划动员大会上正式推出"新制造业计划"，即到 2025 年，实现规上工业企业、十百千亿企业、国家级高新技术企业数量等六倍增，实现整体经济发展中数字经济和制造业"双引擎"驱动，打造具有世界影响力的制造业强市，通过数字经济和制造业"双核驱动"助力杭州经济高质量发展。

从产业瓶颈到跃升，重塑智能物联生态。杭州的发展路径不仅需要在优势领域有所进步，也要在短板上有所突破。自提出"高水平重塑全国数字经济第一城"的口号以来，杭州"二次攀登"数字经济发展高峰。2022年 9 月，杭州市人民政府办公厅印发《关于促进智能物联产业高质量发展的若干意见》，支持平台经济高质量发展，以数字化改革为牵引，以科技创新为核心动力，谋划打造万亿级智能物联产业圈，其中提出以视觉智能、云计算大数据、网络通信、智能仪表、高端软件和人工智能等优势基础作为主攻方向，形成产业生态圈，以增强抵御外在不确定性的能力。该文件还指出，预计到 2025 年，杭州市智能物联产业规模超 1 万亿元，推动产、城、人的"物联、数联、智联"，形成重大标志性成果 100 项，实现产业发展蓬勃兴盛、企业培育成效显著、科技创新自立自强、数字基建绿色高效和数字治理全国领先的发展目标。《关于促进智能物联产业高质量发展的若干意见》的导向作用为重塑和发展智能物联生态提供了"助推剂"和"定心丸"。在集成电路产业链方面，杭州市设计业规模位列全国主要城市第四，有重点企业 260 多家，覆盖微处理器、逻辑电路、存储器、模拟电路、功率器件、传感器等主流产品。在云计算大数据产业链方面，阿里云在云计算市场份额上位列全球第三、亚太第一，新华三位列服务器国内前三强。在高端软件和人工智能产业链方面，互联网、软件和信息技术业营业收入持续保持全国第一梯队，人工智能产业综合能力稳居全省第一。值得注意的是视觉智能产业链，这正是杭州最具优势的重要应用链。通过建设"中国视谷"标志性工程，杭州市明确"数字安防—视觉智能—智能物联"的产业跃升路径，已有相关重点企业 2300 多家，全市视频监控产品全球市场占有率超 50%，拥有视觉智能国家级创新载体 46 个、省级创新载体 186 个，重点企业研发占比达 9.2%，创新实力行业领先。①2023 年 7 月，杭州启动全市域产业链"链长制"，首次提出打造 5 大产业生态圈。延长"产业链"，打造"产业生态圈"，逻辑在于数字技术与产业链深度融合，嵌入制造业的设计、生产、运营、管理和物流等多环节，以此助力推动传统产业的高端化、智能化、绿色化进程。杭州从克服产业瓶颈与短板，到逐步实现产业数字化的联动发展，重塑智能物联生态正处于进行时和发展时。

（3）城市数字化：以"最多跑一次"为牵引，驱动体制机制治理现代化

数字杭州反哺数字经济营商环境。杭州以数字化改革撬动各领域各方面改革，推动整体智治、整体智服，为杭州建设数字经济第一城、数字治理第一城提供改革动力。比如，以"最多跑一次"为牵引拉动全方位效率提升，杭州市"亲清在线"数字平台通过城市大脑等数据化平台将数字治理化繁为简，打破政府内部数据孤岛、重塑业务流程、革新组织架构，还有"民呼我为"的温度、"先离场后付费"的便捷。杭州始终以"头雁精神"聚全市之力、集各方之智，让数字赋能城市治理，让百姓共享改革红利。此外，杭州市紧扣全省数字化改革"152"体系，沿着统一跑道，用好 V 字方法，抓实"三张清单"，结合本地实际，体系化规范化推进数智杭州建设，取得明显的阶段性胜利。在这场波澜壮阔的推动城市数字化的进程中，杭州各级各部门主动作为、创新方法，持续输出"杭州经验"、"杭州方案"和"杭州样本"，以数字化改革追赶超越、争先领跑，反哺推动数字经济营商环境朝着高效化、智能化方向发展。

新基建拓展数字经济想象空间。由数字经济和工业互联网带来的风潮，不仅蔓延到传统制造业，还为杭州带来诸多全新业态。而"新基建"领域是杭州发力布局、超前谋划的典型代表。自 2020 年全面实施"六新"发展行动以来，杭州加快推动以数字基建为核心的"新基建"布局建设，

---

① 《2022 杭州经济年终讲｜锚定智能物联赛道 杭州万亿级产业生态蓄势而发》，https://baijiahao. baidu. com/s? id = 1754633592317241903&wfr = spider&for = pc，最后访问日期：2023 年 10 月 10 日。

5G、数据中心、区块链等"新基建"加速推进，新技术加速向制造业渗透应用，无人驾驶、智慧车间、数字工厂等数字应用不断涌现。杭州还将全面深化与数字经济龙头企业的战略合作，超前谋划智算中心等数字新基建，有力统筹营商环境创新试点城市、科创金融改革试验区、跨境电商综试区、自贸区杭州片区等建设，加快构建城市发展中"基础研究＋技术攻关＋成果转化＋科技金融＋人才支撑"全过程创新生态链，以一流的数字经济生态和空间吸引一流人才、培育一流企业、发展一流产业。在城市数字化的浪潮下，杭州率先落下的"先手棋"推动了先进的数字基础设施建设，并不断催生新的风口，逐渐改变了人们传统的工作和生活方式，杭州正变成科技感满分的智慧城市。[①]

（五）合肥——数字时代的"产投之都"

近年来，合肥聚焦于打造数字经济高地的目标，推动科技创新与产业发展同频共振，一体推进数字产业化和产业数字化，形成以"以投带引"为核心特征的"合肥模式"，在数字制造、数字应用、数字创新、数字基建等方面都取得了创新和突破，被称为数字时代的"产投之都"。

1. 建设背景："产投之都"的成长之路

（1）"科教名城"：中科大与合肥"全链互动""创新共生"

1969 年，高校过于集中的北京被要求下放教育资源，包括中科大在内的 13 所高校被迫迁出北京。[②] 彼时，各地经济落后，物质条件匮乏，对教育重视程度不足，大部分省市以解决温饱为目标，无力为一所高校提供支持。安徽省时任领导人独具慧眼，邀请中科大到安徽安庆落户办学，明确表示"安徽人民即使不吃不喝也要把中国的科学苗子保住"。中科大迁入后，安徽举全省之力为中科大的师生创造了居住、教学、科研、学习的条件。在此后的 50 余年中，安徽省鼎力支持中科大发展，在办学经费、土地、教育、医疗等方面给予特别支持，集中优势资源服务学校和师生。

---

① 《打造"数字经济第一城"，杭州有哪些"独门绝技"？》，https://baijiahao.baidu.com/s?id=1740843933455138870&wfr=spider&for=pc，最后访问日期：2023 年 10 月 10 日。

② 《昔日合肥倾囊扶持，今天中科大让其成为国家科学中心》，https://zhuanlan.zhihu.com/p/129833997，最后访问日期：2023 年 10 月 10 日。

中科大与合肥"全链互动""创新共生"，在技术、人才、资源等方面反哺合肥，为科技创新产业发展奠定了基础。人才方面，近两年，中科大硕士和博士留合肥的比例达到43%以上；2022年，合肥引进高层次人才团队127个，新增高技能人才5.5万人，引入大学生首超30万人，人才资源持续集聚。企业方面，科大讯飞、科大国创、科大智能等一批"科大系"企业蓬勃发展，形成产业集群，成为合肥的产业地标，大大带动了合肥的经济发展。2022年，合肥GDP突破1.2万亿元，连续7年每年跨越一个千亿台阶，战略性新兴产业对工业增长贡献率达到84%。科研方面，近十年来，合肥获批建设全国第二个综合性国家科学中心，首个国家实验室挂牌，已有、在建和预研大科学装置12个，能源、人工智能、大健康、数据空间研究院组建运行，国内首个深空探测实验室投入运行①，科研基础扎实。

（2）"中部崛起"：合肥抓住契机跑出黑马速度

2006年，在国家开始实施中部崛起战略时，安徽被列入中部省区，经济持续稳定发展。2014年，合肥明确被划入长三角城市群。此后，合肥成为串联起长三角和"中四角"的重要纽带，中部崛起战略、长三角高质量一体化、长江经济带等多重战略叠加覆盖，在更高层次、更大范围的集聚配置资源上为合肥的发展提供了重要的战略机遇。近年来，合肥积极落实《关于新时代推动中部地区高质量发展的意见》，担负起促进中部地区创新发展的使命，充分发挥"左右逢源"的优势，强化创新引领，统筹长三角和中部地区的创新资源，开展关键核心技术攻关，涌现出量子通信、动态存储芯片等一批重大原创性成果，高新技术产业增加值、战略性新兴产业产值比重不断增加，区域创新能力大大提升。

2022年，安徽省印发《关于坚持高质量发展奋力在中部崛起中闯出新路的实施意见》，顺应时代发展趋势，提出到2025年要实现"成为中部地区高质量发展引领板块和东中部地区协同发展的战略枢纽"的战略目标，再次吹响"中部崛起"的号角。该意见明确，要突出创新引领，实施十大新兴产业高质量发展行动，对建设合肥智能语音国家先进制造业集群、建

---

① 《瞭望丨细查科大创新路径》，http://ah. news. cn/2023-02/20/c_1129380383. htm，最后访问日期：2023年10月10日。

设"政产学研用金"六位一体科技大市场、实施"双谷同创"工程等重点工作进行了部署，为发展未来产业和数字经济提供了制度保障。

（3）"以投带引"：传统产业集群不断扩展

合肥市政府建立基金平台，先后投资京东方、科大讯飞、维信诺等企业，又引入蔚来、大众等企业，形成了以"以投带引"为核心特征的"合肥模式"。

一方面，合肥瞄准新兴显示、集成电路等战略性新兴产业，依托合肥产投、兴泰、建投三大国资投资平台，牵引和带动资本招商，联合中信、招商等头部投资机构共同设立近千亿元的产业基金群，形成"引导性股权投资＋社会化投资＋天使投资＋投资基金＋基金管理"的多元化科技投融资体系，不断增强创新资本生成能力。

另一方面，在具体运作机制上，合肥主要通过投资并引入上市公司募投项目推动落地，围绕投资前期、中期、后期全链条打造"引进团队—国资引领—项目落地—股权退出—循环发展"闭环。在项目落地环节，合肥坚持全产业链招商，形成产业集聚效应和上下游联动效应。为解决家电、平板显示、电脑等支柱产业转型升级缺"芯"问题，合肥瞄准缺链补链关键环节，先后引进百亿级配套项目，形成集成电路全产业链，年产值保持约20％的增长[①]。

2. 建设路径与成效：合肥数字经济驱动高质量发展的亮点做法

（1）坚持整体布局，彰显数字优势

第一，数据资源管理体系基本建成。2017 年 8 月，合肥市数据资源局成立，主管全市的数据资源和信息化工作，统筹推进全市数据资源体系建设、智慧城市和数字政府建设、数字经济发展等工作。同年，合肥市设立数据资源工作专家咨询委员会，邀请知名专家学者担任"智囊团"，增强数据资源工作决策的科学性、合理性和前瞻性。数据资源局成立后，着力打通数据壁垒，补齐信息化管理职责分散、部门间信息孤岛现象严重、信息化基础设施支撑不够等短板，工作机构不断完善，队伍建设不断加强。

---

① 《【他山之石】合肥："以投带引"》，https：//www. thepaper. cn/newsDetail_ forward_17762090，最后访问日期：2023 年 10 月 10 日。

目前，合肥已经形成了"一核（数据资源局）三辅（信息中心、政府网站管理中心、大数据资产运营有限公司）多点支撑（县区开发区数据资源工作机构、战略合作伙伴）"的数据资源工作体系。①

第二，完善顶层设计，高位谋划发展布局。2020年，合肥市印发《合肥市数字经济发展规划（2020－2025年）》，提出合肥将实施"136"发展行动计划，即以数据资源为核心驱动，构建数字基础设施体系、数字经济产业体系、数字技术创新体系，加快推进新一代信息基础设施建设、关键核心数字技术突破、数字产业化培育、人工智能产业发展、工业数字化转型、服务业数字化升级。2022年，合肥市出台《合肥市"十四五"数字合肥发展规划》，对"数字合肥"建设工作进行了全面部署，对推动制造业数字化转型、发展"互联网＋"新业态新模式、打造信息消费体验中心等工作做出了指引，加速建成具有领先优势的数字经济高地。同年，合肥印发《加快发展数字经济行动方案（2022－2024年）》，进一步部署了数字科创行动、产业数字化转型行动、强化科技成果转化等重点任务，夯实了数字经济发展的制度基础（胡厚翠，2022）。

第三，合理布局，彰显区域数字特色优势。合肥市数字经济布局合理，不同区域功能和特点各异。开发区充分用好技术积累和政策优势，发挥示范带头作用，承载核心驱动的功能，高新区、经开区、合肥新站高新区、安巢经开区分别重点发展人工智能产业、工业互联网产业、新型显示产业、"互联网＋大健康"产业。城区聚焦数字服务，瑶海、庐阳、蜀山、包河分别打造物联网科技产业园、大数据产业园、大数据小镇、滨湖金融大数据中心。县区则依托当地优势推进特色产业创新，如肥东县建设机器人小镇，肥西县聚焦智能制造，长丰县发力智能家居，庐江县加快智慧农学发展，巢湖市探索"数字＋"文旅发展等。

（2）坚持创新引领，做数字时代的"产投之都"

第一，聚力推进数字产业化。近年来，合肥以建设新型显示器件、集成电路、人工智能三个国家级战略性新兴产业集群为牵引，在战略性新兴产业领域加速发展。在新型显示和集成电路产业领域，2008年，合肥邀请

---

① 《发挥数据价值 推动资源协同共享 建设便捷的数字之城》，https://www.thepaper.cn/newsDetail_forward_10648249，最后访问日期：2023年10月10日。

京东方落户，总投资 175 亿元的第 6 代 TFT-LCD 液晶面板生产线落地合肥，用于生产中国最先进的液晶屏。目前，京东方已成长为显示领域的先锋，吸引了数百家新型显示产业上下游企业，合肥成为全国面板产能最大、产业链最完善的基地。显示器产业发展离不开芯片驱动，2012 年起，合肥押注半导体和晶圆产业，陆续引进联发科、长鑫等企业（彭艳秋，2023）。在人工智能产业领域，合肥政府大力打造"中国声谷"，人工智能入选国家首批战略新产业集群，智能语音列入国家先进制造业集群，成为安徽省人工智能产业的新名片。"中国声谷"依托"龙头＋配套""基地＋基金"模式，集聚行业领军企业，构建贯通智能语音与人工智能核心技术、基础研发平台、终端产品、行业应用等在内的完整产业链条，不断打造产业新优势，截至 2022 年底，"中国声谷"入驻企业总数达 2005 户，年产值约 2050 亿元。合肥还瞄准新能源产业领域，用产业投资的概念来布局新能源产业。2019 年，合肥投资蔚来汽车，仅用了一年，其市值即翻了数倍，投资收益率极高。随后，各大新能源车企纷纷与合肥接洽，合肥"新能源汽车之都"的称号日益响亮。目前，合肥集聚了比亚迪、蔚来、江淮等六家整车企业，形成了开放协同的产业发展生态圈；拥有上下游产业链企业 500 余家，打造了下塘、新桥、新港三大整车生产基地和六大零部件生产园区，全链条新能源产业生态逐渐形成。

正如合肥市委书记所言，合肥"不是风投，是产投；不是赌博，是拼搏"。合肥深谙政企风险共担是创新发展的本质，形成了"以投带引"的招商引资模式，以重点项目拉动新兴产业集群，成为数字时代的"产投之都"。

第二，聚力推进产业数字化。合肥坚持工业强市，强化技术创新，推动"智改数转"，聚焦强基础、育平台、促应用、优生态等关键环节，助力制造业高端化、智能化、绿色化发展。近年来，合肥积极推动新技术赋能制造业实现质量变革、效率变革和动力变革，围绕点（加快企业数字化转型）、线（打造工业互联网平台和"行业大脑"）、面（通过"一区一业一样板"推动区域数字化）、体（完善数字化支撑保障体系）全方位赋能制造业转型升级。

第三，聚力攻关核心技术。创新能力是数字经济发展的重要驱动力。近年来，合肥充分发挥综合性国家科学中心优势，打造科技创新策源地，提升合肥综合性国家科学中心人工智能研究院、类脑智能技术及应用国家工程实验室、语音及语言处理国家工程实验室、认知智能国家重点实验室、智能语音国家新一代人工智能开放创新平台等"国字号"创新平台能级，在量子信息、人工智能、类脑智能、集成电路、网络信息安全等领域开展全国领先的数字技术创新。

（3）坚持多措并举，培育数字生态

第一，综合施策全力优化环节。2018 年，合肥率先成立大数据行业党委，加强对大数据行业的政治引领，这是全面加强党的领导、促进党建引领非公经济发展的实际举措。2019 年，合肥率先启动市级数字经济产业创新试验区建设，将数字经济产业创新试验区作为合肥数字经济发展"一号工程"，推动数字经济高质量发展。包河、蜀山、高新、庐阳作为试点区域，围绕数字经济创新要素聚集、场景应用示范、供给能力提升等方面积极探索，为数字产业发展打下了扎实的基础。2021 年，合肥获批数字经济创新发展试验区，围绕数字产业化、产业数字化、数字化治理三条主线大力推动数字经济产业发展，推动越来越多的数字经济应用场景落地，为打造数字经济新优势提供了巨大的发展势能。

第二，提速建设数字新基建。合肥加速建设"双千兆"网络，取得了积极成效。截至 2023 年 7 月，合肥累计建设 5G 基站 22000 余个，实现重点镇以上区域 5G 网络全面覆盖、重点区域连片优质覆盖，5G 产业规模和技术创新能力持续提升。2020 年，合肥提出要构建政务云体系，三年来，政务云在基础设施、支撑软件、应用系统等方面有效支持了电子政务和智慧城市的发展。当前，合肥已经构建了"新一代政务云＋城市中台＋应用场景"三位一体的"城市大脑"，在国内率先建设开通规模最大、用户最多、应用最全的量子城域网，为数字经济高质量发展注入了新动能。合肥大力建设算力信息基础设施，夯实数字经济发展底座。"十四五"期间，中国电信安徽智算中心落地合肥，是落实国家"网络强国"战略，助力"东数西算"规划布局的重要举措，目前已初具规模，在规模、标准、算力、节能等方面均处于领先地位，为数字经济发展提供了超强算力支撑。

第三，数字创新应用场景不断涌现。2021 年，合肥数据要素流通平台正式上线，搭建起国内首个数字化城市中台。数字中台有机融合了数据、技术和业务三大智慧应用基本要素，打破了各自为战、接口重复、标准不一的传统模式，让数据业务化、业务数据化，形成高效的数据整合能力。同时，数字技术不断赋能"智慧合肥"建设，数字城市建设成果不断涌现。如合肥市牵头完成"雪亮"工程、"天网"工程，实现公共安全监控视频全覆盖，视频大数据整合分析能力达到全国先进水平；启动"交通超脑"项目，"超脑"由数据接入平台、超脑中枢平台以及若干应用子系统组成，主要用于海量交通数据的采集、整理和应用，大大提高了道路通行能力；建成"数字城管"，运用现代数字技术赋能城市管理，大大提高了城市问题的处理效率。

四　国际经验

（一）纽约："全球创新之都"

1. 建设背景

（1）城市智能化项目奠定发展基础

自 20 世纪 90 年代启动数个城市信息化和智能化项目以来，纽约推动城市转型升级的步伐从未停歇。特别是在 2008 年金融危机之后，以华尔街为代表的资本驱动型经济遭受重创，令纽约强烈意识到经济基础多元化的必要性。在此背景下，纽约开始重新谋划城市发展战略，决定把握信息、数据、物联网等新兴技术带来的机遇，由过去依赖金融资本驱动转型为以科技创新驱动智能化的城市发展。以 LinkNYC、NYC311 为代表的城市运行基础设施，自动决策系统（ADS）、智慧灯杆、物联网行动等面向未来的城市数字化转型准备，以"OneNYC2050"战略为指引的纽约未来智慧城市愿景，共同构成了纽约智能化城市的基本框架。

2007 年，时任纽约市长麦克·布隆伯格（Mike Bloomberg）主导推出了"PlaNYC2030"，提出"为建设一个更绿色、更伟大的纽约而努力"，以及实现城市未来可持续发展的十个关键目标，包括土地、水、交通、能源、空气和气候变化等。到 2009 年，实现了"PlaNYC2030"三分之二的目标，同年还宣布了全面建设数字城市的综合计划，该计划涉及社会经济、政治、生活等各个方面，根据互联网接入、开放政府、公民参与和数字产业增长等指标，勾勒出一幅以纽约市的成功为基础、将其打造成全球第一数字城市的路线图。

作为一个典型的超大型城市，纽约虽然坐拥多元经济、文化、社会力量共同创造的惊人发展成就，但同时也面临高昂的生活成本、悬殊的收入差距、大量贫困与流浪人群、基础设施老化、环境污染等城市化难题。为此，纽约市政府于 2015 年公布了《一个纽约：繁荣而公平的城市发展规划》（One NYC：The Plan for a Strong and Just City），提出新的发展愿景——增长（Growth）、平等（Equity）、可持续（Sustainability）、弹性（Resiliency），并将建设智慧城市作为实现愿景的主要路径和手段。2019 年 4 月，"OneNYC2050" 总体规划正式出台，描绘了 2050 年纽约的城市愿景。规划提出，为应对城市危机和可持续发展，需要从八个方面进行突破：有活力的民主、包容的经济、有活力的社区、健康的生活、公平卓越的教育、宜人的气候、高效的出行与现代化基础设施。2020 年 7 月，纽约市市长比尔·德·布拉西奥宣布加快实施《纽约市互联网总体规划》，以期在所有五个行政区提供高速互联网访问，这可以看作纽约市面向未来城市发展的"新基建"计划。《纽约市互联网总体规划》将分四个阶段推进：首先是为纽约市政府引入新的职能角色；其次是为推进新的宽带基础设施和服务建立伙伴关系；再次是为更多的纽约人提供高速互联网服务；最后是确保所有纽约人从高速连通中获益。

至此，纽约市政府建设"智能城市 + 公平城市"的智慧转型战略基本成型。就具体建设成就而言，以 NYC311 为代表的城市运行基础设施已实现了为全体市民提供多国语言、多群体（视觉听觉障碍等）、多渠道（社交媒体、热线、网站等）、全天候响应的公共服务；以 LinkNYC 为代表的免费高速无线网络已建成为全世界最大和最快的城市 Wi-Fi 基础设施，让市民人人都有机会获得网络连接；自动决策系统（ADS）、智慧灯杆等项目的实施，则意在积极探索未来城市的普惠发展之路。在此过程中，纽约还采取多种方式实现公共数据开放和共享，从而持续优化城市数据治理水平与服务创新能力，形成数据驱动智能城市运行的良好循环。上述以"公平"为主要价值追求的城市治理范式与公共服务供给模式，从顶层设计到具体实施都没有唯技术论，而是交融成为一种易被感知的市民获得感，契合智慧城市"以人为本"的丰富内涵。

除了通过建设智慧城市来解决超大型城市的治理问题，纽约的转型发展还有另一项重要目标，即将自身打造成为全球领先的科技创新中心，变资本驱动为智能创新驱动，赋予超大型城市可持续发展的强大新经济动能，建立较完善的智能经济体系，为广大市民创造更多就业机会和收入增长，实现更广泛、可持续的"公平"。自 2009 年以来，为推动纽约科技创新发展，将纽约打造成为"全球创新之都"（Global Capital of Innovation），纽约市政府出台了一系列科技创新促进计划，如应用科学计划、融资激励计划、设施更新计划等。

上述政策和举措取得了显著成效。纽约在短短十年间从一个科技创新领域的二线城市，一跃成为全球领先的科技创新中心。日益完备的高科技生态系统吸引和集聚了全美 10% 的博士学位获得者、10% 的美国国家科学院院士以及近 40 万名科学家和工程师，并成功吸引谷歌、亚马逊、IBM 等科技巨头企业入驻，每年为纽约提供近 30 万个工作岗位和 300 亿美元的工资收入，仅次于金融业。[①] 在此基础上，纽约还特别注重引导互联网应用技术、社交网络、智能手机及移动应用软件领域的创业者将技术与金融、文化、时尚等纽约传统优势产业相结合，挖掘互联网经济的新增长点和新商业模式。

（2）超大型城市发展面临的城市化难题

作为当前全球最具影响力的超大型城市之一，纽约一方面在经济、社会、科技、人文等领域高度发达，另一方面也面临着大量城市化问题。纽约是一个地处沿海的国际大都市，是美国人口最多的城市，也是充满活力的大都会区，其发展面临的风险主要体现在以下四个方面。

一是气候变化引发的自然灾害风险。纽约是一个毗邻海洋、海湾的港口城市，海岸线约长 832km，地势较低，很容易受到沿海风暴侵蚀和不同类型洪水的影响。2012 年 10 月 29 日，桑迪飓风袭击了纽约整个城区，由于缺乏充分准备，城市建筑被大面积破坏、电力中断、公用事业服务中

---

① 《全球数治丨纽约建设智慧城市的主要路径和手段》，https：//m. thepaper. cn/kuaibao_ detail. jsp？contid＝15676661&from＝kuaibao，最后访问日期：2023 年 10 月 10 日。

断，大规模洪水造成近800座建筑被摧毁、200万用户断电、8.4万用户失去天然气服务，97人丧生、数千人流离失所，以及190亿美元的经济损失。目前，约有40万纽约居民、7.2万幢建筑以及大部分基础设施都位于百年一遇的洪水区域内，海平面上升是其面临的最大风险之一。①

二是高密度人口带来的社会服务设施风险。对纽约市而言，高密度的人口是诱导其发生风险的重要因素之一。2012～2020年的人口数据表明，在此8年间，纽约每年增加约2万～8万人，共增加了60多万人，超过了美国其他任何一座城市。2021年其人口超880万人，占纽约州总人口的43%，是美国人口最密集的城市，人口密度达10890人/平方千米。② 庞大的人口规模给资源供应和城市公共服务设施带来巨大挑战。一方面，给能源、电信、交通、供水和废水处理等生命线系统带来超负荷运转的风险，任何中断这些关键系统运行的事件，包括对关键维护环节的疏忽，都会使该地区处于危险之中。另一方面，持续增加的人口给教育、医疗、健康等服务带来巨大压力，面临着流行病暴发的风险。与此同时，纽约市大约有100万幢建筑，规模巨大，许多老建筑面临着大风、高温、严寒、地震和洪水等灾害可能带来的更大风险。

三是异质性、不平等带来的社会公共安全风险。对一个国际化大都市而言，人口多元化和文化多样化，在容易激活城市创新力的同时，往往会因为高度的异质性而带来新的文化冲突、族群矛盾和各种不平等问题，这极易引发社会两极分化、种族隔离、社会骚乱等公共安全风险。纽约市是一个人口结构复杂的国际大都市，其种族构成为白人占63.2%，黑人占15.9%，亚裔占9.9%，拉丁裔占19.2%。③ 同时，还有大量的老年人、残疾人、慢性疾病患者、被社会排斥者、贫困者、英语能力有限者等弱势群体，这些人群更具有脆弱性。2014年"占领华尔街"事件充分暴露了纽约多元和不平等社会面临的安全风险。

---

① 《观点 | 超大城市韧性建设：美国纽约的经验与启示》，https://m. thepaper. cn/newsDetail_forward_21420692，最后访问日期：2023年10月10日。
② 《观点 | 超大城市韧性建设：美国纽约的经验与启示》，https://m. thepaper. cn/newsDetail_forward_21420692，最后访问日期：2023年10月10日。
③ 《纽约州人口，纽约州人口：历史与现状》，http://www. jykxzz. cn/hwmx/pmzs/568435. html，最后访问日期：2023年10月10日。

四是新一代信息和数字技术引发的网络安全风险。互联网改善了沟通、创新和获取信息的能力，但其开放性和难以监管的特征，意味着市政部门、企业和居民更容易受到网络安全威胁事件的危害，通常包括来自内外部的有组织网络犯罪、隐私泄露、网络间谍、网络攻击等。纽约市越来越多的人通过智能手机和移动设备来管理他们的日常生活，这使得他们特别容易受到恶意网络活动的攻击。城市生活的各个方面，从供水和供电，到交通、生命安全和应急响应，都深深依赖技术网络，城市社会环境、建设环境、自然环境、未来环境都会面临巨大的风险威胁。

2. 纽约建设科技创新中心的路径及成效

（1）城市发展向科技创新进行战略调整

2008 年全球金融海啸后，时任纽约市长麦克·布隆伯格及其幕僚团队组成了一个代号为"游戏转换器"（Game Changers）的小团队，通过与数百名企业家、风险资本家、城市管理专家和教育家进行"头脑风暴"，研究硅谷和以色列海法技术驱动的经济增长模式，聚焦于在纽约"建立基于现有产业优势的高技术人才引擎"，帮助这座城市吸引科技公司和吸纳科技人才，实现可持续发展。布隆伯格政府称其技术推广政策为"应用科学"，并坚信这是改变纽约经济结构、打造新数字世界的"酵母"。

2009 年 4 月，布隆伯格发布了新一轮题为《五大行政区经济发展计划》的综合发展战略，旨在通过实施城市发展长远规划，投资重点科技领域，为纽约创造更多的就业岗位，带领纽约市尽早度过经济衰退期。随后，纽约市政府发布《纽约经济多样化项目发展计划》，重点围绕生物、绿色、制造、时尚、金融、媒体等新兴科技产业进行布局，制定地方经济全面、长期的发展战略，为具有不同技能和背景的居民提供广泛的机会，推动对城市未来经济增长至关重要的创新，创造良好的制度环境和创新文化氛围。

（2）建设适应未来发展的新型科技园区

2010 年，纽约市政府推出了"应用科学"计划（Applied Science NYC），为纽约市培养应用科学人才，增强该市在应用科学领域的能力，激发创新理念，催生具有高增长潜力的技术公司。在具体运作中，市政府提供价值10 亿美元的土地以及最高 1 亿美元的政府资助，由相关大学负责建设科技园区。政府还投资基础设施建设，为科学家改善工作和生活环境。至 2013 年底布隆伯格卸任时，纽约已确定了 4 个"应用科学"项目，分别是纽约大学主办的城市科学和进步中心（Center for Urban Science and Progress）、康奈尔大学和以色列理工学院合作的康奈尔科技城、哥伦比亚大学主办的数据科学和工程研究院，以及卡耐基梅隆大学主办的综合媒体项目。这 4 个项目预计将创造 1000 个新企业、4.8 万个工作岗位、超过 330 亿美元的经济收入，从而帮助纽约市实现经济大转型的发展目标。①

（3）着力推动重点科技创新领域发展

最具有代表性的是纽约曼哈顿的"硅巷"（Silicon Alley）。其位于靠近百老汇和第 23 街的第五大道的熨斗大厦附近，横跨中城和下城。此处有大量科技创新企业聚集，谷歌、脸书、微软等高科技企业巨头也纷纷在此设立了研发机构和业务中心。"硅巷"的快速崛起，使得其与旧金山硅谷和波士顿一同构成了美国三大科技中心。但与硅谷有所不同的是，受纽约浓厚的文化和商业氛围影响，纽约的科技创新产业并不是围绕芯片、半导体等硬件设备展开，而是更倾向于通过研发各种信息技术，为新媒体、金融技术、互联网等领域提供先进的解决方案和优化升级，进而实现科技创新与其他产业的深度融合。

（4）培养高科技产业的创新生态

纽约前任市长白思豪（Bill de Blasio）延续了布隆伯格对高科技产业和创新引领城市发展的思路。市政府推行管线改造计划，利用曼哈顿 34 大街和布鲁克林商业区的地下 175 英里长的旧管道安装光纤线路，进行高速数据传送；加强地铁站和移动信号建设，使更多纽约市民可以获得高速网络服务；通过公开竞争，资助 10 个创新热点（纽约市的每个经济发展区域分配一个）和 20 个认证企业孵化器。这些孵化器利用资金进一步资助初创公司，并提供低租金的共享办公地点供创业者使用，为他们提供分享、交流与合作的环境，并协助创业者吸引投资。孵化器大多配

---

① 《纽约向全球科技创新中心转型的成功经验》，https：//mp. weixin. qq. com/s？ ＿ ＿ biz ＝ Mzl1MDI5ODkwMA ＝ ＝ &mid ＝ 2247499240&idx ＝ 1&sn ＝ 519259971d30d460a815e8ac4bcb64c 1&chksm ＝ e986ea93def1638573975f2be40ca86b5dde67efc82b32654613931d031d53c8122a800e 2eb5&scene ＝ 27，最后访问日期：2023 年 10 月 10 日。

有导师，让成功的创业者为正在创业的年轻人提供"传帮带"指导；出资设立种子期基金（NYC Seed Fund）和合作基金（Partnership for NYC），投资软件、网络、金融、生命科学等领域处于种子期或扩张期的技术公司；推出纽约市技术人才计划（NYC Tech Talent Pipeline），出资 1000 万美元资助技能培训。

（二）东京："数字新政"

1. 建设背景

（1）国家信息化战略的发展和变革

日本关于数字经济的顶层设计起步较早，可追溯到 1995 年《面向 21 世纪的日本经济结构改革思路》关于重点发展通信、信息等相关资本技术产业的安排。自 2000 年以来，日本数字经济政策经历了三个阶段：第一个阶段是 2000～2012 年，注重数字信息技术在经济社会中的应用，先后推出"e-Japan"（2001）、"u-Japan"（2004）、"i-Japan"（2009）战略计划；第二个阶段是 2013～2015 年，强调以机器人革命为突破口，带动产业结构变革，相继出台《日本振兴战略》《推进成长战略的方针》；第三个阶段是 2016 年至今，致力于"超智能社会 5.0"计划，利用人工智能、物联网、大数据等推动社会向数字化、智能化转型，先后发布《科学技术创新综合战略 2016》《日本制造业白皮书》等战略计划。

其中，第一阶段推出的"e-Japan"（2001）、"u-Japan"（2004）、"i-Japan"（2009）战略计划奠定了日本数字信息技术发展应用的基础，起到了至关重要的作用。2001 年 1 月 22 日，日本内阁所属的 IT 战略总部发布"e-Japan"战略，该战略的核心目标是促进信息化基础设施建设以及相关技术的研发，为信息化的发展打下坚实的物质基础，其中明确提出通过四大举措，使日本在五年内成为世界上最先进的信息化国家：其一，建立超高速互联网，提供最先进的数据服务和互联网接入；其二，制定电子商务发展政策；其三，实现电子政务；其四，为新时代培育高素质 IT 人才。随后，日本政府在"e-Japan"战略的基础上推出了"e-Japan"2022 年工程计划，期望在 2022 年建成全国各级政府网络的基本构架。2003 年 7 月，日本开始实施"e-Japan"第二阶段战略，打造泛在网络新一代基础设施，使医疗服务、食品、日常生活、中小企业财务、咨询、就业和劳务服务等得到改善。

尽管"e-Japan"战略的实施使日本宽带普及率迅速提高，但宽带的实际使用率却不尽如人意：DSL、CableModem 和 FTTH 的实际使用量分别只占设施能力的 30%、11% 和 5%。面对这一状况，2004 年 3 月，日本政府召开了"实现泛在网络社会政策"座谈会。同年 5 月，"u-Japan"战略正式诞生。该战略提出要创造新商业及提供新服务，如开发区域资讯平台，强化"电子政府"服务等，通过应用的普及和多元化，建立起促进用户使用网络的软条件。同时还针对不同群体制定了不同的解决方案，例如针对老人和残疾人，"u-Japan"战略支持开发更便捷的人机交互界面、提供 ICT 知识培训等；针对那些对网络安全性持强烈怀疑态度的人，"u-Japan"战略扶持保障医疗、教育等领域信息化应用安全的技术和产品的研发。通过这些策略，"u-Japan"战略计划构建一个适合公众、吸引公众上网的大环境，让网络资源得到充分利用。

2009 年，日本政府指出，日本的通信基础设施已在世界领先，然而各公共部门利用信息技术的进程却十分缓慢。为了解决这一问题，日本政府补拨了 1 万亿日元预算用于信息技术的发展，并推出了助力公共部门信息化应用的"i-Japan"战略，着眼于深层次、全面地利用和发展全国的信息技术。"i-Japan"战略将执行目标聚焦在三大公共部门——政府、医院和学校。"i-Japan"战略针对政府部门的执行策略有许多特别之处，其中之一就是设立首席信息官一职，赋予其必要的权限，并为其配备相关辅佐专家。此外，"i-Japan"战略还提出要广泛普及并落实"国民电子个人信箱"，为国民提供专用账号，让国民能够放心获取并管理年金记录等与个人相关的各类行政信息，同时，国民可经由各种渠道轻松享受一站式行政服务，并可参与电子政务。而在医院和学校这两大公共部门，"i-Japan"战略将推动电子病历、远程医疗、远程教育等应用的发展。三大公共部门中，这些应用的发展将会产生辐射效应，不仅可以带动其他领域的信息化应用，还可以形成新的市场。

总体而言，"e-Japan"战略对日本网络基础设施的完善，从广度和深度上进一步激发出针对个人和行业的新型应用，物与物、人与物之间的通信需求也成为一个增长点，它直接引导 NTTdocomo 等运营商实现从通信服务向综合信息服务的转型，由此拉长了 ICT 产业链。"u-Japan"战略在此背景下应运而生，为了保证服务可靠，运营商积极建设下一代网络，如 NTTdocomo 便于 2008 年 3 月开通了基于全 IP 的下一代网络，主要面向个人客户提供高速宽带视频服务，以及针对企业用户开展安全的 SaaS 业务。在"u-Japan"计划高歌猛进之时，日本政府并未停歇，提出"i-Japan"战略，进一步瞄准深度信息化需求，建设更加高速、智能、安全、融合的新一代网络基础设施。从"e-Japan"到"u-Japan"再到"i-Japan"，日本的信息化建设实现了"三级跳"。

（2）制度保障

近年来，从建设"城市大脑""智慧城市"，到推动城市"数字化转型"，再到近来热议的"数字孪生城市"，数字化已全面融合渗透到城市经济社会生活的各个领域，成为摆在各国城市治理者面前的重要课题。在此背景下，东京政府积极推进城市数字化转型，通过制定发展规划和实施战略，为城市数字化转型和数字经济发展提供切实的制度保障。

2017 年 9 月，东京制定了最新一版城市总体规划，题为《都市营造的宏伟设计——东京 2040》（简称"东京 2040"）。序言指出面对 2040 年东京日趋严峻的少子化、高龄化、人口减少等问题，应当立足对长远期发展的思考，把握技术革新和全球化趋势为城市发展带来的机遇，推进"新东京"实现 3 个愿景："安全城市""多彩城市""智慧城市"，要提供任何人都可以健康生活的场所，创建任何人都可以发挥能力、都可以很活跃的优秀城市。该规划以东京都为规划范围，在整合相关政策、规划的基础上，重点着眼于适应未来社会经济发展的城市形态和战略举措，阐述了 2040 年东京发展的情景预测、城市职能定位、空间格局、重点战略、分区域建设指引和规划实施保障等内容。

在此基础上，东京于 2020 年 2 月制定了《"智慧东京"实施战略》，面向 2040 年智慧东京的未来愿景提出了城市数字化转型的路径与举措。"智慧东京"实施战略的总体目标是：通过数字化服务提高东京市民的生活质量，实现安全、多彩、智慧三大城市建设目标。为实现该目标，进一步提出"互联东京""城市数字化""都厅数字化"三大任务，每个重点任务都明确了场景目标和具体举措。其中，"互联东京"主要是推进 5G 技术的试点和信息基础设施建设，更加强调"数据"的重要作用，提出基于自然气象数据、基础设施数据、生活和经济数据，打造"开放式大数据平台和 AI 应用"（东京数据高速公路），支撑第二大任务中各类场景的实现以及东京奥运会的 5G 与 WiFi 环境建设。"城市数字化"在具体内容上提出了安全城市、多彩城市、智慧城市三大应用场景。其中，安全城市围绕提升灾害应对处置能力、城市基建维护管理能力、建设安全驾驶环境等方面提出了技术研发实施路径。多彩城市围绕新兴技术在医疗现场的应用、智慧校园建设、无障碍设施建设等具体场景，提出了技术解决方案与实现方式。智慧城市重点选定了 5 个各具特色的"智慧东京先行区"，实施政府主导的新一代通信技术，使其融入政务、大学、商办、文化娱乐、自然资源等不同服务领域的社会化应用场景，探索构建公私合作的区域数据平台，并研究城市 3D 数字地图的可行性；同时，在中小企业工厂、农业生产、大型批发市场等场景中实施智能化示范项目，围绕交通工具、无现金消费、新型医疗及防疫、电力交易平台等开展基于数据的概念验证。"都厅数字化"聚焦政府自身的数字化，围绕如何破解政府治理能力低下的问题，东京通过打造未来办公空间、改造内部管理事务流程、推行一站式在线手续办理等举措，推动行政服务数字化转型，主要包括 7 个核心项目，即未来办公空间营造（数字环境新型工作方式）、"5 个 less"项目、一站式在线手续办理、政府数据开放、初创企业与公民科技协同项目、内部管理事务流程改造以及数字化能力提升等。

2. 建设路径与成效

（1）硬件投资与软环境建设"软硬兼施"

数字经济发展需要软硬兼备。硬环境是数字经济发展的必备基础，主要包括通信网络、人工智能、物联网、工业互联网等数字化基础设施。软环境是数字经济发展的重要保障，主要包括有利于促进和保护数字创新创业的社会人文环境和政策法规体系，如知识产权保护、标准化推进、ICT 领域人才培养等。

硬环境上，通过打造"互联东京"，布局"后 5G"信息通信基础设施，加强学校范围内网络和终端设备建设，在中小企业引入 IT 工具，为日本经济社会进一步互联互通奠定基础。2019 年，东京启动了"东京数据高速公路"计划，该计划旨在为整个东京市开发 5G，以期建立强大的移动网络。按照计划，东京市中心首先被选定为 5G 部署优先区域，然后逐渐扩展到郊区；东京市政府将组建专门的 5G 区域开发团队；在东京政府大楼、道路、公共汽车站、大都市公园及大学等地点部署基站；协调四家基础运营商的 5G 部署，支持共建共享 5G 基础设施。另外，东京还将引入"智能公交车站"、远程医疗、ICT 教育等项目。在 2020 年的东京奥运会上，东京网络基础设施的完善对奥运会的线上转播起到了重要作用。通过应用 OBSCloud，转播方工作人员不必亲赴奥运会现场，就可以远程完成转播和编辑工作，全球观众也首次以"云"的方式观看东京奥运会。

软环境上，一方面，政府在年度补充预算中增列"数字新政"专题预算，释放了大力发展数字经济的强力信号，有利于提高民众对数字经济的认知水平，引导社会资本进入，这本身也是一种软环境建设的体现；另一方面，"数字新政"为量子密码、人工智能、自然语言处理等的标准化活动提供资金支持，设立专门的年轻研究人员支持基金，有利于为数字经济发展提供标准和人才储备。此外，在知识产权保护方面，日本于 2003 年开始实施"知识产权立国战略"，通过建立知识创新激励机制、构建大学研究成果转让机制、促使企业不断提高研究开发层次、摸索知识产权创造的产官学合作新模式等措施，促进知识产权创新，提升国民的整体创新能力。日本知识产权战略总部发布了《知识产权推进计划 2021（方案）》，提出未来日本要实现以"绿色""数字"为主轴的、面向社会的创新创造，并在国际竞争中占据优势。在标准化推进方面，日本制定数据开放标准，促进数据开放和代码开源，实现开放、共享、协同、生态，并且鼓励企业、个体、单位积极融入国际开源社区。在人才培养方面，为保障 ICT 领域人才供给，扩大公私人事交流法的适用范围，在东京都政府内部设立"智慧东京"建设专业顾问，公布实施《东京都 ICT 战略》，扩大信息通信技术（ICT）人才的培养力度，雇用专门负责推进数字化转型且设有特定任期的课长。同时，组成多个由行政公务员、ICT 技术公务员和专业顾问组成的小分队，负责具体项目的管理和推进。

（2）产业数字化与数字产业化"两化"融合

产业数字化与数字产业化是数字经济的两个重要组成部分。产业数字化主要指现代信息技术在传统产业部门的应用，具体包括数字化投入对传统农业、工业、服务业转型升级的贡献，有助于提升传统产业部门的生产数量和生产效率，催生新业态、新模式。数字产业化主要指将信息和知识转化为生产要素，以现代信息技术为加工手段，推动产生规模效应，从而形成产业化的过程。其对应的产业部门主要涉及信息技术创新、信息产品和服务的生产与供给，如电子信息制造业、通信业、软件和信息技术服务业等。

日本"数字新政"着眼于产业数字化与数字产业化相结合，共同推动数字经济发展。一方面，利用新一代信息技术实现农、林、牧、渔、制造业等传统产业和医疗、健康等新兴产业的数字化、智能化改造，如农林水产省为智慧农业技术开发与示范项目提供共计72亿日元的资金支持；另一方面，强化信息基础设施支撑，培育壮大人工智能、机器人等核心引领产业，超前布局人工智能芯片、量子计算等前沿新兴产业，推动数字产业形成与发展，如文部科学省为人工智能、量子计算等发展提供的资金支持，经济产业省为"后5G"开发设置的专项资金。

此外，日本"数字新政"不断促进"城市数字化"，实现数字技术全面赋能。围绕如何破解数字技术应用不广泛的问题，东京瞄准"安全城市""多彩城市""智慧城市"建设的核心需求，大力推进数字孪生技术发展，并采用"典型场景＋试点项目"模式，"以点带面"实现数字技术在公共设施和市民服务中的全面应用。"安全城市"是从数字化角度，围绕城市灾害应急处理、城市基础设施维护管理、城市安全驾驶环境建设等方面制定城市发展战略和详细的行动计划，并借助数据管理平台和大数据实时信息，加强对城市运行态势的监控、灾害预警和应急管理。"多彩城市"则围绕新兴技术在医疗现场的应用、智慧校园的建设、无障碍设施建设等具体场景，提出技术解决方案与实现方式。"智慧城市"重点选定了5个各具特色的"智慧东京先行区"，基于新一代通信技术，在融入政务、大学、商办、文化娱乐、自然资源等不同服务领域的社会化应用场景中，探索构建公私合作的区域数据平台，并研究城市3D数字地图的可行性；

同时，在中小企业工厂、农业生产、大型批发市场等场景中实施智能化示范项目，围绕交通工具、无现金消费、新型医疗及防疫、电力交易平台等开展基于数据的概念验证。

（3）数字技术领域各类研发投入并重

数字技术的迅速发展与快速迭代为其与经济社会各领域不断融合、推动经济增长和社会变革提供了重要支撑。而这离不开对数字技术创新链各环节的投入，涵盖基础研究、应用研究、试验开发和产业化应用。基础研究的公共品属性、共性技术应用研究的非排他性和外部性导致社会资金投入不足，属于需要政府补位的市场失灵领域。而在市场主体可以充分发挥作用的试验开发、产业化环节，政府的作用侧重于为科研成果转移转化搭建平台、创造环境，为初创企业提供风险投资等。

日本"数字新政"注重为数字技术研发和产业化尤其是基础研究、初创企业等创新链上的市场失灵环节提供资金支持。各部门分工各有侧重，文部科学省侧重于支持战略性基础研究，但也搭建平台促进产学联合研究，为科技成果转化提供风险投资。经济产业省侧重于技术开发和产业化应用，为科技初创企业提供资金支持。

（三）伦敦："智慧伦敦计划"

1. 伦敦城市数字化转型的建设背景

（1）大力推动数字转型战略

英国是第一次工业革命的发源地，享有"现代工业的摇篮"、"世界工厂"和"日不落帝国"之美誉，是19世纪最强大的国家，有着辉煌的历史和成就。第二次工业革命之后，英国被美国、德国等国家反超。数字革命浪潮来临，英国紧抓机遇，积极打造"世界数字之都"，再次走在了世界前列。时至今日，英国是欧洲数字经济的领头羊，是欧洲的"数字之都"。英国数字经济发展取得的成绩与英国政府大力推进数字转型战略不无关系。

在2009年国际金融危机爆发后和2017年脱欧未决之际，英国分别发布《数字英国》和《英国数字战略》（UK Digital Strategy）两大国家战略，把数字化作为应对不确定性、重塑国家竞争力的重要举措。内阁办公室、商业创新和技能部（BIS）、数字文化传媒和体育部（DCMS）、教育部（DfE）、国际发展部（DFID）等部门纷纷推出相关战略，共同构成了英国的数字战略体系，充分体现了英国借数字革命重振雄风的抱负。

2009 年，为了打造世界"数字之都"，英国政府启动《数字英国》战略，希望通过改善基础设施、推广全民数字应用、提供更好的数字保护，促进经济的长期稳定发展。其中设定了五大目标：①实现数字网络现代化，升级包括有线网、无线网、宽带网在内的数字网络，使英国拥有能保持其在全球数字通信领域竞争力的基础设施；②打造良好的数字文化创意产业环境，为英国的数字内容、应用和服务打造充满活力的投资环境，使英国的数字经济能够广泛地吸引国内外的投资；③鼓励从英国民众角度提供数字内容，针对英国全体公民的兴趣、体验和需求确定内容的质量和规模，特别是提供公正的新闻、评论和分析；④确保所有人公平接入，通过打造泛在网（无所不在的网络）和培养公民的数字素养，使绝大多数英国公民参与到数字经济和数字社会当中；⑤完善政府电子政务建设，开发基础设施、技能，使政府能够广泛地提供在线公共服务和商务界面。

为建设世界一流的数字化基础设施，提升所有公民的数字化技能，发展数字化业务，帮助英国企业数字化转型，构建安全的网络空间，实施数字化治理，培育数据经济。2017 年 3 月，英国政府发布《英国数字战略》，对打造世界领先的数字经济和全面推进数字化转型做出全面而周密的部署，期望 2025 年数字化部门的经济价值能达到 2000 亿英镑。[①] 该战略主要包括七大方面战略任务（具体见表 4 - 2），明确途径以帮助英国在启动并推进数字化业务、试用新型技术或者实施先进技术研究方面占据优势地位，并将此作为政府计划的一部分以推动英国建设成为一个现代化、具备动态的全球性贸易大国。在脱欧未决之际，英国推动数字战略再升级，体现了英国政府对数字革命的巨大期待和决心。

---

① 《英国正式出台〈英国数字化战略〉》，https://www.sohu.com/a/132992212_500643，最后访问日期：2023 年 10 月 10 日。

表 4 – 2　2017 年《英国数字战略》七大战略任务

战略任务	重点内容
连接战略	致力于打造世界级的数字基础设施，将宽带接入变成一项公民权利，加快推进网络全覆盖和全光纤、5G 建设
数字技能与包容性战略	大力推进全民数字素养和数字技能培训，为每个人提供所需的数字技能，为数字经济发展培育数字技能人才，弥补数字技能鸿沟
数字经济战略	投入资金和政策，支持创新和数字创业，紧跟技术变革步伐，建立技术友好型的监管制度，促进数字经济增长和创新发展
数字转型战略	通过多种形式帮助、支持企业实现数字转型，提高生产效率
网络空间战略	增强网络安全能力，投资和鼓励网络安全行业及人才培养输出，关注儿童网络安全
数字政府战略	深入推进政府数字转型，打造平台型政府，更好地为民众提供公共服务
数据经济战略	多种举措释放数据在英国经济中的潜力，同时加强数据保护和数据开放共享

2022 年 6 月，英国政府发布新版《数字战略》，旨在通过数字化转型建立更具包容性、竞争力和创新性的数字经济，使英国成为世界上开展和发展数字创新的最佳地点，提升英国在数字标准治理领域的全球领导地位。《数字战略》明确了六大支柱，分别为：数字基础、创意和知识产权、数字技能和人才、资金、提升数字化水平、提高英国国际地位。亮点举措包括：构建灵活、敏捷并具前瞻性的数字监管系统；将安全置于数字经济的核心，确保敏感技术领域安全；完善科技行业移民和签证政策，吸引全球顶尖科技人才；推动上市监管改革，吸引科技独角兽在英上市；扩大国际参与，确保互联网保持开放、可互操作、可靠和安全，塑造国际数据治理新格局。同年 7 月，英国科技和数字经济部对 6 月发布的《数字战略》进行了更新，新增加了"数字雇主的签证路线"。

此外，作为数字战略的核心，数字经济备受重视。英国在 2013 年和 2015 年分别发布了《信息经济战略》和《数字经济战略（2015 – 2018 年）》，承上启下，把英国塑造成欧洲数字经济的领头羊。2013 年 6 月，英国政府发布《信息经济战略》(*Information Economy Strategy*)，进一步提出繁荣信息经济、增强国家竞争力的愿景，对政府、企业、个体三方都提出了发展目标。该战略从技术创新、集群发展、市场产业链、公众需求、人才教育以及其他专项建设等多个方面入手，明确了英国信息经济近年的发展方向。2015 年 2 月，英国技术战略委员会"创新英国"发布《数字经济战略（2015 – 2018 年)》，旨在通过数字化创新来驱动社会经济发展，促进企业采用信息通信技术进行创新，实现在创新技术背景下的跨行业合作，建立起新型供应链及商业模式，力图把英国建设成为数字化强国。该战略明确了五大目标：鼓励企业进行数字化创新，建立以用户为中心的数字化社会，为数字化创新者提供帮助，促进基础设施、平台和生态系统的发展，确保数字经济创新发展的可持续性。

（2）大规模推进智能城市计划

伦敦在 2013 年 3 月推出第一个智慧城市规划《智慧伦敦规划——使用新技术的创造力去服务伦敦和改善伦敦人的生活》（以下简称《智慧伦敦规划》），2016 年 3 月对该规划进行了评估和更新，2018 年 6 月发布了第二个智慧城市规划《共建智慧城市——让伦敦向世界最智慧城市转型的市长路线图》（以下简称《共建智慧城市》）。

《智慧伦敦规划》开宗明义，伦敦智慧城市建设的目标是"通过数字技术的应用，促进系统的整合，加强系统之间的联系，使伦敦作为一个整体运作更高效，为居民和游客提供更好的服务"，并明确提出了七条实施路径，即：以市民为核心；开放数据；充分利用伦敦的研究、技术和创新人才；通过网络优化伦敦创新生态系统；让伦敦在适应中成长；市政府更好地服务伦敦市民；为所有人提供一个更智慧的伦敦。《共建智慧城市》进一步将伦敦智慧城市建设的任务聚焦于五个方面：更加突出用户设计的服务、充分利用城市数据、世界级连接和更智慧的街道、加强数字领导力和技能、加强世界范围的联系。对比可知，2018 年与 2013 年的伦敦智慧城市规划保持了高度一致，都强调用户导向、重视数据资源和数字技术、加强信息化基础设施建设、突出提高伦敦人的数字技术能力。

在交通领域，伦敦创建了专门为市民服务的城市交通运输平台，用户可以通过该平台租用自行车、乘坐缆车、支付交通费用等。除便利基本通勤的数字化支持外，伦敦市交通局还利用对城市各种道路规划、交通工具数据的掌握与分析，满足每一个市民的特定出行需求，为其定制私人出行行程路线与方案。不仅如此，伦敦还启用了"Oyster"非接触式借记卡，80% 的公共交通服务费都可以用该卡支付。传感器技术在智慧交通建设中得到了广泛应用。例如，乘客随时可以在安装传感器的站台显示牌上了解车辆抵达时间和终点站；站台通过传感器可以将等候的乘客数发送给控制中心，方便调度人员控制车次和发车时间间隔；交警通过安装传感器的移动端迅速获取违法车辆的车速、违反条款以及罚款数目等信息，提高基层交警处理违反交通规则事件的效率；伦敦政府还推出了电动汽车无线充电试用计划，采用无线感应式电力传输技术，增强智能电动汽车体验和普及应用。

与此同时，伦敦数据仓库是全球最早建立的开放、公开和综合数据平台之一。2010 年 1 月，伦敦数据仓库问世，彼时数据库可免费提供伦敦的大量数据，主要用于电子政务，以提高政府透明度。2014 年数据库纳入了更多的数据集，同时整合了伦敦的传感器网络。2018 年数据库不断升级，已经涵盖文化、经济、社区安全、就业、教育等多个领域，能够提供更加丰富的公共服务。

此外，"共创"是智慧伦敦的重要特征，以"Your city，Your say"为口号的 Talk London 平台即伦敦市民参与智慧伦敦建设的重要界面。Talk London 是一个在线社区，目前已经吸引了五万余名伦敦人的加入，就住房、环境、交通、安全、工作等相关话题展开讨论，智慧伦敦团队通过收集公众意见，帮助和指导伦敦城市发展的未来规划与决策。智慧城市的"共创"实质是在强调领导力的前提下，协调不同利益主体的资源分配与参与积极性，是领导力与参与感的综合设计。

（3）数字化改革立法同步进行

英国在加快鼓励数字经济发展的同时，也十分注重通过立法来保障发展成果和公众的权益，早在 1998 年就颁布了《数据保护法令 1998》。为落实《数字英国》战略，英国开启了数字经济立法。

根据《数字英国》中的建议，英国政府提交了《数字经济法草案》。历经数月讨论，2010 年 4 月英国议会通过《2010 数字经济法》。该法案共48 条、11 个主题，主要内容包括：通信办公室的职能、关于网络著作权侵权的规则、侵犯著作权和表演者权的处罚规则、域名注册规则、第四频道电视公司的职能、广播电视管理规则、对 1984 年视频录制法案的修改、关于电子出版物公共借阅版税权的规则等。《2010 数字经济法》补充了英国原有的《通信法》《著作权法》等内容，开启了全球数字经济立法的潮流。

2017年4月，《2017数字经济法》获得批准，取代《2010数字经济法》。新法主要内容有：确定了网络服务商应该为消费者提供宽带的义务；保护儿童免受网络色情影响；打击盗版侵权行为；确定电子书纳入公共借阅法案的侵权等。该法案针对发展数字经济中如何构建法律框架并明确监督机构职能等问题进行了规定，弥补了相关领域的法律空白，有利于减少数字经济发展的不确定性。

2. 伦敦城市数字化转型等建设路径与成效

（1）基础设施数字化，汇聚城市数字化发展新资源

在基础设施方面，伦敦一直在加快推进升级包括有线网、无线网、宽带网在内的数字网络建设，着力将伦敦打造成欧洲网络最畅通的城市。同时，市民可以通过地铁站、博物馆、艺术中心等公共场所享受WiFi服务，以及一些基于位置的便利信息及网上服务。此外，伦敦实施了虚拟伦敦项目，该项目采用GIS、CAD和3D虚拟技术建立起了城市地理信息系统，对伦敦西区45000座建筑进行模拟，其成果覆盖近20平方公里的城区范围，应用于景观设计、交通控制、环境、污染控制等领域。基础设施的数字化，汇聚了城市数字化发展的新资源，为城市数字化转型和数字经济发展奠定了基础。

（2）重视数据战略资源地位，释放城市数字化发展新价值

释放城市数字化发展新价值的核心，是确保政府部门和企业能够以创新和有效的方式使用数据。因此，伦敦致力于为数据可访问和可使用创造适宜的环境，促进各类组织成长。

首先，夯实可信、可用、安全、稳定的数据基础。只有当数据被以标准化的格式保存于安全可靠的现代信息系统中，并且这些数据可查找、可访问、可互操作、可重复使用，数据的真实价值才得以充分实现。为了建立高质量的数据基础，伦敦主要采取了三项措施：第一，制定政府数据质量标准和技术流程，确保采用一致的数据标准；第二，建设政府综合数据平台，提供数据标准、工具和方法，为政府数据的安全存储和大范围汇聚提供可靠的数据基础设施，并帮助决策者使用实时数据和分析工具进行政

策制定和提供优质公共服务；第三，建立跨部门数据治理机制，并通过示范项目促进部门之间的相互学习。

2019 年，伦敦成立的"伦敦科技创新办公室"（The London Office of Technology and Innovation）专门负责帮助伦敦各自治市通力合作，通过数字化改善公共服务。伦敦科技创新办公室首先针对各自治市在与市民公共服务相关事务上开发信息化的硬件、软件系统等进行了数据统计，其中，相关硬件有 423 家供货商，软件系统有 809 个、软件供货商有 457 个，系统使用率 36.77%，供应商使用率 20.77%。可以看出，各自治市的软硬件差异较大，其中必然也有重复开发的情况，一定程度上造成了政府财政浪费。在掌握上述数据的情况下，伦敦科技创新办公室才能协调各自治市中优质、成熟的已有硬软件资源，将其利用率最大化，赋能更多地区的市民公共服务。

其次，确保数据可用性。数据资源要发挥作用，就必须在适当的条件下可访问、可移动和可重复使用。这意味着公共部门、私营部门和第三方组织之间要更好地协调、获取和共享适当质量的数据，并确保为数据的国际流动提供适当的保护。伦敦着重从四个方面提高数据可用性：第一，经济和社会数据的可用性。推动智能数据开放计划，让消费者和中小企业方便、安全地与经授权的第三方共享公司共同持有关于他们的数据，以减少商业摩擦，降低初创企业的成本，创造就业机会。第二，保障数字市场有效运作。大规模收集和存储数据成本很高，只有实力雄厚的大企业能够做到。这种状况会导致数据垄断，抬高市场进入的门槛，影响市场公平竞争。因此，伦敦积极采取措施促进数据共享。第三，开放数据。伦敦市政府对所有部门的公共数据都采取了"默认开放"的政策，充分释放公共数据的价值。第四，促进公共部门和私人组织之间的数据共享。有些数据可以对公众开放，但有些数据因为隐私、国家安全或商业竞争等原因，无法直接向公众开放。在这种情况下，伦敦政府尝试通过向私营企业开放政府数据来解决城市的公共利益问题。

最后，提高每个人的数据技能。要充分利用数据，市民和组织必须具备足够的数据技能，包括掌握编程、数据可视化、数据分析和数据库管理等技术，以及解决问题、项目管理和沟通等能力。伦敦主要从两个方面提高市民和组织的数据技能：第一，发展劳动力数字化能力。伦敦政府从基础教育、大学和职业教育三个方面增加数据技能的教育和培训，提高市民的基本数据素养，培养高水平的数据人才。大伦敦委员会推出许多针对学龄儿童和年轻人的数字技能学习计划。例如，对小学教师进行编程培训，举办"代码伦敦"小学生编程挑战赛等。针对 16～24 岁的年轻人，伦敦市长设置了数字人才计划，帮助青年人在数字产业就业。第二，提高公共服务的数字领导力。伦敦大力提高公共部门领导和工作人员的数据技能，在政府和公共部门中推动和完善数据文化。此外，伦敦市长与互联网公司 DOT EVERYONE 计划合作在市政厅开展数字领导力计划，为公共部门领导人提供培训，以帮助各级公共服务部门跟上数字化变革的速度。

（3）典型案例："硅环"地区打造东伦敦科技城

东伦敦科技城位于伦敦东区，自 2010 年成立以来，已经有超过 1600 多家企业入驻，成为继硅谷之后的又一世界一流科创中心。20 世纪 90 年代至 2013 年为东伦敦科技城的初创阶段。这一时期，借助伦敦打造创意城市，以及举办奥运会的机遇，东伦敦逐渐成为创意聚集区。2007 年前后，东伦敦因房价低廉、生活配套设施齐全、艺术氛围浓厚，以及临近金融城的位置优势，吸引了多普勒旅游社交网站（Dopplr）、红猴子软件行业分析公司（Redmonk）、AMEE 智能电网公司等一些新兴互联网公司在此扎根，它们高密度集聚在"硅环岛"高科技产业园内。2010 年 11 月，英国政府颁布了一项支持"迷你硅谷"发展的计划，将包括奥林匹克公园在内的东伦敦建造成高科技产业中心，命名为"东敦伦科技城"，投资 4 亿英镑支持科技城的发展，并制定优惠政策，为高科技企业提供孵化区，致力打造以硅环岛为核心的东伦敦科技城。思科、英特尔、亚马逊、Twitter、高通、脸书、谷歌等大型公司开始进驻，巴克莱银行等金融机构也再次开展针对创业企业的特殊融资服务。仅 2011 年，就有 200 多家科技企业将总部设于东伦敦科技城。2013 年以后，英国政府接连出台了一系列税收优惠政策，支持东伦敦科技城发展。东伦敦科技城也整合了伦敦市的各类资源，搭建科技城高科技产业发展生态圈，支撑高科技产业发展。截至 2019 年，东伦敦科技城共有 1600 多家企业入驻，成为欧洲成长最快的科技枢纽、全球高科技和创意新聚落。

东伦敦科技城在发展初期外部环境整体低迷、内部创新资源缺乏，其利用城市更新的重要契机，发挥地理交通优势，无缝对接欧洲人才与市场，共享大伦敦资源与配套设施，成功推动城市转型。其经验和做法主要有以下几方面。

第一，在政府主导下搭建产学研合作关系网络。英国政府为打造东伦敦科技城，不断加大财政政策和税收政策支持力度，为不同发展阶段的科创企业提供资助，同时鼓励大学为企业提供智力支持，逐步构建起了世界一流的科创生态系统。政府为科技城企业提供了各类税收减免服务，为获得专利的企业降低10%的所得税；将东伦敦收购和新建建筑的一部分空间用作科技企业孵化区，已提供100多处共享办公场地，创建了60多家科技企业加速器。① 企业与大学之间紧密合作，东伦敦科技城与周边的高校（伦敦大学学院、伦敦帝国理工学院等）建立了科研合作关系，这些院校定期为科技城的高科技企业提供研发咨询、商务咨询等服务。企业与企业之间互帮互助，谷歌、数据存储服务商ODI，以及巴克莱银行等共同搭建了创新服务平台，为初创企业提供孵化器、无线网、宽带、公有云等服务。

第二，有效利用市场资源。借助地缘优势，接触欧洲市场。在伦敦的科创企业可以快速将产品或服务推向整个欧洲大陆，同时利用伦敦国际大都市的便利，近距离接触庞大的应用市场。借助文化地理环境，面向国际市场。利用英语环境和位于世界中心的时区，伦敦的地理位置便利了企业在世界范围内的商务交流。伦敦科技转型一开始就瞄准国际市场，通过人才和市场定位的国际化，结合伦敦作为世界国际大都市的地位，更好发挥城市国际化人才资源集聚和国际化人才溢出的优势，将伦敦科技创新推向全世界。借助国际金融市场资源，吸引创业企业落地发展。东伦敦科技城利用伦敦国际金融中心的资源和市场规模效应，为创业企业提供丰富的资金和融资工具，为科技创新发展提供重要保障。从风险投资角度看，伦敦是欧洲最大的风险投资集聚地。

第三，传统行业与科技融合创新。传统行业为科技创新提供强力支撑，新兴科技产品和服务与传统行业相结合，形成特色创新产业。伦敦作

---

① 《从硅谷到伦敦东区：如何打造创新风向标》，https://m.gmw.cn/baijia/2022-04/14/3565
7644.html，最后访问日期：2023年10月10日。

为国际金融中心，拥有一个触手可及的庞大市场和众多金融机构，通过东伦敦科技城的复兴吸引众多初创企业将总部设立在伦敦，推动金融科技（Fintech）发展。在金融业基础上叠加科技创新，产生颠覆性的创新产品和项目，如信用贷款（Funding Circle）、转账换汇（Azimo）、移动支付（PowaTechnologies）等金融科技各方向都在快速衍生，甚至有成熟的独角兽企业（Transferwise 等）。同时，伦敦时尚行业的市场规模和时尚文化所奠定的市场需求也为时尚电子商务的发展提供了温床，ASOS、FarFetch 都已是目前市值过百万美元、业务全球化的伦敦科创企业。除了与传统优势产业的融合发展，伦敦科技产业在个别领域独树一帜。东伦敦科技城利用本地名牌高校云集的优势，人工智能领域发展突出，如 2014 年 Google 收购的 Deepmind 和 2016 年 Microsoft 收购的 Swiftkey，这些创业企业都是伦敦人工智能行业里的佼佼者。这与伦敦帝国理工、伦敦大学、剑桥、牛津在应用数学、计算机科学和机器学习领域的创新研究关联紧密。在可穿戴技术、无人驾驶技术甚至金融科技领域的突破，都让人们对伦敦科技创新发展多了一份希冀和期望。

第四，提升基础设施水平。2010 年，伦敦市政府投入 4 亿英镑发展东伦敦科技城。其中，政府投资 5000 万英镑建造欧洲最大的民用设施中心，为新兴科技公司提供礼堂、会议厅、实验室以及工作空间。随着越来越多的企业聚集于此，东区逐渐成为伦敦新的经济中心和最具活力的初创企业社区。完善轨道交通建设，连接市区与机场。通过轨道交通建设，从科技城核心区硅环岛能够快速抵达伦敦金融城等重要区域，也能抵达金丝雀码头与其他市中心重要区域。伦敦市政重金规划的纵贯伦敦的大型城铁 Crossrail 1 和 Crossrail 2 都从"硅环岛"附近穿过，2018 年跨城高铁运行，在皇家码头、金丝雀码头以及奥林匹克公园分别设有车站，为广大上班族的出行带来更多便利。同时，东伦敦毗邻伦敦最繁忙的火车站之一——利物浦火车站，提供覆盖东英格兰地区的通勤列车服务，还设有去往斯坦斯特德国际机场的机场快线。

第五，吸引国际人才队伍。东伦敦科技城在人才集聚方面更加突出国际化。一方面得益于欧盟人才自由流通政策，伦敦汇聚了大量来自欧洲各个国家的高科技人才；另一方面，英国政府在鼓励创业的同时也给出了不少签证政策上的扶助，如欢迎科技人才来英国就业的杰出人才移民签证（Exceptional Talent Visa），使伦敦外来人才移民手续受理的时间要比欧洲其他地区平均短 20%。英国政府还颁布企业家签证吸引创业人才。伦敦科技创业企业的从业人员多达 150 万，从产品的技术开发到商业运营，外籍雇员比例高达 53%。受金融危机和欧债危机影响，希腊、意大利、西班牙、葡萄牙等国的科技人才选择到经济发展状况更好的英国、德国和法国等国家就业，导致欧洲内部的科技人才流动。而在伦敦本地国际知名高校培育的科技人才和国外科技人才流入的双重影响下，伦敦成为科技创新创业人才的巨大蓄水池，科技创新企业在这里更容易找到符合公司要求的员工。

第六，成立独立运作组织。东伦敦科技城设有科技城工作组织。在 2010 年东部硅谷设想提出的同时，英国前首相卡梅伦也在东伦敦肖尔迪奇地区同期成立了支持科创产业的政府外组织"科技城"（Tech City UK），为以伦敦为首的相关英国城市里的科技创业者和企业创造有利的辅助条件。科技城工作重心在项目和政策两个方面：一方面启动与科创企业相关的项目方案，如 Future Fifty（旨在从政策、平台、资金等方面支持入选英国 B 轮以上发展最快的 50 家科创企业的项目），Digital Business Academy（与高校联合为毕业生提供免费在线的创业培训课程的项目）以及 Tech Nation（英国科技产业研究项目）；另一方面通过政策推动研发税收优惠系统（R&D Tax Credit），这也是 Google 等科技巨头纷纷将研究项目搬来伦敦的重要诱因。

第七，培育独特创新环境。东伦敦科技城创业圈子推动创新生态成熟。科技创新创业生态，除了指解决办公空间和培育创业企业的联合办公和孵化器，更为重要的是当地创新环境的营造和培育。随着创业文化的兴起，以老街为中心的"硅环路"逐渐成为伦敦科技创业的起点，从老街到斯特拉福（Stratford）的东伦敦地区，遍布共享工作空间、孵化器、加速器和高频次的创业论坛、活动聚会。丰富的创业活动为伦敦的创业者们提供了充沛的交流和社交空间。创业者在聚会中找到合伙人，投资者也在此场合下发现投资项目，它为创投业的参与者们提供了一个开放地进行信息交流和人脉搭建的平台，而一个创业圈的发展不仅来自这个平台提供的各种元素，更是整个圈子内开放式思维所营造的融通的生态环境。

五 结论与启示

数字经济业已成为全球不同国家、地区未来的发展方向，进一步而言，城市数字经济是国家数字经济在城市空间范围内的表现，是以城市为发展空间，以数字技术为核心驱动力量，以现代信息网络为主要载体，推动资本、技术、劳动、数据资源等生产要素高度聚集，充分发挥数字技术对实体经济的放大、叠加、倍增作用的城市经济形态，其体现出网络实时性、空间直达性、技术渗透性、报酬递增性和外部经济性五大数字经济共性特征，也具有整体系统性、产业集聚性、空间溢出性和产城协调性四大城市经济的特性，数字经济发展状况客观体现了上述城市的数字经济建设水平和趋势。基于此，下面将总结国内外城市数字经济转型发展比较结论与数字经济时代城市转型发展的经验启示。

（一）国内外城市数字经济转型发展比较结论

1. 国内城市转型发展"头雁效应"显著

各区域、各城市数字经济发展依托本地创新、产业、区位、政策等优势，形成各具特色的数字经济发展之路。《城市数字经济发展实践白皮书（2020 年）》指出，国内城市的数字经济发展可以划分为综合经济实力驱动型（广东、北京、上海、江苏、浙江）、产业集群驱动型（广东、江苏、湖北、福建、陕西、河南）、数字政策环境驱动型（广东、浙江、福建、贵州）、融合应用驱动型（深圳、上海、北京、重庆）、创新要素驱动型（北京、上海）和市场需求拉动型（上海、浙江）。[①] 而信通院产业与规划研究所从数字基础设施、数据资源要素、数字技术产业、数字融合应用、数字经济治理等维度综合分析城市数字经济发展水平，将城市数字经济发展类型分为三大类，即综合型、特色型和潜力型。[②] 尽管不同城市数字经

[①] 《城市数字经济发展实践白皮书（2020 年）》，http：//www. chinareform. org. cn/2022/0715/36351. shtml，最后访问日期：2023 年 10 月 10 日。

[②] 《中国区域与城市数字经济发展报告（2020 年）》，https：//sh. cctv. com/2020/12/26/AR-TIUH3Xl71ijllAulJp5Qvy201226. shtml，最后访问日期：2023 年 10 月 10 日。

济发展形式和路径存在独特性，但关注的层面和举措具备众多相似的特征与性质，比如加强基础设施建设、推动制造业数实融合、构建产业集群、打造算力新高地等，亦在2023年各省政府工作报告中所关注与着力加强的领域有所体现。

整体上我国城市转型发展过程中"头雁"效应凸显、综合经济实力与数字经济发展水平呈正相关。进一步而言，经济实力较强的城市由于自身资源禀赋突出，在数字经济发展过程中数字技术与工业、农业、服务业等行业的深度融合层面具备一定的先天优势，比如上海、广州和深圳等城市以较为完善的产业基础、高端人才与技术的聚集等产生较强的辐射带动效应，作为不同城市群的核心城市，数字经济发展迸发出新活力的同时龙头效应不断凸显，成为支撑数字经济发展的关键力量。而杭州、合肥等城市通过提前部署与规划，推进传统产业的数字化改造，从基础设施弱、人才技术匮乏、产业链条缺失到抓住发展机遇、利用发展契机助力城市从数字经济发展边缘城市向中心城市发展，同时创新形态与创造新的投资模式，拓展生产可能性边界，从而形成更多新的增长点和增长极。

2. 国外城市数字经济发展处于不同梯队

数字经济在全球各地都展现出蓬勃发展的势头，但是在不同的国家、地区和城市数字经济的发展存在差异且竞争激烈，具有显著的不平衡性与"鸿沟"。处于发达国家的城市主要数字经济发展模式为市场主导型，在数字技术、数字经济市场和数字规则制定领域具有一定优势，能够通过较为完善的统一、开放、竞争、有序的市场体系，如资本市场、人才市场、教育市场、包容性制度和文化市场等促进其数字经济发展。比如，纽约通过政府主动公开相关数据，形成创新氛围的同时完善和促进数字经济领域的知识产权保护，并以技术制高点形成长期战略优势后，进而辅以对重大突破性和前瞻性的科研项目的组织规划，推动实验产品至市场产品的转化。伦敦注重数字立法与保护，打造产业园区与集群，实现集聚效应主要通过加大对数字经济的投资支持力度，从政府、社会、企业等多角度，构建数字经济生态环境。而纽约、伦敦等拥有数字经济领域较为关键的核心技术，且经济基础发达，相关资源与体量庞大，处于数字经济的发展前沿，隶属第一梯队。而不完全市场的数字经济发展型城市如东京。尽管日本为发达国家，在数字经济的某些领域具备一定优势，但其国内数字经济市场体量较小，无法通过纯粹的市场导向进行可持续性发展，故而采取与其他国家进行联盟的策略，在跨境隐私规则体系（CBPR）、区域全面经济伙伴关系协定（RCEP）、通用数据保护条例（GDPR）等框架下，与美国、中国、欧盟等多个国家和地区达成数字经济相关协定，同时通过采取不同创新优势和与时俱进的规划举措搭上数字经济发展的快车道，隶属第二梯队。

（二）数字经济时代城市转型发展的经验启示

1. 引领者："政府＋核心企业"发展产业生态

当今社会，数字经济已经成为全球城市经济转型发展的重要驱动力。结合以上国内外城市经济发展案例，政府和核心企业作为数字经济发展的重要推动者，或将成为下一轮数字经济推动城市发展的引领者。政府往往以政策和投资优惠为杠杆，吸引并撬动数字经济企业入驻城市。而核心企业则可以通过技术创新和市场拓展，推动数字经济的应用和落地，为城市数字化和智能化提供更好的解决方案。在政府的合理引导下，核心企业要带领产业生态内的相关企业一起，建立产业物联网等技术标准体系，打通产业链上下游的数据通道，促进数据要素在经济生态内的流通，重塑数字经济的价值创造模型。例如，杭州与阿里巴巴的合作，通过推广数字支付和电商平台，促进杭州实现电商领域数字经济的腾飞；合肥邀请京东方落户并投资 175 亿元，推动第 6 代 TFT-LCD 液晶面板生产线落地合肥，吸引了数百家新型显示产业上下游企业构筑产业生态。伦敦从初创时期的半有序凝聚发展，到英国政府颁布"迷你硅谷"计划，以四亿英镑支持东伦敦科技城发展并制定优惠政策，而后思科、英特尔、亚马逊、Twitter、高通、脸书、谷歌等大型公司进驻，此地区成为欧洲成长最快的科技枢纽、全球高科技和创意新聚落。基于此，未来政府和核心企业仍将成为数字经济推动城市发展的重要力量，提供引力助推形成产业生态链，为城市的发展注入新的活力和动力。

2. 发动机：数字化基础设施与人才培育

新技术基础设施是新基建的重要构成，其建设应该面向数字经济所需要的社会经济系统的基本架构展开。在以往国内城市的建设中，新技术基础设施仍处于探索阶段，同时并未匹配相应的数字化基础硬件与软件设施的应用场景。结合国内外数字经济体系化的发展趋势，在云计算基础设施领域，无论是国际还是国内的企业均逐渐从业务上云走向资产上云、从单一企业上云走向产业链上云，面向产业集群的云计算基础设施亦成为产业数字化转型的重要支撑。在区块链基础设施领域，因为各级政府均在加大政务数据开放共享，亟须建立数据共享过程中的可信计算环境，基础设施建设也必然会加速进行，尤其是在工商注册、不动产管理、教育认证、税收等领域，将涌现大量数字技术基础设施典型案例。在人工智能基础设施领域，智慧政务、智慧交通等人工智能基础设施将推动城市数字经济产业发展。

值得注意的是数字技术基础设施与城市数字化转型发展的过程本身亦是资源积累的过程，美国微软、谷歌等互联网巨头企业高水平的数字技术和人才优势为其本身以及所在城市数字经济增长提供了重要的动力，而其他城市则受限于自身经济发展和数字技术水平，要成为数字消费国需要较为庞大的资源支持，而即使成为数字消费国，也较难实现从数字消费国到数字生产国的转变。换言之，除第一梯队以外的城市在全球数字经济红利的分配中常处于被动地位，数字垄断和恶性竞争等可能进一步拉大，使得全球不稳定因素增加。

3. 万花筒：多元化主体的共同参与和协同推进

数字经济的重要特点是信息共享、资源共享和协同创新，各类主体可以通过数字平台和技术手段参与经济活动。而数字经济推动城市转型发展是需要政府搭台、多方唱戏的交互系统，政府、企业、社会在统一的技术平台上，形成多方协同的治理模式。细化而言，传统产业、创新企业、科研机构、政府部门等多种主体可以通过数字经济平台实现资源整合和协同合作，共同推动城市转型发展。比如，广州拥有众多的传统产业、创新企业、科研机构和政府部门，数字经济的发展为这些主体提供了参与数字经济活动的新机遇。此外，构建有效市场和有为政府，需要先进的技术底座，如法规标准与激励措施等。各地需要充分发挥政府有序引导和规范发展的作用，守住安全底线，明确监管红线，打造安全可信、包容创新、公平开放、监管有效的数字经济运营环境。

综上所述，在与国外城市转型发展的比较基础上，上海、广州、深圳、杭州、合肥等城市在积极落实国家数字经济顶层战略设计的过程中，将自身区位条件、产业链条与基础、人力技术资源禀赋等特征与数字经济发展相结合，形成鲜明且具备参鉴价值的数字经济发展举措与案例，可以为其他地区发展数字经济提供广泛的思路。而在新时代宏观背景下，新一轮科技革命和产业变革动能持续释放，发展数字经济是未来城市经济转型发展的关键因素与必然趋势。国内城市若想在新一轮科技革命和产业变革中发展好数字经济，亟须跳出传统思路、传统手段的局限，避免单纯拼资金、拼资源、拼政策，而是结合已有发展经验，培育包容审慎的发展氛围，以创新赋能驱动城市转型、差异发展拉动经济腾飞，继而推动城市数字经济迈向高质量发展的新台阶，支撑我国数字经济整体发展持续保持活力。

第五章 数字经济的实践探索

——区域协同发展

区域协同发展是促进数字经济高质量发展的重要目标与重要途径，数字经济是推动区域协调发展的重要力量和重要因素。本章拟通过选取国内外几大湾区作为区域协同发展的典型案例，分析数字经济要素在各区域协同发展过程中发挥的作用以及各区域的特色协同路径，并对所选案例进行比较分析，总结出数字经济区域协同发展中的个性特色与共性经验，以期提出适合数字经济时代的区域协同治理模式与治理体系，为进一步提高我国数字经济区域协同治理能力提供参考。

一 数字经济发展的制度环境与产业生态

数字经济健康高质量发展有赖于健全的制度环境与良好的产业生态作保障。数字经济相关战略规划从国家到省市层面不断出台与落实，为数字经济的区域协同发展营造了制度环境，夯实了制度基础，指明了发展方向；数字技术助力打造产业链群生态体系，重塑区域产业生态，反过来成为传统经济转型升级的引擎，进一步催生新产业、新业态、新模式，充分释放数字经济新动能。

（一）制度环境

畅通区域经济循环、促进区域高质量协调发展是近些年我国构建新发展格局的重大战略，深入推进京津冀协同发展、长江经济带高质量发展、粤港澳大湾区建设、长三角一体化发展成为我国国内国际双循环的战略枢纽和战略纽带。在数字经济时代，数字经济是推动我国区域发展的重要力量源泉，区域协同成为数字经济发展的重要目标和导向。随着数字经济的快速发展，区域间要素流通、资源配置的传统模式已然改变，以数字化知识和信息为核心的数字经济通过打破空间限制、转变传统生产方式来提高资源配置与使用效率，逐渐成为区域经济发展的新动能（张可云等，2022）。以数字经济为抓手，促进区域间资源要素流通，探索推动区域数字经济协同发展的实现路径，在推动整体经济向上发展的同时拉近落后地区与发达地区的差距，成为新时代推动区域经济发展、提升我国高质量发展水平、实现共同富裕的重要助推力（姚常成、沈凯玛，2023）。

近年来，国家层面指导数字经济发展的相关战略规划不断出台、日趋完善，为数字经济区域协同发展营造了良好的制度环境，提供了有效的制度保障。2016 年 5 月，中共中央、国务院印发《国家创新驱动发展战略纲要》①，提出要"优化区域创新布局，打造区域经济增长极"，将数字经济作为发展主攻方向之一。2020 年，国家发改委、中央网信办印发《关于推进"上云用数赋智"行动　培育新经济发展实施方案》②，将"构建数字化产业链""培育数字化生态"写入发展目标。2021 年，《新型数据中心发展三年行动计划（2021 - 2023 年）》③《"十四五"大数据产业发展规划》④ 接连出台，为数字经济产业链发展提供具体指导。2022 年 1 月，国务院印发《"十四五"数字经济发展规划》⑤，立足新发展理念和新发展格局，从国家层面部署数字经济发展，面向 2025 年、2035 年分阶段提出发展总目标和分项目标，涉及基建、数据、产业、公共服务等多个领域，并

---

① 《中共中央 国务院印发〈国家创新驱动发展战略纲要〉》，https：//www. gov. cn/zhengce/2016 - 05/19/content_5074812. htm，最后访问日期：2023 年 10 月 10 日。

② 《国家发展改革委 中央网信办印发〈关于推进"上云用数赋智"行动　培育新经济发展实施方案〉的通知》，https：//www. gov. cn/zhengce/zhengceku/2020 - 04/10/content_5501163. htm，最后访问日期：2023 年 10 月 10 日。

③ 《工业和信息化部关于印发〈新型数据中心发展三年行动计划（2021 - 2023 年）〉的通知》，https：//www. gov. cn/zhengce/zhengceku/2021 - 07/14/content_5624964. htm，最后访问日期：2023 年 10 月 10 日。

④ 《工业和信息化部关于印发"十四五"大数据产业发展规划的通知》，https：//www. gov. cn/zhengce/zhengceku/2021 - 11/30/content_5655089. htm，最后访问日期：2023 年 10 月 10 日。

⑤ 《国务院关于印发"十四五"数字经济发展规划的通知》，https：//www. gov. cn/zhengce/content/2022 - 01/12/content_5667817. htm，最后访问日期：2023 年 10 月 10 日。

强调数字经济在区域协同发展中的重要作用。

为积极响应国家关于大力推进数字经济背景下区域一体化发展的战略部署，各省市纷纷出台相关发展规划与方案。京津冀、长三角、粤港澳大湾区作为我国经济增长的三个重要动力源，在数字经济发展政策的制定方面也走在全国前列。

作为较早提出区域协同发展的地区，京津冀数字经济区域协同备受国家关注。2015 年 6 月，中共中央、国务院印发《京津冀协同发展规划纲要》[1]，以疏解北京非首都功能为核心，以推动京津冀协同发展为目标。在数字经济方面，三地紧紧围绕区域协同的目标，制定多项推进数字经济区域协同发展的政策，如北京印发《北京市关于加快建设全球数字经济标杆城市的实施方案》[2]《北京市数字经济促进条例》[3] 等文件，提出共筑京津冀数字共同体；天津批复《天津市宝坻区人民政府关于申请批准设立京津中关村科技城的请示》[4]，设立京津中关村科技城；河北也制定了《加快建设数字河北行动方案（2023 - 2027 年）》[5]。2023 年 5 月，工信部会同国务院有关部门及京津冀三地人民政府联合编制《京津冀产业协同发展实施方案》[6]，对 2025 年京津冀优化区域产业分工布局、提升产业协同发展机制与水平、协同打造数字经济新优势等方面提出展望。

长三角地区依托信息基础设施建设，各地市紧扣"十四五"规划，制定与时俱进的数字经济发展政策。2019 年 12 月，中共中央、国务院印发《长江三角洲区域一体化发展规划纲要》[7] 提出，要共同打造数字长三角，

---

① 《京津冀协同发展》，https://www.ndrc.gov.cn/gjzl/jjjxtfz/201911/t20191127_1213171.html? code = &state = 123. 2019 - 11 - 27，最后访问日期：2023 年 10 月 10 日。

② 《北京市关于加快建设全球数字经济标杆城市的实施方案》，https://www.beijing.gov.cn/ zhengce/zhengcefagui/202108/t20210803_2454581.html，最后访问日期：2023 年 10 月 10 日。

③ 《北京市数字经济促进条例》，http://www.bjrd.gov.cn/rdzl/dfxfgdxb/202212/P02022122647 1055974012.pdf，最后访问日期：2023 年 10 月 10 日。

④ 《天津市人民政府关于同意设立京津中关村科技城的批复》，https://www.tj.gov.cn/zwgk/ szfwj/tjsrmzf/202011/t20201127_4138815.htmlx，最后访问日期：2023 年 10 月 10 日。

⑤ 《加快建设数字河北行动方案（2023 - 2027 年）》，http://fp.hebei.gov.cn/2023 - 01/30/ content_8939689.htm，最后访问日期：2023 年 10 月 10 日。

⑥ 《工业和信息化部负责同志就推动京津冀产业协同发展答记者问》，https://www.gov.cn/ govweb/zhengce/202305/content_6875897.htm，最后访问日期：2023 年 10 月 10 日。

⑦ 《中共中央 国务院印发〈长江三角洲区域一体化发展规划纲要〉》，https://www.gov.cn/ zhengce/2019 - 12/01/content_5457442.htm，最后访问日期：2023 年 10 月 10 日。

协同建设新一代信息基础设施，合力建设长三角工业互联网。区域内各地市积极推动区域数字经济发展，结合"十四五"时期的经济发展总要求，制定相关政策，如《南京市"十四五"数字经济发展规划》①《上海市全面推进城市数字化转型"十四五"规划》②《杭州市数字经济发展"十四五"规划》③等。

粤港澳大湾区作为"一国两制"实践的重要阵地，以深化粤港澳合作、推进大湾区建设为发展目标，不断丰富着数字经济发展的内涵。2019年2月，中共中央、国务院印发《粤港澳大湾区发展规划纲要》④，提出要加快发展先进制造业，推动互联网、大数据、人工智能同实体经济深度融合，壮大培养战略性新兴产业，发展数字经济，促进经济转型升级。作为数字经济大省和粤港澳大湾区的重要一极，广东省承担着自身数字经济发展以及拉动整个湾区数字经济发展的责任，《广东省建设国家数字经济创新发展试验区工作方案》⑤指出既要提高和壮大广东省的数字经济发展水平和规模，又要力争"把粤港澳大湾区打造成为全球数字经济发展高地"。2021年9月，中共中央、国务院接连印发《横琴粤澳深度合作区建设总体方案》⑥《全面深化前海深港现代服务业合作区改革开放方案》⑦，以合作区为载体推动港深、珠澳两地的跨区域合作，促进粤港澳湾区的区域协同发展。

从政策侧重点来看，数字经济发展呈现"由面到点再到面"的特点。

---

① 《南京市"十四五"数字经济发展规划》，http://www.nanjing.gov.cn/zdgk/202111/t2021111 11_3187004.html，最后访问日期：2023年10月10日。
② 《上海市全面推进城市数字化转型"十四五"规划》，https://www.shanghai.gov.cn/nw1234 4/20211027/6517c7fd7b804553a37c1165f0ff6ee4.html，最后访问日期：2023年10月10日。
③ 《杭州市数字经济发展"十四五"规划》，https://www.hangzhou.gov.cn/art/2021/12/24/ art_1229063387_1807810.html，最后访问日期：2023年10月10日。
④ 《粤港澳大湾区发展规划纲要》，https://www.gov.cn/zhengce/2019－02/18/content_ 5366593.htm#1，最后访问日期：2023年10月10日。
⑤ 《广东省人民政府关于印发广东省建设国家数字经济创新发展试验区工作方案的通知》，https://www.gd.gov.cn/zwgk/wjk/qbwj/yfh/content/post_3137605.html，最后访问日期：2023年10月10日。
⑥ 《横琴粤澳深度合作区建设总体方案》，https://www.gov.cn/zhengce/2021－09/05/content_ 5635547.htm，最后访问日期：2023年10月10日。
⑦ 《全面深化前海深港现代服务业合作区改革开放方案》，https://www.gov.cn/zhengce/2021－ 09/06/content_5635728.htm，最后访问日期：2023年10月10日。

数字经济领先发展地区的各省市数字经济发展政策往往是以区域性协同发展政策方针为指导，结合本地数字经济发展优势与特点制定相关发展政策，积极发展独具地域特色的数字经济，实现数字经济"由面到点"发展；与此同时，随着各地积极推动数字经济发展，各地在推动产业数字化转型升级的同时积极促进区域间协同合作，在立足自身发展的同时兼顾区域发展，以实现区域一体化发展为最终目标，实现数字经济"由点到面"发展。

（二）产业生态

在数字经济背景下，传统产业生态亟须创新，数字技术的发展进步驱动着产业组织和产业链的创新发展。数字技术从宏观与微观两方面对产业链群生态体系进行重塑与构建，从区域协同、要素互动、创新引领、优势带动四方面充分发挥创新产业生态对促进数字经济发展的重要价值。

1. 产业生态系统的内涵

生态系统理论最早由 Tansley（1935）提出，是指在一定时空内各生物个体、种群、群落与外部环境借助能量流动、物质循环和信息传递的方式相互依存、相互制约并形成具有自我调节功能的复合体产业链。Frosch、Gallopoulos（1989）运用生态系统原理来理解和诠释产业系统，提出产业生态学概念，认为产业生态中的产业和企业具有与自然界中的生物类似的生命周期，并且产业生态这一系统存在能量物质循环作用。基于 Frosch、Gallopoulos（1989）的观点，李晓华、刘峰（2013）对产业生态系统的定义进一步拓展，认为产业生态系统是由产品研发、生产与应用相关的各类参与者，产业发展支撑因素与外部环境因素等共同构成的有机系统。

在数字经济时代，数字技术的发展驱动着产业组织的创新，产业链、价值链、供应链、创新链等多链融合发展，产业链与产业集群相互嵌入构建了产业生态圈，产业生态圈与创新生态链融合发展，形成产业链群生态体系（余东华、李云汉，2021）。从宏观视角来看，产业链群生态体系主要包括产业发展的支撑因素与产业赖以生存的外部环境因素。其中，外部环境因素有营商环境制度体系、创新创业的文化氛围、市场成熟度等。从产业组织形式上看，产业链群生态体系包括产业链、产业集群和产业生态圈。产业链是指企业主体间形成上下游协作配套和投入产出关系。在数字技术驱动下，产业链可以向横向与纵向两个方向延伸，以在特定地理区域内形成大量相互联系的企业群落；产业集群强调产业各环节在地理空间上的集聚和协同关系；产业生态圈不仅关注产业本身，还关注支撑产业发展的多维体系（余东华、李云汉，2021）。数字经济作为一种生态型经济，数据要素在生态系统内部互动，通过传递有效信息实现要素价值。数字经济生态发育度体现数字经济产业的专业化分工程度，是数据要素开发过程中各环节发挥优势提升效率的关键（叶堂林、吴明桓、牛寒茵，2023）。因此，在数字经济背景下，以数字技术助力产业链群生态体系全链群、各环节链群生态重塑，有利于更好地发挥产业生态对传统经济转型升级的引擎作用，催生新产业、新业态、新模式，进一步释放数字经济新动能。

数字技术对产业链群生态体系的重塑与构建主要体现在全链群生态与各环节链群生态两方面。从全链群生态角度看，数字技术整合了产业链的水平化分工与垂直化整合，最大限度地发挥链端的价值节点，防止产业链停滞断裂，促使各产业链形成生态集群趋势；从各环节链群生态角度看，数字技术改变了产业链上中下游的组织形态、服务形态和营销形态，推动各环节朝着智能化、高效化、多元化转变，并为上中下游间的协同联动搭建桥梁，促进数据要素在产业链内部流动，显著加快数据要素价值化进程，促进区域间数字经济的发展（占晶晶、崔岩，2022）。

2. 产业生态发展价值

党的二十大报告中明确指出，促进区域协调发展，深入实施区域协调发展战略。数字经济产业生态的发展，尤其是产业链群生态体系的发展，有利于推动区域内上下游企业联动、优化产业空间布局、健全创新协同机制[①]，最终引领区域内协调发展，实现高质量发展。具体而言，产业生态的发展价值可以总结为协同、互动、创新、带动四个方面。

从区域协同方面来看，产业链群生态体系可以通过研发创新协同、生产规模协同、市场行为协同、公共关系协同、公司治理协同等协同行为，

---

① 《分析："四位一体"构建产业链共生发展生态》，https://new.qq.com/rain/a/20210817A0 CJCU00，最后访问日期：2023 年 10 月 11 日。

推动系统内的企业之间优势互补、资源共享、风险共担，依靠"链主"企业的辐射作用拉动大中小企业联动发展，共同维护生态系统的运行，提高资源利用效率，形成连接、合作、协调与同步的网络协同。

从要素互动方面来看，在区域协同的基础上，产业链群生态体系的发展有利于从横向与纵向上改变产业空间布局，形成区域内产业集群，缩短供应链距离，促进产业链上中下游高度协同，打通过去企业间、产业间的要素壁垒，实现各个生产要素充分流动。

从创新引领方面来看，产业链群生态体系的发展以数字生态为平台，通过整合创新资源和要素来实现协同创新，并能够以长期稳定交易结构降低创新成本，进而产生新技术、新产业、新业态、新模式、新组织、新要素，通过创造新的价值、产生新的需求、提供新的供给，保持竞争优势，形成区域可持续性创新生态。

从优势带动方面来看，产业链群生态体系通过在政策环境、技术标准、制度规则等方面的协调统一，形成有利于企业孵化和产业发展的制度优势。信任机制是其中最明显的制度优势，通过企业声誉、信息共享等路径建立起市场主体间的互信关系，从而实现知识的跨组织转移与扩散。如浪潮集团副总裁庞松涛所言，数字化的实质是建立一种信任机制，让产业链各个生态，在可信的数据下，共同享受数字化转型的红利[1]。通过建立信任机制，产业生态内企业间形成相互信任关系，促进成员企业间有效沟通，推动产业间的协同合作。

二　区域协同助力生态建设与数字经济发展

数字经济已成为新时代区域经济发展的突破口，区域协同是中国经济新的增长极和创新极，通过数字化来实现产业突破，获取数字经济发展的主导权，对区域发展至关重要。《"十四五"数字经济发展规划》[2] 指出，

---

① 《浪潮集团副总裁庞松涛：信任机制让产业链共享红利丨中国酒业数字化革新》，https://www.sohu.com/a/325580181_100236105，最后访问日期：2023 年 10 月 11 日。

② 《"十四五"数字经济发展规划》，https://www.gov.cn/zhengce/content/2022－01/12/content_5667817.htm，最后访问日期：2023 年 10 月 11 日。

依托京津冀、长三角、粤港澳大湾区等重点区域，统筹推进数字基础设施建设，探索建立各类产业集群跨区域、跨平台协同新机制，促进创新要素整合共享，提升产业链供应链协同配套能力，构建创新协同、错位互补、供需联动的区域数字化发展生态。因此，要落实长三角一体化、粤港澳大湾区、长江经济带、京津冀协同发展等一系列重大区域发展战略，激发资本、技术、人才、数据等要素充分实现跨区域优化重组和自由流动，提升区域市场化与国际化水平，以区域一体化发展和基础设施互联互通来打破区域壁垒，推动中国数字经济实现高质量发展。

（一）识别区域资源禀赋与产业基础，制定极具区域特色的发展规划

在数字经济发展过程中，寻求适合自身发展特点的数字化转型路径，无论对于企业还是地区而言都是发展数字经济的关键性议题。然而，现阶段实证研究发现，在企业层面，它们虽有数字化转型的强烈意愿，但缺乏具体战略布局；在地区层面，大部分地区缺乏统筹规划和分工协同，在产业方向、政策设计、项目建设等方面的创新举措和发展路径简单模仿照搬，缺乏地区特点和亮点（赛迪智库数字经济形势分析课题组，2021；杨慧梅、江璐，2021）。面对全球数字化浪潮下环境发展压力和政策激励拉力的影响，各行各业需积极拥抱数字化转型，不断探索以大数据为驱动、以平台为支撑，拓展生产服务消费环节的应用场景，推动传统产业的转型升级以及传统产业与新业态的深度融合，以数字经济为抓手，进一步赋能实体经济的高质量发展（李春发、李冬冬、周驰，2020）。

区别于传统工业时代的生产模式，数字化时代生产模式的典型特征是网络化、协同化、生态化，典型表现是协同生产和创新网络模式（王梦菲、张昕蔚，2020）。因而，各地数字经济发展需要紧紧结合区域发展一体化视角，立足本地产业优势和资源禀赋，兼顾周边区域数字经济与产业结构状况，统筹地区在区域数字经济发展中的角色和定位，做好数字经济区域一体化发展的战略部署和布局体系的顶层设计。在顺应产业发展的规律下精准施策、科学引导、宏观调控，明确区域数字经济协同发展的目标与方向，打造具有地方特色的产业链，实现"补链、强链、稳链"，构建分工明确、相互衔接、协作配套、创新融合的产业集群，充分推进区域一体化数字经济生态的纵深发展。

（二）充分调度区域优势要素资源，释放区域创新发展潜能

"数字经济是以使用数字化的知识和信息作为关键生产要素、以现代信息网络作为重要载体、以信息通信技术的有效使用作为效率提升和经济结构优化的重要推动力的一系列经济活动。"[①] 在受国际社会广泛认可的G20 杭州峰会中，数字经济定义已然揭示了数字时代依托信息技术驱动要素资源整合供给的重要意义。在新技术不断更迭的背景下，数字经济以数字化丰富要素供给，以网络化提高要素配置效率，以智能化提升产出效能，进而显著提升区域的全要素生产率。数据作为核心生产要素，渗透在经济活动的全过程，并且逐渐改变要素投入方式，信息资源的开发和共享使得知识在经济社会领域加速流动，通过人力资本投资和产业结构升级两个路径来促进效率提升与创新扩散（熊励、蔡雪莲，2020；杨慧梅、江璐，2021），这为数字经济区域发展创新提供了坚实的基础。一方面，数字技术的应用促进城市间的交流互动，资本、人才、技术等要素流动更加活跃，数字要素"边际成本低"大大降低创新成本，区域内多元创新主体间合作联系也越发紧密，强化技术创新应用和共享（熊励、蔡雪莲，2020）；另一方面，数字技术变革推动区域产业转型升级，并且在资源配置方式、生产方式、组织管理模式和商业模式都诞生出新范式（张昕蔚，2019）。

与此同时，随着地区间经济联动和交互不断加强，数字经济以信息技术为载体、以数据作为生产要素，通过其渗透性、融合性和协同性特征，引领带动周边邻近地区的发展（杨慧梅、江璐，2021），不仅通过空间溢出效应提升邻近地区的全要素生产率，还通过集聚效应和扩散效应促进区域间人员流动、经济合作、产业关联等渠道下的创新共享和合作，共同推动区域创新能力的提升和区域经济的整体发展（李燕，2019）。

积极推动区域间技术、人才、资金等生产要素充分流动，激发各种生产要素活力，提高全要素生产效率，释放区域创新发展潜能。一方面，重

---

① 《二十国集团数字经济发展与合作倡议》，http://www.g20chn.org/hywj/dncgwj/201609/t20160920_3474.html，最后访问日期：2023 年 10 月 11 日。

视数字经济各要素的培育和发展，特别是人才和数据要素，为区域数字经济协同创新发展奠定重要基础。重视数字时代高质量人才培育，持续加大人力资本投资，加强区域间人才互流互通，助力知识经济创新共享，为数字经济提供智力支持。重视数据要素，搭建全国信息资源共享体系，稳步推进数据开放共享流动，打通信息壁垒；完善数据要素市场化配置机制，形成统一"数据大市场"，突出数据要素在区域范围内的有序流动，以协同效应突破空间壁垒。另一方面，引导要素高效率配置，为区域数字经济高质量发展提供重要方向。不断完善区域要素的市场化配置，引导各要素向关键领域和高效益、高产出、高技术、高成长性产业流动，推动要素高效率配置，为区域技术变革与创新研发提供重要基础，助力区域产业数字化转型升级和结构调整。

（三）完善合作协同发展机制，为区域创新引领提供政策支持

合作协同，探索区域发展重要动力。一直以来由于地方保护与贸易壁垒的存在，市场分割、扭曲现象严峻，很多产品与生产要素难以通过跨部门、跨区域自由流动，致使技术创新、生产效率与社会福利遭受损失（张杰、周晓艳、李勇，2011）。在此背景下，数字经济发展跨部门、跨区域的市场交易机制能对市场扭曲产生改善效应（余文涛、吴士炜，2020）：一方面通过跨区域营销和销售机制，加剧区域内市场竞争，突破空间距离限制，改善资源利用和匹配的效率，进而减少资源错配和市场扭曲。因此，数字经济为企业间跨地域竞争提供机会，促使不同区域企业聚集并且展开竞争，进而促使技术革新、产品开发、服务创新等，从区域、行业、企业层面都实现生产效率的大幅提升（黄群慧、余泳泽、张松林，2019）。另一方面，通过跨区域产业分工与协调机制，提升区域产业专业化水平。数字经济将地区优势产业延伸到更宽阔的竞争市场，嵌入全球价值网络和生产链分工，因此会更加注重具有比较优势的产业，激发技术创新活力、满足资源适配、提升交易效用，进而促进区域产业专业化水平与行业效率的大幅提升（余文涛、吴士炜，2020）。

创新区域数字经济合作协同发展机制，奠定区域一体化协同发展的制度基石。一是加强区域交流合作，优化区域合作、信息互通、沟通交流等

机制，打造区域发展协商生态化平台，带动区域内物资流、资金流、人才流、技术流，构建区域数字经济互动网络。二是加强产学研深度融合，以区域信息化、数字化和智能化发展需求，深度推进政府、企业、高校三者间高效联动，为数字经济创新发展提供重要基石。三是构建区域科研创新共同体，提升数字技术创新应用水平，塑造战略性新兴产业集群和创新链条，打造高度开放和深度创新的区域数字经济高质量发展基地。

（四）完善数字经济治理体系，为区域协同发展提供制度保障

不断完善数字经济治理体系，为区域协同发展提供制度保障。随着区域数字化转型不断深入，面对不断出现的新场域、新问题、新挑战，数字经济治理需要在把握数字经济发展规律的基础上与时俱进，变革治理方式和治理手段，为数字经济发展提供开放、公平、公正、非歧视的制度环境保障。

一是构建协调统一的数字经济框架和规则体系，健全跨区域、跨部门的协同治理和监管机制。在区域一体化发展的大背景下，不断探索与区域数字经济发展相适应的治理方式，探索更加灵活有效、多方参与、协同共治的治理模式。制定标准统一、科学规范的数字治理规则，明晰要素权利归属、明确法律主体职责划分，构建完善数字经济相关法律制度和法律救济规则，有力保障各方主体的数字权益，营造生产要素自由流动、公平公正有序参与竞争的市场环境。

二是增强政府跨区域数字化监管能力，营造包容开放审慎的发展环境。在完善立法的基础上明确监管原则、创新监管理念、丰富监管手段。面对大数据、人工智能、互联网等新技术带来的治理新场域，政府顺应时代变革要求，充分发挥数字技术在政府监管和决策领域的作用，科学评估研判区域数字化发展趋势和发展问题，提前预警区域数字经济发展风险隐患，构建区域数字经济应急响应机制，防范区域系统性风险，提升政府在数字经济区域发展中监管和决策的科学性、协调性和有效性。

三是探索社会多元主体共治的治理模式，提升数字经济协同治理整体水平。积极探索由政府主导，企业、行业和社会公众等多元主体参与的协同治理新模式，共同推进区域数字经济治理体系构建，在政府不断完善监

管规则的基础上，企业主体自觉进行自我监督和管理，行业不断完善行业服务标准和自律规范要求，社会各界、媒体和公众积极参与监督，共创数字经济多元治理新模式。

三 案例：长三角的数字产业协同

长三角地区作为中国经济发展最快速的区域之一，在数字产业发展领域同样居于领先地位。本节通过梳理长三角数字产业的发展历程，分析长三角数字产业的区域协同发展路径，为国内湾区在数字产业建设方面提供经验借鉴。

（一）发展领先：数字产业优势凸显

长三角城市群港口众多、背靠内陆、海陆交通发达，是"一带一路"与长江经济带的重要交汇地带，在我国现代化建设和对外开放格局中具有举足轻重的地位。随着交通、通信等基础设施建设的快速发展，区域内创新要素流动频繁，城市间竞争激烈，只有具有足够产业集聚和经济规模的城市群才能应对当前挑战（方创琳，2014）。作为引领和支撑国家创新发展的重要阵地，长三角城市群凭借自身区位优势，促进区域内创新要素自由流动和高效配置，不断完善区域协同创新体系，大力构建协同创新共同体，推动区域内数字经济协同发展（包海波、林纯静，2019）。

1. 立足整体：区域数字产业发展动力强劲

当前，长三角数字经济发展势头良好，区域内地市间整体发展差距较小、发展结构不断完善，为长三角数字产业发展奠定了坚实的数字经济基础，长三角成为我国数字产业发展的前沿阵地。《长三角城市数字经济发展水平评估评价白皮书（2022年）》的数据显示，长三角优势数字产业集群成效显著，2021年集成电路产业规模在全国占比60%，人工智能产业规模约占全国1/3，企业数超过2000家[①]。

---

① 《长三角城市数字经济发展水平评估评价白皮书（2022年）》，http://www.ccidii.com/viewreport/20230315/4504.html，最后访问日期：2023年10月11日。

电子信息产业历来是长三角最具优势的数字产业。自 1990 年以来，长三角地区凭借优越的区位条件，已逐步形成产业链完善、外资投入密集、产品配套能力强的电子信息产业集群，在空间上呈现以上海为中心，南京、无锡、苏州、嘉兴、杭州、宁波为重要节点的 Z 字形电子信息产业带，综合竞争力在全国处于领先水平①。长三角以重点突破软件与集成电路等核心技术、提升核心器件自给率作为电子信息产业的发展方向。在这一发展方向的指引下，长三角聚区域协同之力形成集成电路产业、计算机产业和软件产业三大产业基地。其中，集成电路产业发展优势最为明显，长三角是国内最主要的集成电路开发和生产基地，集成电路产量连年稳步提升②。为进一步提升上海电子信息产业能级，2021 年 12 月，上海市经济和信息化委员会发布《上海市电子信息产业发展"十四五"规划》（以下简称《规划》）。《规划》提出，"十四五"期间上海应与长三角各地产业协同发展，以集成电路为核心先导，争取在 2025 年初步建成具有全球影响力和竞争力的世界级电子信息产业集群，并从电子信息制造、软件和信息服务、前沿新兴领域三大重点领域做出具体规划部署③。《规划》为"十四五"期间上海乃至整个长三角的数字产业发展定位、重点领域指明了方向。

2. 面向各地：地方数字产业发展各有特色

长三角多地结合本地产业优势，大力推动数字产业化。长三角地区数字产业走在全国前列，为数字经济高质量发展提供驱动力。上海在固定网络和移动网络建设方面，已率先实现"双千兆宽带城市"的建设目标。作为芯片企业的主要孵化地，上海集成电路产业发展迅速，仅浦东新区集成电路产业规模就已经突破千亿元。杭州聚力打造"数字经济第一城"，2021年数字经济核心产业营业收入达到 16331 亿元，占全省比重高达 55%④。其

---

① 《科技概述：谈谈我国长三角地区电子信息产业的发展现状》，https：//baijiahao.baidu.com/s？id＝1749282517692263129，最后访问日期：2023 年 10 月 11 日。

② 《长三角地区电子信息产业"十四五"发展思路汇总分析（图）》，https：//www.askci.com/news/chanye/20210723/1419141528493_2.shtml，最后访问日期：2023 年 10 月 11 日。

③ 《上海市经济和信息化委员会关于印发〈上海市电子信息产业发展"十四五"规划〉的通知》，https：//sheitc.sh.gov.cn/cyfz/20211230/99677f56ada245ac834e12bb3dd214a9.html，最后访问日期：2023 年 10 月 11 日。

④ 《杭州数字经济核心产业营收占全省过半》，https：//www.zj.gov.cn/art/2022/8/4/art_1554469_59733998.html，最后访问日期：2023 年 10 月 11 日。

中，人工智能、集成电路、电子信息产品制造等产业发展迅速，2021 年产业增加值分别增长 26.9%、21.9% 和 16.2%[①]，尤其在人工智能方面，杭州继北京和上海后成为第三个人工智能发展创新试验区。南京作为全国第一个软件名城，软件与信息服务、电子信息制造等数字经济核心产业是其主导产业，并在新型显示、信息通信设备、物联网领域形成"千亿级产业"的产业规模。合肥在人工智能领域中无论是实践探索还是科学研究都有突出的表现，形成"龙头有效引领、科研强力支撑"的产业生态体系，成立了类脑智能技术及应用国家工程实验室，在全国人工智能城市榜单中位列第五。无锡大力推动以物联网为代表的新一代信息技术产业创新发展，是全国首个窄带物联网全域覆盖的地级市、全国首个物联网连接规模超千万的地级市、全国首个高标准全光网城市、首个国家级车联网先导区、全球最大规模的城市级车联网应用示范城市，被誉为中国物联网"领航之城"[②]。

（二）分工合作：数字产业协同发展实践

2018 年 11 月 5 日，习近平总书记在首届中国国际进口博览会上宣布，支持长江三角洲区域一体化发展并上升为国家战略。自此之后，关于长三角一体化发展的政策文件不断出台，用顶层设计引领长三角协同发展[③]。《长三角一体化发展规划"十四五"实施方案》明确指出要"加快构建协同创新产业体系""加强产业分工协作"[④]，对长三角城市间产业互补、产业链上下游协同提出要求。为了积极响应政策号召，推动长三角地区数字经济发展，长三角各省市展开一系列数字产业协同发展实践。

1. 横向分工：区域职能分工清晰

为充分发挥区域内资源禀赋优势，打破地理空间壁垒，长三角根据各

---

① 《2022 长三角数字经济发展报告》，http://www.199it.com/archives/1589547.html，最后访问日期：2023 年 10 月 11 日。

② 《无锡物联网十年：从"无人区"到"新高地"》，http://it.people.com.cn/n1/2019/0917/c1009-31356641.html，最后访问日期：2023 年 10 月 11 日。

③ 《习近平出席首届中国国际进口博览会开幕式并发表主旨演讲》，http://www.mofcom.gov.cn/article/ae/ldhd/201811/20181102803311.shtml，最后访问日期：2023 年 10 月 11 日。

④ 《长三角一体化发展规划"十四五"实施方案》，https://www.china-csj.org.cn/newsdetail.jsp? colid=1096&fatherid=303&artid=508，最后访问日期：2023 年 10 月 10 日。

地数字产业集群及产业链优势进行专业化生产，释放要素活力，凝聚区域合力，以职能分工服务推动区域协同，实现数字产业协同创新。

（1）中心城市引领区域发展

上海作为长三角城市群中心城市，致力于发展综合性总部经济，进行数字中心建设，引领带动长三角数字经济整体性发展。上海社科院研究员何建华认为，上海作为长三角一体化的"龙头"城市，在长三角数字经济发展中发挥头部引领的关键作用[1]。

上海的"龙头"作用，一方面体现在不断增强数字产业发展优势，加大对关键核心领域的研发支持力度，推动重点领域数字产业发展。聚焦集成电路、生物医药和人工智能三大先导产业创新建设，上海在5G芯片、智慧医疗、原创算法等关键技术领域取得重大突破，推动三大先导产业实现规模倍增。2021年，上海全市集成电路产业规模已达2500亿元，约占全国的1/4；生物医药产业规模达到7000亿元，其中制造业产值达1700亿元；人工智能产业规模3056亿元，产业人才占全国的1/3[2]。在电子信息、生命健康、汽车、高端装备等重点产业，上海大力打造产业集群，加快推动重点产业出产值、出品种、出效应，实现数字化、集群化发展。

另一方面，上海大力推进"数字长三角"产业链协同治理，实现数字经济产业链治理模式转型。在大力构建新发展格局背景下，长三角作为全球产业链供应链的重要组成部分，正处于重要战略机遇期，上海在实现长三角产业链的整体升级和协同发展中发挥重要战略枢纽作用。2020年，上海市人民政府发布《关于支持长三角G60科创走廊以头部企业为引领推动产业链跨区域协同合作的实施意见》[3]，提出推动产业链跨区域协同合作，发挥产业联盟的纽带作用，鼓励龙头企业带动中小微企业融入产业链协同体系，实现长三角区域内产业链深度合作。2021年，上海

---

[1] 《何建华："数字长三角"是区域一体化高质量发展的实现路径》，https://new. qq. com/rain/a/20220303A03I5400，最后访问日期：2023年10月11日。

[2] 《推进产业经济高质量发展，上海这些年取得了哪些成就？》，https://www. thepaper. cn/newsDetail_forward_19896446，最后访问日期：2023年10月11日。

[3] 《关于支持长三角G60科创走廊以头部企业为引领推动产业链跨区域协同合作的实施意见》，https://www. shanghai. gov. cn/hqcyfz3/20230420/0e0f381437fd451fb2f440782344c395. html，最后访问日期：2023年10月11日。

市人民政府办公室印发《上海市全面推进城市数字化转型"十四五"规划》①，指出当前上海数字经济发展势头强劲，工业互联网赋能全产业链协同、价值链整合，已率先建成标识解析体系国家顶级节点并辐射整个长三角。

（2）南北两翼协同区域发展

长三角南北两翼产业带以上海为中心、呈南北分化的产业带空间分布，南翼主要以浙江为核心，北翼主要是江苏和安徽沿江地区，南北两翼如同"人"字形的一撇一捺，拱卫着上海这一顶点，南北两翼数字产业集群优势互补、相互合作，协同促进长三角区域一体化发展。

南翼产业带以数字服务业为主，大力推动制造业数字化发展。浙江服务业数字化转型效率高、势头好。2022 年，全省网络零售额 27042.1 亿元，约占全国的 1/5；跨境电商进出口 4222.8 亿元，约占全国的 1/6；数字服务创新潜能加快释放，规上数字经济核心产业研发强度达 7.3%，培育出阿里巴巴、蚂蚁金服等数字服务龙头企业；生产性服务业提质增速，建设行业产业大脑 46 个、省级工业互联网平台 430 家，实现"415X"先进制造业集群全覆盖（浙江省发展和改革委员会服务业处课题组、张曙明、杨熙，2023）。近年来，浙江大力推进工业互联网与实体经济深度融合，推动"数字化＋""互联网＋""智能化＋"，赋能传统制造业实现转型升级。以义乌为例，针对纺织、服装等传统制造业，义乌开展"机器换人"的智能化数字化改造，激活传统制造业新动能，稳步推进数字经济创新提质的"一号发展工程"。2022 年，义乌鼓励企业发展"产业大脑＋未来工厂"模式，累计实施"数字化车间""智能工厂""未来工厂"项目 30 个；2023 年，义乌夺得浙江制造业领域最高荣誉"浙江制造天工鼎"。

北翼产业带在数字制造业领域具有明显优势。过去十年，江苏省重视产业集聚，推动制造业转型发展。新型电力（新能源）装备、工程机械、物联网、软件和信息服务、纳米新材料、新型碳材料等 6 个集群入围国家先进制造业集群，位列全国第一；2016～2020 年，建成智能制造示范工厂

---

① 《上海市全面推进城市数字化转型"十四五"规划》，https://www.shanghai.gov.cn/nw12344/20211027/6517c7fd7b804553a37c1165f0ff6ee4.html，最后访问日期：2023 年 10 月 11 日。

42 家、智能车间 1307 个，培育重点工业互联网平台 86 家、标杆工厂 95 家[①]；安徽建设制造强省成效显著，在 2016～2020 年，电子信息产业年均增长 21.4%，工业机器人年均增长大于 50%[②]。不同于南翼以轻工、纺织和小家电等轻资产为主的产业聚集，北翼重点发展电子信息、机械装备等与国家重大发展战略相关的重资产数字产业。以国有资本作为主要驱动，北翼产业带在政府规划工业园区及高新区内快速实现产业集聚，围绕装备制造产业链形成有机生态，为北翼数字经济发展激发活力。

当前，长三角一体化发展的重要内容是推动区域产业链整合和产业布局空间一体化。长三角南北翼产业带抓住长三角一体化发展机遇，优化区域内产业布局，扩大数字产业优势。南北两翼加快数字产业链发展、联动，发展区域性优势数字产业，打造更为完整的数字产业链，以数字经济发展串联与整合长三角南北两翼产业带，推动长三角数字经济协同高质量发展。

（3）案例：上海"科创飞地""飞"出产业协同创新

上海"科创飞地"是长三角数字产业职能分工、协同发展的典型案例。上海作为中心城市，吸引长三角各地市在上海设立"科创飞地"，发挥上海科技创新策源地作用，利用本地科创资源孵化创新项目再回流至飞出地，推动飞出地产业转型升级，实现飞入地与飞出地之间的区域分工与产业协作，进而带动长三角区域一体化发展。

飞地经济模式是指两个互相独立的行政区域打破原有行政区划限制，通过跨空间的行政管理和经济开发，实现两地资源互补、互利共赢、经济协调发展的区域经济合作模式（张贵，2021）。随着区域一体化协同深入发展，飞地经济已成为一种较为普遍的经济现象，尤其是以产业合作为特点的飞地模式已成为区域合作的重要模式（廉军伟、曾刚，2021）。传统的"飞地经济"合作模式主要是经济较为发达的城市在相对落后的城市建立"产业飞地"，或者两地园区之间开展产业、技术等方面的合作，从而

[①] 《省政府办公厅关于印发江苏省"十四五"制造业高质量发展规划的通知》，http://www.jiangsu.gov.cn/art/2021/8/26/art_46144_9988681.html，最后访问日期：2023 年 10 月 11 日。

[②] 《安徽省"十四五"制造业高质量发展（制造强省建设）规划》，https://www.ah.gov.cn/group6/M00/04/D1/wKg8BmHvu-GAbB6AAAyg0b4 - 8ys637.pdf，最后访问日期：2023 年 10 月 11 日。

实现"强扶弱"①。而科创飞地属于逆向而行，由科技资源相对薄弱的地区在科技资源相对富足的地区设立飞地（即离岸创新中心），利用当地科创资源筛选创新项目进行孵化，孵化之后导流回本地，推动本地产业转型发展，实现飞出地资源、政策与飞入地技术、人才的有机融合②。

随着长三角一体化的发展与深度融合，科创飞地模式已成为长三角区域协同发展、产业合作创新的重要方式，也是上海成为科技创新策源地的重要途径。目前，已有多个长三角城市在上海设立科创飞地，享受上海完备的科创基础设施和优质的科创要素资源，如2019年浙江嘉善县在上海建立嘉善国际创新中心（上海），面向高端装备制造、新一代信息技术等前沿产业领域引导嘉善高科技企业到上海设立研发中心，并吸引优质创业项目入驻孵化，成熟后转移到嘉善进行产业化发展，打造"研发在上海、生产在嘉善""前台在上海、后台在嘉善""孵化在上海、产业化在嘉善"的产业协同创新模式，实现区域创新资源与产业结构的资源共享、优势互补。

科创飞地模式为长三角数字产业区域协同发展提供了宝贵的实践经验。对飞入地上海而言，科创飞地集聚了丰富的创新创业资源，有利于形成良好的科技研发—孵化转化的产业生态，促进产业链创新链完善，推动数字产业技术升级，进一步深化上海科创策源功能。对飞出地而言，科创飞地孵化所得最终将引回本地，促进飞出地产业化发展，助力产业能级跃升，有利于弥补本地科技创新资源匮乏之不足，为本地数字经济发展赋能，推动数字产业发展提质增效。对长三角整体而言，科创飞地进一步强化了长三角数字要素流动，促进跨区域科技创新资源共享，打通创新链、管理链、产业链、市场链、人才链等链条，促进区域数字产业协同发展。

2. 纵向分工：发挥优势打造上下游产业链

长三角依托自身基础，不断深化地市间联合，强化汽车、生物医药、集成电路等产业优势互补，开展错位竞争，推动跨区域产业链上下游协

---

① 《让"产业飞地"飞起来的"反向飞地模式"》，https://xueqiu.com/3221921741/160431762，最后访问日期：2023年10月11日。

② 《科创飞地——打造离岸创新中心》，https://zhuanlan.zhihu.com/p/613791760，最后访问日期：2023年10月11日。

作，区域数字经济协同发展水平不断提升。以集成电路产业为例，长三角地区是中国集成电路产业基础最扎实、技术最先进的区域，基本形成了覆盖开发设计、芯片制造、封装测试等环节的完整产业链，尤其在集成电路产业中游的设计业、制造业和封测业三个重要细分产业环节中，长三角地区在全国占比分别为48.9%、47.2%和78.4%，产业发展优势明显①。

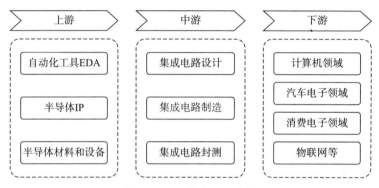

图5－1　集成电路产业链

资料来源：《【干货】集成电路行业产业链全景梳理及区域热力地图》，https://www.qianzhan.com/analyst/detail/220/220810－1b52f54e.html，最后访问日期：2023年10月11日。

从各省市具体分工来看，上海主要是集成电路制造基地，芯片制造业在国内处于核心地位，全国主要的芯片制造企业皆坐落于上海。江苏苏州主要是集成电路封测基地，作为国内对外开放最早的地区之一，吸引了一大批国际半导体企业投资落户，并发展成国内最大的半导体封装测试业重镇。浙江杭州主要是集成电路设计基地，依托自身优越的自然人文环境，将集成电路设计业作为本地集成电路发展的重中之重，培育出一批优秀的集成电路设计企业②。目前，"制造看上海、封测看江苏、设计看浙江"的长三角集成电路产业创新生态正在加速形成。

---

① 《长三角议事厅｜芯片产业占半壁江山，长三角协同如何再优化》，https://www.thepaper.cn/newsDetail_forward_20093044，最后访问日期：2023年10月11日。

② 《2021年中国集成电路行业市场规模及区域格局分析 长三角地区成为我国集成电路生产主要区域》，https://www.qianzhan.com/analyst/detail/220/210611－fde22d01.html，最后访问日期：2023年10月11日。

为了最大限度发挥长三角集成电路产业上下游产业链联动优势，长三角三省一市多次开办产业发展交流会议，广聚民智以促进产业链协同发展。2021 年，在长三角一体化发展高层论坛上，长三角三省一市省（市）长共同揭牌长三角集成电路产业链联盟，凝聚区域之力打造自主可控、安全高效并为全国服务的产业链供应链，构建具有国际竞争力的集成电路产业集群。2023 年，以"聚'丽'强链，赢'芯'未来"为主题的长三角集成电路产业协同创新发展大会在丽水举办，推动集成电路细分产业对接，推进集成电路产业链补链固链强链畅链，加快构建长三角集成电路产业协同发展大布局。

3. 通力合作：打造共同体形成产业发展合力

为充分发挥各地数字产业发展优势，长三角积极推动区域内共同体建设，通过组建长三角科技创新、数字长三角共建联盟等共同体，集合产业资源，支持新兴产业、关键技术领域协同发展，推动数字产业发展优势互补、合力攻坚，助力长三角数字经济、数字产业以及区域一体化发展。

（1）科创互助：长三角科技创新共同体

长三角通过打造长三角科技创新共同体，从技术层面为数字产业协同发展赋能提速。2020 年 12 月，科技部印发《长三角科技创新共同体建设发展规划》[①]，指出要以科技创新引领产业发展，发挥上海科创中心龙头带动作用，强化长三角地区创新优势，提升区域协同创新能力，优化区域协同创新布局和生态，打造长三角科技创新共同体。为实现共同体建设目标，长三角面向科技创新领域多主体多角度共同发力：推动高校、科研机构、企业实现产学研强强联合，面向产业创新需求，对关键技术领域进行协同攻关，解决产业核心难题；强化区域优势产业协作创新，在电子信息等重点领域建立跨区域的产业技术创新联盟，支撑量子信息等新兴产业集群发展，培养一批具有国际竞争力的龙头企业；围绕集成电路等高端高新产业以重大科技创新基地为载体，以国家高新技术产业开发区为依托，构建从基础研究到产业创新的全流程产业创新链；发挥 G60 科创走廊九城市

---

① 《长三角科技创新共同体建设发展规划》，https://www.gov.cn/zhengce/zhengceku/2020 - 12/30/content_5575110.htm，最后访问日期：2023 年 10 月 11 日。

的创新资源集聚优势，联合推进 G60 科创走廊建设。

（2）十城联动：数字长三角共建联盟

长三角通过组建数字长三角共建联盟，将十城数字经济优势聚集、融合，为数字产业协同发展搭建平台。在 2022 年长三角一体化数字文明共建研讨会上，上海两区及长三角八市政府共同发起倡议，正式组建"数字长三角共建联盟"，搭建"共建共享、开放融合、互助共进、多跨协同"的协作平台、智库平台和服务平台。

联盟十城在数字经济发展领域各具优势。上海青浦区为打破区域数字壁垒，提出建设"长三角数字干线"，以数字经济为本源，和沿线城市构建形成紧密合作的创新链和产业链；上海松江区全力建设数字经济创新产业示范区；杭州提出高水平重塑数字经济第一城，大力推进数字产业化、产业数字化，选取五大制造业实行"链长制"全覆盖不断优化产业生态；宁波以"产业大脑+未来工厂"为抓手，不断加大智能制造推进力度，撑起全球智造创新门面；嘉兴作为世界互联网大会永久举办地，充分发挥主场优势，发展数字经济高地；湖州聚焦于"城市'芯'大脑"升级建设，将现代信息技术与实体经济深度融合，数字产业化、产业数字化成效显著；南京作为全国首座"中国软件名城"全力打造万亿级软件和信息服务、五千亿级智能电网产业地标，培育集成电路、生物医药等千亿级产业集群，大步迈向"数字经济名城"；苏州持续推动传统产业产业链现代化，深化新一代信息技术与制造业融合发展，打响"工业互联网看苏州"品牌；合肥深耕数字基建新赛道，加快新型智慧城市建设，打造数字中国领先城市；芜湖建设一体化"城市大脑"，坚持数字赋能各行各业，先后获得全国首批智慧城市试点城市、数字经济百强城市称号，描绘智慧城市发展新蓝图[1]。

数字长三角共建联盟的建立对长三角数字经济、数字产业发展以及长三角区域一体化发展都具有重要意义。首先，联盟的建立为联盟十城提供了交流协作的平台，有利于数据要素相互流通，促进数字技术创新发展，以技术与要素为抓手推动数字产业转型发展，最终形成合力推动长三角地

---

[1] 《10 城共建"数字长三角共建联盟"成立!》，https://jxj. jiaxing. gov. cn/art/2022/11/9/art_ 1475435_ 58918264. html，最后访问日期：2023 年 10 月 11 日。

区一体化发展和数字经济高质量发展。其次，长三角依托数字长三角共建联盟充分调动十城数字经济发展联动，达成数字经济发展共识，形成更多数字应用场景，为各地企业、产业、行业提供技术或资金支持，形成良性循环的创新生态环境，从而保持长三角地区在我国数字经济领域的引领态势[①]。

四　案例：京津冀的数字人才协同

京津冀地区依托区域合作交流机制搭建人才互通互建平台，以数字人才支撑数字经济高质量发展。本节通过总结京津冀数字人才的发展历程，分析京津冀数字人才的协同发展路径，为国内湾区在数字人才建设方面提供参考。

（一）重要资源：数字经济时代的人才价值

根据清华大学经济管理学院互联网发展与治理研究中心（CIDG）与全球职场社交平台领英（Linked In）经济图谱团队的合作研究，数字人才可定义为"拥有 ICT 专业技能和 ICT 补充技能的就业人群"，其中 ICT 专业技能指开发 ICT 产品和服务所需的数字技能，ICT 补充技能指用特定数字技能辅助解决工作问题[②]。王思霓（2023）认为，数字经济时代急需具备数字经济领导力、数字化业务能力以及数字化治理能力的关键数字人才，应培育数字技术基础研发、深度应用数字技术适应业务场景的青年人才，使青年人才成为普惠性数字化转型的关键行动者和数字文明的建设者。在数字经济时代，具备高素质、多技能的数字人才是数字经济高质量发展、数字技术更新迭代的重要基础与保障。大力培养数字人才，对提高劳动力质量、提高经济社会发展水平、推动产业转型升级具有重要意义。

培养数字人才有利于提高劳动力质量，保障经济社会平稳发展。近年来，随着少子化、人口老龄化趋势日益严重，我国以往以数量取胜的人口

① 《王振：长三角数字经济发展现状及未来》，https://www.sass.org.cn/2023/0207/c1201a49 9623/page.htm，最后访问日期：2023 年 10 月 11 日。
② 《中国经济的数字化转型：人才与就业——中国数字人才现状与趋势研究报告》，https://economicgraph.linkedin.com/content/dam/me/economicgraph/en-us/download/china-digital-economy-talent-report.pdf，最后访问日期：2023 年 10 月 11 日。

红利正逐步减少，劳动力市场供给收缩、劳动力成本上升等问题严重制约着我国经济高质量发展，因此要增加质量型人口红利，推动人力资本质量提升与人力资本结构优化，为数字经济发展提供更多高素质人才（王园园、冯祥玉，2023）。依据梅特卡夫法则，网络价值以用户数量的平方的速度增长，即新技术只有被许多人使用才会变得有价值。在数字经济时代，数字技术的广泛应用与价值实现离不开数字人才，在数字人才使用数字技术的过程中，数字人才自身的价值得以彰显，一方面推动数字技术的使用达到必要用户规模，价值实现跳跃性提升，从而促进数字经济发展（陈怀超、田晓煜、范建红，2022）；另一方面，为数字经济发展提供充足的智力储备和创新来源（张辉、石琳，2019），为互联网、大数据、人工智能与实体经济深度融合注入新动能。

培育数字人才有利于推动传统产业转型升级，实现产业数字化和数字产业化发展。随着我国数字经济的快速发展，传统制造业不断转型升级，数字经济的深入发展正深刻变革着制造业，成为赋能制造业转型的关键（焦勇，2020）。数字技术应用离不开人才学习、掌握先进数字知识与技术的能力（陈怀超、田晓煜、范建红，2022），产业数字化和数字产业化对数字人才的要求越来越高，人才需求也呈井喷式增长，数字化技能人才短缺问题日益突出。因此，需要大力培养数字人才，多措并举，健全高校数字人才培养体系、强化产学研协作人才培养、加快数字技能职业培训、引进海外高素质数字人才[①]，助力数字产业化、产业数字化发展。

（二）交流互通：京津冀数字人才一体发展

当前，京津冀地区数字经济发展水平稳中向好，位居全国前列，以北京为核心、天津和石家庄等地协同发展的区域辐射带动格局正在形成，京津冀三地数字人才交流合作紧密，呈现"政、企、产、研共同发力"的区域协同发展特点。

京津冀三地通过多种体制机制、手段措施推动数字人才交流互通。根据《京津冀发展报告（2022）——数字经济助推区域协同发展》，京津冀

---

① 《适应数字化时代需要 加快培育造就数字人才》，https://theory. gmw. cn/2022 – 12/13/content_36231440.htm，最后访问日期：2023 年 10 月 11 日。

数字人才合作紧密，人才交流平台不断涌现。2020 年，由 160 余家京津冀企业组建的天津市高端装备和智能制造人才创新联盟成立，截至 2022 年已成功转化 45 项科研成果，有力地推动了京津冀三地产业链、创新链以及人才链的深度融合。在合作组织方面，三地数字经济相关产业、高校、科研院所、金融以及社团组织等单位共同发起的数字经济联盟，围绕京津冀数字经济政策措施、技术标准等内容开展研究，探索三地数字经济协同发展的新模式和新机制①。2023 年，京津冀三地人才联动步入新阶段达到新高度。3 月，京津冀（河北三河）人力资源服务产业园正式开园，在三地各省市人社局的谋划推动下，通过"政府引导、市场运作、合作共建"的方式，发挥产业园区的区位优势和集聚效应，重点围绕京津冀企业人才需求，将三地优势产业与人力资源精准对接，实现人才流动互通互融，人才开发互利互惠，加快实现区域人才一体化创新发展。7 月，北京市人力资源服务创新发展大赛暨国家级人力资源服务产业园北京峰会举行，来自京津冀三地的四个人力资源服务产业园在会上签署战略合作协议，共建产业园体系，搭建人才交流平台，为重点领域高质量发展提供人才支撑。

（三）"引育用留"：数字人才协同发展实践

人才一体化是京津冀协同发展的智力保障，人才一体化赋能京津冀高质量发展。2017 年，京津冀三地共同发布我国首个跨区域的人才规划《京津冀人才一体化发展规划（2017－2030 年）》，提出京津冀人才一体化发展的远景目标：到 2030 年，三地区域人才结构更加合理，人才资源市场统一规范，公共服务高效均衡，人才一体化发展模式成熟定型，人才国际竞争力大幅提升，基本建成"世界优秀杰出人才聚集区"②。为积极响应政策号召，推动京津冀人才一体化发展，京津冀围绕"引、育、用、留"四方面展开数字人才协同实践。

---

① 《数字经济成天津发展新动能》，https://www.tjcac.gov.cn/tjsg/gxkf/202208/t20220811_5956131.html，最后访问日期：2023 年 10 月 11 日。

② 《京津冀发布首个跨区域人才规划》，http://rsj.beijing.gov.cn/xwsl/mtgz/201912/t20191206_930901.html，最后访问日期：2023 年 10 月 11 日。

1. 引进人才：汇聚各地英才

数字人才协同发展，第一步是引得进，京津冀地区充分利用首都资源优势、地方产业优势、人才政策优势、区域联动优势，发挥强大的牵引效应，吸引人才、汇聚人才、广纳英才，为打造数字人才高地提供坚实的制度保障。

（1）依托首都资源优势形成人才牵引效应

北京作为京津冀城市群的核心城市，不仅具有良好的区位条件、便利的交通和雄厚的经济基础，还拥有形成国际科技创新中心的核心科教资源和产业基础，因此应当抓住北京全面建设高水平人才高地的机会，充分发挥其作为"头雁"的引领作用，形成数字人才牵引效应，将主要国家或地区的战略科学家、科技领军人才和青年科技人才引进京津冀城市群[①]。

近年来，北京牢固确立人才引领发展的战略，紧紧围绕加强"四个中心"功能建设尤其是国际科技创新中心建设，打出"放权、松绑、解忧、创生态"的人才政策组合拳。2018 年，北京市人力资源和社会保障局印发《北京市引进人才管理办法（试行）》[②]，为优化北京人才队伍结构、引进高素质人才提供制度保障。2021 年，北京接连印发《北京市"十四五"时期国际科技创新中心建设规划》[③]《"十四五"时期中关村国家自主创新示范区发展建设规划》[④]，提出要依托国家级创新基地、新型研发机构等创新平台和中关村人才特区，吸引一流国际化人才，激发人才创新活力，加快建设世界重要人才中心和创新高地。目前，北京集聚了 90 多所高校、1000 多家科研院所、128 家国家重点实验室和近 3 万家国家高新技术企业[⑤]，确立了中关村科学城、怀柔科学城、未来科学城和经济技术开发区

---

① 《王光辉：新"雁阵"引领新时代人才强国新格局》，https://www.cas.cn/zjs/202111/t20211118_4814552.shtml，最后访问日期：2023 年 10 月 11 日。

② 《北京市引进人才管理办法（试行）》，https://www.beijing.gov.cn/zhengce/zhengcefagui/201905/t20190522_60895.html，最后访问日期：2023 年 10 月 11 日。

③ 《北京市"十四五"时期国际科技创新中心建设规划》，https://www.beijing.gov.cn/zhengce/zhengcefagui/202111/t20211124_2543346.html，最后访问日期：2023 年 10 月 11 日。

④ 《"十四五"时期中关村国家自主创新示范区发展建设规划》，https://www.most.gov.cn/dfkj/bj/zxdt/202112/t20211202_178305.html，最后访问日期：2023 年 10 月 11 日。

⑤ 《北京全面建设高水平人才高地和国际科技创新中心》，https://www.gov.cn/xinwen/2021-10/01/content_5640643.htm，最后访问日期：2023 年 10 月 11 日。

"三城一区"的科技创新主阵地，人才资源和科技资源丰富，为京津冀人才引进发挥了充分的资源优势。为充分发挥北京的科创优势，建设中关村科学城，推动高端数字产业发展，北京先后印发《中关村高端领军人才聚集工程实施细则》①《北京高校科研创新发展行动计划（2022—2024年)》②实施中关村"高聚工程"和"高创计划"，旨在加快汇聚培养创新人才，持续优化人才创新创业生态系统，打造具有全球竞争力的国际人才高地。

（2）利用各地产业优势定向引入数字人才

除了北京通过首都资源优势牵引数字人才入京，天津与河北两地也发挥各自产业优势定向引入人才，推动当地数字产业、数字经济发展壮大。滨海新区作为天津重点产业区之一，集中布局发展新一代信息技术、高端装备制造、生物医药、新能源、新材料、汽车（含新能源汽车）、石油化工、航空航天等产业集群。为了积极建设滨海新区，发展数字产业集群，滨海新区每年开展"滨海新区引进创新创业领军人才"申报工作，吸引具有良好职业道德、突出专业贡献、较大发展潜力和显著引领作用的科技创新、创业、企业经营管理、创客（2023年新增）领军人才就职滨海新区。河北作为京津冀大数据产业一体化格局中承接转化的一角，以京津冀大数据综合试验区建设为契机，加速推进数字产业化发展。目前，张承廊大数据走廊初具规模，京津冀国家大数据综合试验区基本建成，大数据存储等行业发展迅速；河北卫星移动通信终端芯片等30余个电子信息产品填补了国内空白③。为服务京津冀协同发展，加强人才队伍源头建设，河北采取多项人才政策吸引人才入冀，在省的层面上有面向事业单位的"名校英才入冀"计划，在市的层面也有石家庄市委市政府牵头的"名校英才入石"计划。此外，面向高层次创新创业团队、引进高成长性科技型企业、高新技术企业或研发机构的"巨人计划"，充分体现了对人才资源的重视，为

---

① 《中关村高端领军人才聚集工程实施细则》https：//www. gov. cn/zhengce/2016 – 02/24/content_5045435. htm，最后访问日期：2023年10月10日。

② 《北京高校科研创新发展行动计划（2022—2024年)》，https：//www. beijing. gov. cn/zhengce/zhengcefagui/202201/t20220106_2583725. html，最后访问日期：2023年10月11日。

③ 《高质量发展数字经济，河北如何发力——〈河北发展数字经济的进展及成效研究〉报告解读》，http：//www. caheb. gov. cn/system/2022/07/15/030178067. shtml，最后访问日期：2023年10月11日。

促进河北数字经济发展提供政策激励与人才保障。

（3）发挥区域联动优势招才引才聚才

作为最早提出区域一体化、人才一体化发展的城市群，京津冀地区充分发挥区域协同联动优势，集三地之力赋能区域人才引入。召开"京津冀招才引智大会"是贯彻落实《京津冀人才一体化发展规划（2017—2030)》、积极打造人才发展区域共同体的具体行动，自2013年以来大会已经连续举办11届，成为京津冀地区人才链、产业链、技术链、创新链融合发展的品牌活动。大会面向京津冀区域经济发展需求，以招揽人才集聚于京津冀、服务京津冀人才协同发展为目标，以"政府主导、企业配合、供需对接"的模式为京津冀引才聚才增添动力。除了组织发动区域内多家企事业单位参会，提供数千个优质高层次人才需求岗位外，大会主办方还坚持全面发动与精准邀约相结合，主动邀约高校毕业生及各类高层次人才前往洽谈，搭建各类人才入京津冀尤其是入冀就业创业服务平台，畅通京津"双一流"高校人才来冀发展通道，促进京津冀优秀人才资源共享共用，实现区域协同联动发展。

建造于京津唐几何中心宝坻区之上的京津中关村科技城，是落实京津冀协同发展和创新驱动发展国家双战略的项目。以人聚产，以产兴城，为打造"研发孵化在北京、生产制造在宝坻"的"中关村宝坻模式"，京津中关村科技城充分发挥区域联动优势，与人力资源服务机构及多所京津冀院校合作，促成多家公司与院校搭建就业实习基地和实验室，吸引广大在校生及毕业生前来就业。此外，京津中关村科技城还主动开办校企共建专场招聘会，直接利用行业产业企业的优质资源与岗位招揽毕业生及社会求职人员，科技城吸引高端人才、技能型人才的"强磁场"效应正在显现，"筑巢引凤来"的理念正在落实。

2. 培育人才：夯实人才基础

数字人才协同发展，除了引入外来人才，更要培育本地人才，京津冀地区强化区域内"产学研"合作，搭建人才合作交流平台，构建人才共享体制机制，促进人才交流，夯实人才基础。

（1）产学研联动培养专业人才

"产学研"合作的实质是人才合作，而"产学研"合作的过程又是人才培养的过程，强化"产学研"合作是京津冀协同发展的题中之义。京津冀地区有着众多的高等院校和科研机构，整体科研力量和科研水平处于全国前列，为京津冀地区"产学研"创新联盟打下了坚实的基础。早在2014年，石家庄京津冀产学研联盟就已建立，联盟由石家庄市人民政府发起和组织，由驻京津冀高校、科研院所、金融机构和石家庄市域内重点企业等组成，旨在鼓励、引导、扶持产学研各方供需合作、信息互通、资源共享、共谋发展。该联盟的主要任务是充分发挥京津冀高校、科研机构和石家庄市各自的优势，搭建并借助京津冀产学研合作平台，引导和支持创新要素向企业集聚，扶持和促进高校、科研院所科技成果向现实生产力转化，为促进京津冀数字人才合作学习、推动京津冀区域协同发展做出积极贡献。

（2）人才共享制度促进人才交流

在京津冀，"人才共享"早已成为一种常态。各种各样的人才共享机制让数字人才在京津冀地区充分流动与交流。2015年，北京、河北组织部门联合出台《关于围绕京津冀协同发展进一步推进京冀干部人才双向挂职的意见》，要求连续五年每年互派100名干部双向挂职交流，挂职干部实行双向任职，不免派出单位职务，以挂职单位工作为主，主要负责推动京冀两地协同发展相关工作[①]。京冀互派干部双向挂职主要聚焦三方面，重点部门互派干部、有重点合作项目且地域相邻的区县市互派干部、重点行业互派专家并促进联合攻关和项目深度合作[②]。挂职制度让两地人才得以相互交流经验、学习技术，共同推进京津冀地区协同发展。同年，北京市通州区、天津市武清区和河北省廊坊市三地以人才为突破口，建立人才工作联席会议制度，并签署区域人才合作框架协议。《"通武廊"区域人才合作框架协议》坚持平等协商、合作共赢、资源共享的合作原则，在区域人才信息共享、区域人才交流合作、区域人才联合培养等领域进行深度合作，以人才先行引领带动三地协同发展。2017年，三地又正式签署了《推

---

① 《硬核！京津冀"共享人才"》，https://www.gov.cn/xinwen/2021-02/22/content_5588229.htm，最后访问时间：2023年10月11日。

② 《京冀启动互派百名干部人才挂职落实协同发展》，https://www.gov.cn/xinwen/2015-07/24/content_2902189.htm，最后访问日期：2023年10月11日。

进通武廊战略合作发展框架协议》，明确在科技创新和人才合作等方面开展对接合作，促进通武廊一体化发展，打造协同发展试验示范区。

3. 用好人才：做到人尽其才

为了最大限度发挥人才的作用，京津冀围绕各地数字经济产业优势，按照三地各自的特点，打造"一体、三极、六区、多城"的人才总体布局，引导人才随着产业流动。"一体"即打造区域人才一体化发展共同体。"三极"，即围绕全国科技创新中心建设，把北京打造成创新型人才聚集中心，形成京津冀创新人才发展极；围绕全国先进制造研发基地建设，把天津打造成产业创新人才聚集中心，形成京津冀高端制造人才发展极；围绕河北省转型发展需要，发挥雄安新区创新发展示范作用和石家庄承接转化带动作用，形成京津冀创新转化人才发展极①。

具体而言，北京依托良好的科创资源和产业基础，主要聚焦于人工智能、量子信息等领域和集成电路、关键新材料等方向的科技创新研究，努力形成先发优势，吸引创新型、研究型的顶尖数字人才。天津市委在"十四五"规划建议中提出要坚持制造业立市，发展先进制造业，推动制造业高质量发展，天津依托滨海新区发展新一代信息技术、高端装备制造等产业集群，对各类制造业专业人才有着极大需求。为此，天津成立天津市高端装备和智能制造人才创新创业联盟，"订单式"培养和引进产业急需和适用人才，为高端数字制造人才提供大展身手的平台。河北雄安新区承接符合新区定位的北京非首都功能疏解，积极吸纳和集聚创新要素资源，对接来自京津冀的各类高质量技能人才，高起点布局高端高新产业。随着大数据、区块链、物联网等数字技术在新区内的发展与应用，数字交通、数字金融、数字健康等数字经济核心产业不断发展，雄安"数字之城"正悄然形成，又进一步吸引大量高新技术创业人才涌入河北。

4. 留住人才：优化人才环境

数字人才协同发展，引得进、用得好，更要留得住。京津冀地区将刚性制度保障与柔性社会风尚相结合，一方面用完善的人才优惠政策体现对人才

① 《京津冀发布首个跨区域人才规划》，http://rsj.beijing.gov.cn/xwsl/mtgz/201912/t20191206_930901.html，最后访问日期：2023年10月11日。

的服务与支持，用人才表彰奖项释放对人才的尊重与诚意；另一方面完善人才政策相关配套设施，打造宜居的人文氛围，不断营造良好的人才环境。

（1）人才制度保障，体现地方用才诚意

人才要引得进，留得住，才能充分发挥人才的作用，助力数字经济发展。京津冀制定一系列人才优惠政策，营造良好的爱才环境，体现各地的用才诚意。北京面向中关村示范区内的创新创业主体制定《中关村国家自主创新示范区优化创业服务促进人才发展支持资金管理办法》①，为创业服务机构和创新创业人才提供相应的项目资金补贴、房租补贴支持以及人力资源、知识产权等专业服务。为留住数字人才，促进高精尖产业发展，北京制定《关于优化人才服务促进科技创新推动高精尖产业发展的若干措施》②，支持符合条件的人才办理人才绿卡，享受市民待遇，外籍人才还可享受出入境、海关通关等方面的便利。天津发布《天津市"海河英才"行动计划》③《天津市进一步加快引育高端人才若干措施》④《天津市数字经济领域技术技能人才培育项目实施方案》⑤，从落户、购房、家属随迁等方面提供便利。此外，天津还不断完善人才激励体制，对于在促进天津经济发展和科技创新方面有突出贡献的高端人才给予奖励资助，免缴个人所得税；对于脱产参加数字人才培育项目的专业技术人员确保享受与在岗同等的工资福利和保险待遇，并报销学费，为人才全身心投入创新创业、技能提升提供政策支持。河北为吸引更多京津人才、科技成果等高水平创新要素向其集聚，印发《关于进一步吸引京津科技成果在冀转移转化的若

① 《关于印发〈中关村国家自主创新示范区优化创业服务促进人才发展支持资金管理办法〉的通知》，https://www.beijing.gov.cn/zhengce/zhengcefagui/201905/t20190522_62010.html，最后访问日期：2023年10月11日。
② 《北京市人民政府印发〈关于优化人才服务促进科技创新推动高精尖产业发展的若干措施〉的通知》，https://www.beijing.gov.cn/zhengce/zhengcefagui/201905/t20190522_60682.html，最后访问日期：2023年10月11日。
③ 《天津市"海河英才"行动计划》，https://hrss.tj.gov.cn/xinwenzixun/xinwendongtai/202009/t20200907_3642153.html，最后访问日期：2023年10月11日。
④ 《关于印发〈天津市进一步加快引育高端人才若干措施〉的通知》，https://gyxxh.tj.gov.cn/ZWXX5652/TZGG644/2018N1989/202007/W020200730581838343329.pdf，最后访问日期：2023年10月11日。
⑤ 《市人社局市财政局关于印发〈天津市数字经济领域技术技能人才培育项目实施方案〉的通知》，https://hrss.tj.gov.cn/zhengwugongkai/zhengcezhinan/zxwjnew/202212/t20221201_6047824.html，最后访问日期：2023年10月11日。

干措施》①，对全职在河北省工作的国家高层次创新型科技人才，由省财政拨款给予每人最高 1000 万元的科研经费补贴和 200 万元的安家费，并提供前三年免租金、到期后租金减半的人才公寓作为过渡性住房支持，为京津科技人才提供一站式科技人才服务保障。

（2）加强社会引导，形成尊重人才风尚

人才是第一资源，发挥这一资源的作用需要营造良好的社会环境，除了制度保障，社会文化与社会氛围在留住数字人才方面发挥着重要作用。京津冀对优秀人才进行大力宣传、公开表彰，引导社会形成尊重人才的风尚。北京早在 2007 年便印发了《北京市市级人才专项表彰奖励项目评选表彰办法》②，表彰在首都经济社会发展中做出突出贡献的人才，营造"尊重劳动、尊重知识、尊重人才、尊重创造"的良好社会氛围。近年来，北京开展多批次优秀人才表彰工作，如第十四批"北京市有突出贡献的科学、技术、管理人才"、第六批"北京市有突出贡献的高技能人才"、第六批"北京市有突出贡献的农村实用人才"评选表彰活动，第十批"北京市优秀青年人才"候选人推荐工作等，并对入选人才的姓名、单位、职业和主要事迹面向社会公示，激励广大人才奋发有为，进一步营造良好的人才成长环境。天津与河北在人才表彰方面也设有相关奖项，如天津市突出贡献专家、"131"创新型人才团队和河北省优秀回国人员、河北省科技创新团队等表彰，鼓励科创人才面向产业发展前沿潜心钻研，为本地数字经济高质量发展做出贡献。

一系列政策文件、表彰奖项充分体现了京津冀地区识才爱才敬才用才的诚意和尊重知识、尊重人才的社会风气。引导社会培养与践行尊重人才的价值风尚和社会文化，有利于释放京津冀地区对人才求贤若渴的积极信号，吸引更多人才慕名前来；有利于增强人才对本地的归属感与安全感，使人才在本地扎根，心无旁骛地钻研业务，推动数字经济发展；有利于鼓励本地人才尤其是青年人才不断提升个人知识水平与专业技能，营造终身

---

① 《河北省人民政府办公厅印发关于进一步吸引京津科技成果在冀转移转化若干措施的通知》，http://yjs. hebei. gov. cn/news/zxzc/2022 – 11 – 03/1610. html，最后访问日期：2023 年 10 月 11 日。

② 《关于印发北京市市级人才专项表彰奖励项目评选表彰办法的通知》，https://www. huiqiyidiantong. com/content/185/20254，最后访问日期：2023 年 10 月 10 日。

学习的社会氛围，培养具有竞争力的人才队伍。

（3）完善配套服务，打造人才宜居环境

完善的配套设施、良好的生活条件吸引着人才驻足安家，京津冀大力打造浓厚的文化生活氛围，为人才提供宜居宜业的生活环境。以京津中关村科技城为例，它不仅是一座现代化的科技园区，也是一座文化生活氛围愈益浓厚的宜居之地。随着京津冀协同发展不断推进，京津中关村科技城创新制度架构，一方面全力给人才提供创业沃土，一方面不断完善住房、教育、医疗、商业等配套设施，让人才能够安心扎根。2020年，天津市发改委印发一号文件《天津市支持重点平台服务京津冀协同发展的政策措施（试行）》①，为北京转移来津项目提供职工落户、子女教育、医疗医保等多项优惠政策，在宝坻京津中关村科技城先行先试。2022年11月，天津市宝坻区教育局又出台《关于做好京津中关村科技城区域内随迁子女就学工作的实施意见》，对落地京津中关村科技城的项目并在科技城范围内工作、生活的人员随迁子女就学问题给予详细解决方案，进一步形成磁铁效应②。2022年12月，随着京唐、京滨城际铁路的开通，宝坻加入京津冀"半小时生活圈"，风驰电掣的高铁，不仅提高了职工通勤的交通便捷度，也迸发出区域协同新动力。京津中关村科技城紧紧围绕"产、城、人、景、文"的协同发展理念，着力营造人才宜居宜业的环境，截至目前已完成一期4.19平方公里基础设施开发建设，累计开工建设23公里市政道路、3座街区公园和约3平方公里的城市滨水公园，4公里的滨水生态廊道，二期5.2平方公里的基础设施已启动建设③。为深化人才协同，1400平方米的人力资源服务中心已经建成，700平方米的大学生创业培训基地正在建设④。随着配套建设的人才主题公园、文化长廊、餐饮娱

---

① 《市发展改革委关于印发天津市支持重点平台服务京津冀协同发展的政策措施（试行）的通知》，https://fzgg.tj.gov.cn/zwgk_47325/zcfg_47338/zcwjx/fgwj/202012/t20201219_5068894.html，最后访问日期：2023年10月10日。

② 《京津中关村科技城：阡陌之间崛起创新高地》，https://www.thepaper.cn/newsDetail_forward_23145282，最后访问日期：2023年10月10日。

③ 《京津中关村科技城：阡陌之间崛起创新高地》，https://www.thepaper.cn/newsDetail_forward_23145282，最后访问日期：2023年10月10日。

④ 《天津宝坻京津中关村科技城绘就发展新蓝图》，http://guoqing.china.com.cn/2023-01/18/content_85065569.htm，最后访问日期：2023年10月11日。

乐等综合设施不断完善，"研发设计在北京、生产制造在宝坻""白领工作在北京、生活居住在宝坻"的京津冀协同发展宝坻模式正在打造，京津中关村科技城以人为本的"人城产"逻辑理念正在落实，"巢暖凤自栖"的目标正在实现。

五　案例：粤港澳大湾区的数据要素协同配置

粤港澳大湾区紧紧把握数据要素在区域经济协同发展中的总牵引作用，依托粤港澳大湾区的数字基础设施建设，大力推进数据要素市场化配置改革，建设市场制度、交易规则和平台载体统一的湾区数据要素交易市场，推动湾区数据要素市场体系建设与数字政府建设深度融合发展，稳步推进湾区市场体系的培育和数据资源流动交易，积极探索湾区粤港澳三地数据流通审批与管控等相关规则与制度协力融通，合力构建粤港澳数据要素统一大市场。

（一）数据要素价值："新资源""新资产""新资本"①

伴随着数字经济的蓬勃发展，数据成为数字经济时代驱动经济社会发展的核心动能，其蕴含的巨大价值和潜能可分为"新资源"、"新资产"和"新资本"三个层次②。数据作为数字经济发展的"新资源"，承担着关键性生产要素的角色，推动社会生产方式和生产关系的变革。数据作为"新资产"，成为组织不可缺少的战略资源，为数字经济蓬勃发展奠定重要基础。数据作为"新资本"，孵化创造新产品与服务，助推数字经济走向数据资本时代。

1. 价值凝聚：数据作为"新资源"，是数字经济的关键生产要素

2019 年 10 月，中共中央十九届四中全会审议通过了《中共中央关于坚持和完善中国特色社会主义制度、推进国家治理体系和治理能力现代化

---

① 《数据作为生产要素的作用和价值》，http://www.iii.tsinghua.edu.cn/info/1059/2358.htm，最后访问日期：2023 年 10 月 10 日。

② 《数据作为生产要素的作用和价值》，http://www.iii.tsinghua.edu.cn/info/1059/2358.htm，最后访问日期：2023 年 10 月 10 日。

若干重大问题的决定》①，提出了"健全劳动、资本、土地、知识、技术、管理、数据等生产要素由市场评价贡献、按贡献决定报酬的机制"。2020年4月，中共中央、国务院发布《关于构建更加完善的要素市场化配置体制机制的意见》②，数据作为新型生产要素首次被纳入中央关于要素市场化配置文件。人类社会步入以数字化生产力为主要标志的数字经济时代，数据作为关键生产要素的地位和作用得到了重视和凸显，对经济社会高质量发展具有重要意义。

在数字经济背景下，数字技术与人类生产生活互动产生了前所未有的深度交互融合，数据作为新型关键生产要素，在数字经济中发挥着战略性资源作用。一方面，数据是"未来的新石油"③，随着互联网、物联网等新技术的飞速发展，万物互联化与数据泛在化决定了互联网新兴领域将得到长足发展，带来了生产方式、生活方式、管理方式与思维模式等的变革，由信息技术深入经济社会各领域而形成的互联网新业态成为数字经济时代引领经济增长的重要力量；另一方面，对于传统领域而言，在数据和数字技术的驱动下，土地、技术、劳动和资本等传统要素也迎来了数字化变革。数据对土地、资本、技术等传统生产要素产生深刻的影响，释放着传统生产要素的新潜力，不仅放大了传统要素的效能和价值，提升了产出效率和资源配置效率，还推动传统生产要素在数字空间中产生出新形式，孕育出"新土地""新资本""新技术"等新要素，实现了传统要素价值的叠加与倍增。数字化的过程必将伴随着转型升级的巨大发展机遇，从生产要素的基本含义来讲，数据作为一种新型生产要素，具备着劳动对象和劳动工具的双重属性。作为劳动对象，数据的采集、加工、存储、流通和分析等环节赋予了其价值和使用价值；而作为劳动工具，数据的应用有助于推动生产力的发展和生产效能的提升。

---

① 《中共中央关于坚持和完善中国特色社会主义制度、推进国家治理体系和治理能力现代化若干重大问题的决定》，https://www.gov.cn/zhengce/2019-11/05/content_5449023.htm，最后访问日期：2023年10月10日。

② 《关于构建更加完善的要素市场化配置体制机制的意见》，ttps://www.gov.cn/zhengce/2020-04/10/content_5500740.htm，最后访问日期：2023年10月10日。

③ 《Data Is the New Oil of the Digital Economy》，https://www.wired.com/insights/2014/07/data-new-oil-digital-economy，最后访问日期：2023年10月10日。

2. 价值创造：数据作为"新资产"，成为组织重要的战略资产

随着数据逐渐渗透到经济社会运行发展的各个方面，数据成为个人、企业和国家等重要的资产组成部分。数据资产侧重在"资产"，本质上强调产权概念，侧重在数据的经济维度。根据财政部发布的政府和企业会计准则，资产是指会计主体由过去的经济业务或者事项形成的、由会计主体拥有或控制的、预期能够给会计主体带来经济利益的资源。目前关于数据资产的定义，现行法律法规并没有找到相关规定，学界也并未对此达成共识，但参考已经出台的国家标准和地方标准①，能够发现目前对数据资产的定义主要由三个部分构成：产权归属、数据经济效益、资源可计量性。

由此可见，数据资产是指由组织拥有或者控制的、能够直接或间接带来经济利益的、可计量或交易的、以物理或电子的方式记录的数据资源，如文件资料、电子数据等。对于组织在过去经营或交易过程中形成的有价值的数据，并且这些有价值的数据可控制、可量化、可交易的过程被称为数据资产化过程。数据资产化有助于数据社会化配置和利用，推进数据生产、匹配、流转等价值的流通与升华，促进数据对智能分析与服务在科学研究、社会治理和经济活动等领域的应用和释能，进一步推动数字经济基本制度的构建和完善。

3. 价值耦合：数据作为"新资本"，孵化创造新的产品和提供更好的服务

2016 年 3 月，MIT Technology Review 与 ORACLE 联合发布研究报告《数据资本的兴起》②，强调数据已经成为一种资本，和人力资本、金融资

---

① 《信息技术服务数据资产管理要求》（GB/T 40685 - 2021）中"数据资产"的定义为"合法拥有或者控制的，能进行计量的，为组织带来经济和社会价值的数据资源"。《信息技术服务 治理 第 5 部分：数据治理规范》（GB/T 34960.5 - 2018）中"数据资产"的定义为"组织拥有和控制的、能够产生效益的数据资源"。浙江省征求意见中的地方标准《数据资产确认工作指南（征求意见稿）》对"数据资产"的定义为"会计主体过去的交易或事项形成的，由会计主体拥有或合法控制的，能够进行可靠计量的，预期会给会计主体带来经济利益或产生服务潜力的数据资源"。

② 《The Rise of Data Capital》，http://files.technologyreview.com/whitepapers/MIT_ Oracle + Report-The_ Rise_ of_ Data_ Capital. pdf，最后访问日期：2023 年 10 月 10 日。

本一样，能够产生新的产品和服务，具有非竞争性、不可替代性以及体验性的特征，是未来公司重要的竞争优势来源。关于资本的定义，马克思认为资本本质上是一种关系，是不平等的权力关系，占领了某种资源进而在市民社会和市场上具有某种地位或优势。在工业时代，资本通过货币购买生产资料和劳动力、攫取劳动者剩余价值以获利的方式呈现；在产业经济时代，金融资本通过银行借贷平台利用信托和票据影响产业资本，形成了金融资本对产业资本的优势地位。在数字时代，人类生产与生活活动严重依赖大数据与云计算，数据资本成为极具影响的特殊资本类型。

随着数据价值与新兴技术相结合，在数据"新资本"的驱动下，组织将数据作为重要资产，在数据流通中寻求商业化与资本化，不仅仅是流量的变现，更依靠数据进行组织结构重塑、业务流程再造、服务流程变革，给原有的市场形态和市场机制带来了重大变革，重构了整个产业生态，实现了数据价值的成倍递增，数据"新资本"的作用与日俱增。

（二）湾区数据政策支持与发展现状

为推动区域数据要素发展，粤港澳湾区推出一系列政策支持与制度保障，积极探索区域数据协同治理模式，创新区域数字协同发展机制，通过塑造区域间畅通互哺数据良性互动，打造多元数据协同生态，促进湾区数字经济发展。

1. 国家数据发展战略：为湾区数据协同提供顶层设计指引

为发挥数据在经济社会发展中的重要作用，我国积极推进数据战略部署，尽可能释放数据价值。2015 年 9 月，国务院发布了指导我国大数据发展的纲领性文件《促进大数据发展的行动纲要》[①]，正式开启了大数据作为国家发展战略的数据时代。2020 年 4 月，中共中央、国务院印发《关于构建更加完善的要素市场化配置体制机制的意见》[②]，明确将数据作为新型生产要素，强调要加快培育数据要素市场，推动数据要素配置效益最大化和

[①] 《国务院关于印发促进大数据发展行动纲要的通知》，https://www.gov.cn/zhengce/content/2015-09/05/content_10137.htm，最后访问日期：2023 年 10 月 10 日。

[②] 《中共中央 国务院关于构建更加完善的要素市场化配置体制机制的意见》，https://www.gov.cn/zhengce/2020-04/09/content_5500622.htm，最后访问日期：2023 年 10 月 10 日。

效率最优化。2021年3月，"十四五"规划纲要提出①，要建立健全数据要素市场规则，统筹数据开发利用、隐私保护和公共安全，加快建立数据资源产权、交易流通、跨境传输和安全保护等基础制度和标准规范。

同时，为激发数据要素潜能、释放数据要素价值，我国逐步完善和构建数据制度体系和组织架构。2021年6月和8月，全国人民代表大会常务委员会先后通过《中华人民共和国数据安全法》②和《中华人民共和国个人信息保护法》③，为数据在数字经济发展过程中发挥其基础资源和创新引擎作用提供重要安全保障。2022年12月，中共中央、国务院印发《关于构建数据基础制度更好发挥数据要素作用的意见》④，从数据产权、数据要素流通和交易、数据要素收益分配、数据要素治理四个方面系统性构建数据基础制度框架体系。2023年3月，中共中央、国务院印发《党和国家机构改革方案》⑤，提出组建国家数据局，为协调数据基础制度建设，统筹数据资源整合共享和开发利用，统筹推进数字经济、数字社会、数字中国建设，解决数字经济领域发展的制度性难题提供系统完备、科学规范、运行高效的组织体系和发展格局。

2. 湾区数据政策制度：为区域数据协同提供落实落细指导

为推进区域数据协同，大湾区、广东省、港澳均对数据流动和数据发展进行先行探索，并且以制度政策形式规范和落实到实践层面，积累丰富的数据协同经验，为区域数据协同发展落实落细提供重要的政策指导。

在大湾区层面，2019年2月，《粤港澳大湾区发展规划纲要》⑥指出要建设粤港澳大湾区，构建开放型区域协同创新共同体，强调智慧城市群

---

① 《中华人民共和国国民经济和社会发展第十四个五年规划和2035年远景目标纲要》https://www.gov.cn/xinwen/2021-03/13/content_5592681.htm，最后访问日期：2023年10月10日。

② 《中华人民共和国数据安全法》，http://paper.people.com.cn/rmrb/html/2021-06/19/nw.D110000renmrb_20210619_1-07.htm，最后访问日期：2023年10月10日。

③ 《中华人民共和国个人信息保护法》，http://www.cac.gov.cn/2021-08/20/c_163105002835286.htm，最后访问日期：2023年10月10日。

④ 《中共中央 国务院关于构建数据基础制度更好发挥数据要素作用的意见》，https://www.gov.cn/zhengce/2022-12/19/content_5732695.htm，最后访问日期：2023年10月10日。

⑤ 《中共中央 国务院印发〈党和国家机构改革方案〉》，https://www.gov.cn/gongbao/content/2023/content_5748649.htm，最后访问日期：2023年10月10日。

⑥ 《中共中央 国务院印发〈粤港澳大湾区发展规划纲要〉》，https://www.gov.cn/zhengce/2019-02/18/content_5366593.htm#1，最后访问日期：2023年10月10日。

试点示范和珠三角国家大数据综合试验区建设，加强粤港澳智慧城市合作，充分发挥粤港澳的科技和产业优势，推进"广州—深圳—香港—澳门"科技创新走廊建设，探索有利于人才、资本、信息、技术等创新要素跨级流动和区域融通的方式，积极吸引和对接全球创新资源，共建粤港澳大湾区大数据中心和国际化创新平台。

在广东省层面，2020年11月，《广东省建设国家数字经济创新发展试验区工作方案》① 提出强化数字经济创新要素高效配置，充分发挥数据作为数字经济关键生产要素的重要价值。2021年7月，《广东省数字经济促进条例》② 强调利用数字资源和数字技术两大要素，依托数字基础设施支撑，推进数字产业化和产业数字化，打造具有国际竞争力的数字产业集群，建设数字经济强省。同月，《广东省数据要素市场化配置改革行动方案》印发③，广东省在全国率先启动数据要素市场化配置改革，构建以政府行政机制为主的一级市场和以市场竞争机制为主的二级市场的新型要素市场体系。2021年10月，《广东省公共数据管理办法》④ 以制度创新的形式进一步完善区域数字经济发展的基础制度建设，在国内首次明确将公共服务供给方数据纳入公共数据范畴、在省级立法层面落实"一数一源"、明确数据交易标码等，完成全省公共数据资源普查工作，初步建成省市一体化政务大数据中心等。2022年《广东省公共数据开放暂行办法》⑤ 出台，明确公共数据开放的管理体制和长效机制，为推动公共数据开放和开发利用提供制度保障。

2023年2月，《"数字政府2.0"建设落实"实体经济为本，制造业当

---

① 《广东省人民政府关于印发广东省建设国家数字经济创新发展试验区工作方案的通知》，https://www.gd.gov.cn/zwgk/wjk/qbwj/yfh/content/post_3137605.html，最后访问日期：2023年10月10日。

② 《广东省数字经济促进条例》，http://gdii.gd.gov.cn/szfgfxwj/content/post_3459411.html，最后访问日期：2023年10月10日。

③ 《广东省人民政府关于印发广东省数据要素市场化配置改革行动方案的通知》，http://zf-sg.gd.gov.cn/zwgk/wjk/content/post_3342669.html，最后访问日期：2023年10月10日。

④ 《广东省公共数据管理办法》，https://www.gd.gov.cn/zwgk/wjk/qbwj/yfl/content/post_3584932.html，最后访问日期：2023年10月10日。

⑤ 《广东省政务服务数据管理局关于印发广东省公共数据开放暂行办法的通知》，http://zf-sg.gd.gov.cn/zwgk/wjk/content/post_4059898.html，最后访问日期：2023年10月10日。

家"工作若干措施》①强调推动数据要素、数字技术与实体经济的深度融合，释放海量数据价值，赋能实体经济高质量发展。2023 年 4 月，广东省政务服务数据管理局起草了《广东省数据流通交易管理办法（试行）》系列文件②，并且公开征求社会各界意见，进一步为规范数据流通交易活动，保护数据要素权益，保障数据安全，推进数据自主有序流动与高效公平配置提供重要的制度支持。

3. 湾区数据创新举措：为区域数据协同提供切实落地指南

为释放数据要素活力促发展，粤港澳大湾区不断完善数据管理制度，创新公共数据运行模式，构建了以行政机构为主的一级市场和以市场竞争为主的数据交易二级市场的两级数据要素市场体系，在数据流动、数据交易、数据管理、数据应用等环节先行探索出系列极具中国特色的湾区方案。

在数据管理制度体系上，构建了以行政机构为主的一级市场，组建了广东省公共数据运营管理机构，成立了广东省数据资产登记合规委员会，探索公共数据资产化管理，建立公共数据资产的确权、评估和统计调查制度，探索进行公共数据资产凭证和数据要素统计核算试点工作，为数据有序、安全流通和交易提供制度保障。此外，开创政府首席数据官和数据经纪人试点，构建有效促进数据流通的重要组织形式。政府首席数据官制度，完善了政务数据治理组织架构，优化了政务大数据跨部门、跨层级、跨领域间数据共享协同机制。通过数据经纪人资格认证和管理制度，规范数据经纪人的执业行为，有效联结数据供需两侧，规避数据无序流动带来的诸多风险，实现源头、责任可追溯，风险可控、可监督。

在数据产业生态培育上，数字政府建设生动鲜活地展现了"数字空间"治理形态与治理模式。在粤省事 App 上线个人数字空间，在粤商通 App 上线法人数字空间，汇聚用户常用证照和常用数据信息，提供数据携带、授权、存证、溯源的便捷安全服务，突破区域间公共数据治理壁垒，

---

① 《广东省"数字政府 2.0"建设落实"实体经济为本，制造业当家"工作若干措施》，http://zfsg. gd. cn/gkmlpt/content/4/4094/post_4094960. html#4079，最后访问日期：2023 年 10 月 10 日。

② 《广东省政务服务数据管理局关于〈广东省数据流通交易管理办法（试行）〉系列文件公开征求意见的公告》，http://zfsg. gd. cn/hdjlpt/yjzj/answer/mobile/27595#/index，最后访问日期：2023 年 10 月 10 日。

为区域协同治理提供重要数据支撑。数字政府依托"粤省心"平台为企业提供精准化服务，创新推出"一地创新，各地复用"的"粤复用"建设模式，推广共享湾区数字政府建设成果，形成多方参与、协同治理的产业生态圈。建设全省经济运行调节数字化支撑平台"粤经济"，以大平台、大数据、大服务、大治理、大协同为区域经济高质量发展提供重要的态势分析和信息决策支撑。

粤港澳大湾区积极创新区域数字协同机制，摸索数据从产生到发挥要素作用全过程的产业链条，将数据采集、数据管理、数据储存、数据分析应用、数据流通共享、数据交易、数据金融等节点一一打通，塑造数据互相反哺的良性动态，打造促进数字经济发展的多元协同生态。

（三）案例：粤港澳大湾区数据要素协同模式

粤港澳大湾区积极探索数据要素协同治理模式，通过联通区域要素流动机制、促进区域数据市场化配置改革、推动区域数据规则制定等方式，推动区域间数据流动无阻，释放区域内数据要素活力与势能，打造对标全球先进城市群数据产业发展能级、具有高标准一体化数据产业链的数字湾区。

1. 联通湾区数据要素流动机制，促进区域内数据交换共享顺畅无阻

2022年6月，南方数据服务联盟创新发展大会在广州黄埔区举行，正式组建由工信部电子五所、中国信通院、广发证券等11家企事业单位及社会组织共同发起的南方数据服务联盟，覆盖"政、产、学、研、金、服、用"数据完整链条，实现社会多元主体共建共享区域数字治理。大会启动建设粤港澳大湾区国家大数据综合试验区，发布《推进数据要素市场发展共识》，共同促进粤港澳大湾区数据经济高质量发展①。2020年8月，国务院批复同意《中新广州知识城总体发展规划（2020－2035年）》②，明确建

---

① 《南方数据服务联盟在穗成立，探索建立粤港澳数据融合长效机制》，https://new.qq.com/rain/a/20220619A02DME00，最后访问日期：2023年10月10日。

② 《国务院关于中新广州知识城总体发展规划（2020—2035年）的批复》，https://www.gov.cn/zhengce/content/2020－08/28/content_5538191.htm？trs＝1，最后访问日期：2023年10月10日。

立粤港澳大湾区大数据综合试验区，探索构建粤港澳三地数据跨境、跨域、跨级流动融合长效机制，推动湾区大数据要素市场化流动与交易规范化，打造智能泛在、高效融合、协同创新的大数据流通与交易综合服务平台，助力数据要素有序流通和健康发展。

2023 年，在"2023 数字经济峰会"上，广东省政务服务数据管理局局长杨鹏飞指出，未来将从"要素通""基座通""营商通""产业通""政务通""治理通""深度融湾"七个方面推进"数字湾区"的建设，进一步推进数据要素协同流通的系列探索①。在数据要素流动方面，建设粤港澳大湾区大数据中心，推动香港数据一站通、空间数据一站通与"开放广东"平台协同，推动数据要素畅通流动。探索构建湾区数据综合业务网，建设三地互通的数据要素网络。在数据要素共享方面，推动"粤商通"与香港、澳门经贸合作信息平台融合对接，为湾区企业提供开办、年报、融资、税务、政策兑现等一站式服务，优化市场主体投资生产经营全链条服务。

2. 探索湾区数据要素市场配置，释放区域内数据要素价值倍增活力

2021 年 7 月，广东省印发《广东省数据要素市场化配置改革行动方案》②，持续推进数据要素市场化配置，激发区域数据要素的价值和活力。与数据要素市场体系建设深度融合是广东数字政府 2.0 阶段的显著特征，也是粤港澳大湾区布局数据要素发展聚集地的重要方式。在制度规范体系建设上，《广东省数字经济促进条例》③《深圳经济特区数据条例》④《广东省公共数据管理办法》⑤ 等相继出台，为规范数据采集、处理、应用、质量管理等环节，推进数据资源资产开发利用提供法律政策依据，为数字经

---

① 《广东携手港澳打造"数字湾区"，加快大湾区全面数字化发展》，http://hmo.gd.gov.cn/ygahz/content/post_4154124.html，最后访问日期：2023 年 10 月 10 日。

② 《广东省人民政府关于印发广东省数据要素市场化配置改革行动方案的通知》，http://zf-sg.gd.gov.cn/zwgk/wjk/content/post_3342669.html，最后访问日期：2023 年 10 月 10 日。

③ 《广东省数字经济促进条例》，http://gdii.gd.gov.cn/szfgfxwj/content/post_3459411.html，最后访问日期：2023 年 10 月 10 日。

④ 《深圳经济特区数据条例》，http://www.szrd.gov.cn/szrd_zlda/szrd_zlda_flfg/flfg_szfg/content/post_706636.html，最后访问日期：2023 年 10 月 10 日。

⑤ 《广东省公共数据管理办法》，https://www.gd.gov.cn/zwgk/wjk/qbwj/yfl/content/post_3584932.html，最后访问日期：2023 年 10 月 10 日。

济全面释放数据要素效能提供制度保障。

为布局大港澳数据要素发展聚集地，广东积极推进以市场竞争机制为主的数据交易二级市场健康发展，以广州交易所和深圳交易所为载体，建设市场制度、交易规则和平台载体统一的湾区数据要素交易市场，推动建立湾区协同统一的数据资产登记规则，推动粤港澳三地合作建立数据要素集聚发展区，建设湾区数据要素统一大市场。据悉，2022 年，广州数据交易所、深圳数据交易所相继挂牌成立，当年累计交易额超过 17 亿元，2023 年广东数据交易额将突破 50 亿元[①]。此外，广东省政务服务数据管理局局长杨鹏飞在"2023 数字经济峰会"的主题发言中表示[②]，目前正研究推进将数据生产要素纳入国民经济核算体系，广州海珠、深圳南山已获批开展数据生产要素统计核算试点工作，为明确数据资产统计范围、分类标准，建设数据资产统计调查制度摸索具有可行性、有效性和复制性的路径与实现形式。

3. 推动湾区数据全球规则制定，促进区域内数据与世界接轨合作

粤港澳大湾区发挥独特制度优势，顺应发展新路向，汲取国际合作应用场景，率先探索数据要素产权归属与定价规则、数据跨境流动规则、数据跨境监管保护规则、国际数字治理规则等，突破粤港澳三地在自身发展与融合发展上的难题，健全粤港澳数据协同治理体系，以制度创新推进湾区体制机制畅通对接，促进区域内生产要素高效流动、市场互联互通。

粤港澳大湾区以开放创新的姿态、背靠祖国、面向世界、拥抱未来，积极探索建立与国际接轨的开放型经济新体制，打造高水平参与国际经济合作的平台。支持广州南沙（粤港澳）数据服务试验区、珠海横琴粤澳深度合作区、前海深港现代服务业合作区建设，依托"三个平台"深化改革、扩大开放、发挥试验示范作用，引领带动粤港澳全面合作，拓展国际交往互动发展空间，探索建立"数据海关"，开展跨境数据流通的审查、评估、监管等工作，参与国际数据规则和技术标准制定，提升数字经济话

---

① 《广东研究将数据要素纳入 GDP 核算体系〈广东省数据条例〉即将出台》，https://news. cnstock. com/news，bwkx－202304－5045649. htm，最后访问日期：2023 年 10 月 10 日。

② 《广东研究将数据要素纳入 GDP 核算体系〈广东省数据条例〉即将出台》，https://news. cnstock. com/news，bwkx－202304－5045649. htm，最后访问日期：2023 年 10 月 10 日。

语权与影响力。

推进湾区与国际接轨，加快湾区科技创新一体化进程，全力促进粤港澳大湾区合作创新优势互补，打造大湾区知识产权国际合作高地。支持医疗等科研合作项目数据资源有序跨境流通，推进粤港澳联合设立的高校、科研机构向国家争取建立专用科研网络，逐步实现科学研究数据跨境互联。广东省市场监督管理局（知识产权局）局长麦教猛在新闻发布会上表示[1]，截至 2022 年 3 月 31 日，广东省累计开展粤港、粤澳知识产权合作项目 356 项，湾区联合举办了大湾区知识产权交易博览会、高价值专利培育布局大赛等重大活动，有力助推粤港澳大湾区国际一流湾区和国际科技创新中心建设。

六 案例：旧金山湾区、纽约湾区与东京湾区的数字经济协同发展

旧金山湾区、东京湾区和纽约湾区作为国际三大湾区具备开放的经济结构、高效的资源配置能力、完善的交通和基础设施、科技创新能力、强大的聚集功能和外溢效应等一系列区域协同发展优势，探索出了国际湾区数字经济发展的不同路径，取得了瞩目的成就。

（一）旧金山湾区："高新技术湾区"以高新技术为核心，推动数字经济深度协同发展

旧金山湾区是典型的以市场力量驱动发展的高新技术湾区，在卓越宜居的自然环境以及开放自由的人文氛围下，聚集了以硅谷为核心的全球高新技术产业，在湾区内多元主体共同参与、建设、治理的背景下形成了区域内创新协同合作网络，塑造出产学研深度融合的数字经济创新生态。

1. 发展背景

旧金山湾区地处美国西海岸加利福尼亚州北部的大都会区，坐落在萨

---

① 《广东将同港澳多举措打造大湾区知识产权国际合作高地》，http://www.zlb.gov.cn/2022 - 04/01/c_1211629700.htm，最后访问日期：2023 年 10 月 10 日。

科拉门托河下游出海口的旧金山湾。旧金山湾区是全美第五大都会区，区域内覆盖加州9个县以及在9县范围内的101个城镇，主要城市包括旧金山、奥克兰、圣何塞、圣拉蒙等。其中，圣何塞所在的硅谷地区作为世界上最重要的高新技术研发基地，蕴含着丰富的高校科教资源和高新企业资源，并在区域内形成硅谷集聚效应和规模效应，吸引全球人才流入湾区，以强大的科技创新能力引领全球科技创新和经济发展。旧金山湾区以宜居的环境、自由开放的制度环境、完善健全的交通网络等优势形成了以硅谷为核心的全球高新技术产业聚集区，吸引着全球知识、技术、资本、人才等要素的充分集聚（田栋、王福强，2017），并且依托硅谷作为增长极的外溢和辐射作用，带动了圣何塞高新技术群、奥克兰高端制造业以及旧金山金融服务和旅游业的发展（丁旭光，2017），使旧金山湾区成为全球创新高地。

2. 成功模式：改变人类未来的科技前沿——创业精神引领下的创意生态系统

旧金山湾区作为英特尔、谷歌、苹果、特斯拉、脸书和推特等高科技创新企业聚集地，孕育出盛行半导体产业、互联网产业、移动互联网产业以及高新技术产业的硅谷，引领世界科技发展方向，成为世界各国时刻关注的创新发展指向标。与此同时，随着数字化改革席卷全球，湾区内各行各业以强大的创业精神和极佳的创新能力，积极应用人工智能、5G通信技术、量子计算等数字技术与应用参与产业更新和转型，探索从信息经济到知识经济再到智慧经济的发展路径，打造出数字时代创新生态系统，备受世界瞩目。

（1）开放包容的创业精神引领，构建绿色创新协同发展数字大本营

旧金山湾区内多元包容的文化氛围以及开放的创业精神引领各行业创新探索。无论是生物医学、信息通信、数字媒体等新兴产业，还是金融、餐饮、零售等传统业态，都始终重视创业精神，极具创新能力。经济学家熊彼特认为，创业精神是指创业者通过开发一项技术以新的方式生产一种新的商品，或者通过开辟一种新材料供应源、产品销售渠道，抑或是重组行业等来取代旧有的经营方式并革新产业生产模式。面对数字经济背景下数字化技术快速更迭，更加复杂、易变、未知的环境，为了持续取得国际

市场竞争优势，组织需要以创新的求变精神主动拥抱和适应。

旧金山湾区靠近海洋湾区，三面环水，环境优美、气候宜人、阳光充裕，以绿色低碳、环境宜居为特点吸引全球知识密集型企业、高等教育机构、高新技术科学研究所汇聚此地，信息科技、生物科技、人工智能、无人驾驶、智能应用程序等诸多新兴领域产业不断交流和互动，形成了湾区绿色创新协同发展数字共同体，推动湾区成为吸引全球人才汇聚的高新技术研发创新基地。同时，旧金山湾区也一直注重清洁技术的研发与应用，数字经济对绿色宜居环境的高要求也进一步推动了湾区内垃圾回收处理、太阳能发电、水资源循环、大气治理等城市清洁能源技术项目的创新升级，实现了城市绿色发展与创新能力之间的有效协同。

（2）探索要素流动—耦合机制，激发数字经济创新活力

旧金山湾区是以自然地理环境和资源禀赋为基础，以"小政府、大社会"模式运营，区域分工以非政府规划建设、市场主体自行发展为主的湾区城市群。在此基础上，湾区内三大城市经济发展水平差异不大，衍生出不同的职能定位以实现区域协同，旧金山以金融、旅游和生物制药为主要产业，圣何塞重点投入硅谷的电子制造、信息通信等高新产业，奥克兰专精于制造业与港口运输行业。旧金山湾区内部城市间联系更为紧密、产业结构更趋向整体化，市场要素高效流动，激发了湾区数字经济创新活力（沈子奕、郝睿、周墨，2019）。

在制度政策支持上，旧金山湾区得益于美国宽松、开放、包容的制度环境，具体表现为较灵活的版权保护、更少的平台责任和较低程度的隐私限制，在保护创新与保护消费者权利之间达成平衡，为数字经济可持续发展提供政策保障和支持[①]。

在教育储备和人才资源方面，旧金山湾区集聚着丰富的教育科研资源，为数字经济提供强大的智力动源。一方面，湾区内聚集了斯坦福大学、加州理工大学、加州大学、加州州立大学等世界一流高等院校，形成湾区内跨区域、多中心的高等教育资源集群。另一方面，湾区内建设了五

---

① 《"数字经济的制度与文化建构"系列讲座——"硅谷的发明：法律与创造未来"顺利举行》，http://www.law.ruc.edu.cn/lab/ShowArticle.asp? 55121. html，最后访问日期：2023年10月10日。

个国家级实验室以及众多州立实验室，以开放式平台连同区域内科技创新主体共享专利研发成果和前沿技术知识，推动区域内数字经济创新主体的互动交流和协同合作。

在产业创新模式方面，旧金山湾区建立产学研产业创新协同机制，通过湾区内高校、国家实验室与企业之间协同创新推动区域科技研发合作交流，探索出"市场需求导向＋基础研究＋核心技术攻克＋专利成果市场化＋科技金融保障＋人才智力支撑"覆盖产业更新与产品更迭全周期的创新生态产业链条。

在资金保障方面，旧金山湾区作为美国科技金融中心和世界风险投资中心，强大的科技金融体系为数字经济创新发展提供坚实的资金保障。旧金山湾区建立了完整的科技金融系统，形成了覆盖不同发展阶段科技型企业的投资类别以及涵盖天使投资、风险投资、私募投资等不同投资性质的科技金融投资体系（丁旭光，2017），极大地整合了湾区数字经济创新要素，提高了创新效率，成为数字经济创新系统的重要发展引擎。

（3）多方参与共治产业网络，构建数字经济创新生态

区别于东京湾区政府主导规划的发展模式，旧金山湾区在发展之初便是以市场为主导力量、自下而上自发形成的，市场在资源配置中发挥重要作用，极大地促进了湾区经济的技术创新与成果转化。旧金山湾区创新生态系统中企业、政府、社会多元主体共同参与数字经济创新活动，通过数字技术创新变革推动产业转型升级，最终打造出以人才为核心的湾区创新产业生态。

湾区多元主体共同参与，推动区域创新网络合作协同。政府提供数字经济所需的基础设施和政策制度框架，企业从组织层面感知数字经济市场需求并且作为数字经济主要行为主体活跃于区域内产业研发与生产经营活动中，高校为数字技术创新研发提供知识生产与传播，并且为数字经济培育人才。湾区内权力结构高度碎片化，纵向的政府行政单元之间，横向的政府—社会—市场主体之间权力结构扁平，呈现开放、多中心和分散化特征，非政府的社会和市场主体切实具有湾区治理参与权，共同形成多主体多维度的网络协同模式（吴成鹏、张衔春、胡映洁，2022）。

湾区数字技术创新变革，带动区域内产业转型和升级。在数字经济时

代，随着数字技术革命的发展，技术的创新与变革不再仅仅局限在单一产品、服务或者单一领域，而是同时存在于整个系统中的不同领域。数字技术的发展颠覆了传统的生产生活方式、组织运行方式以及经济增长方式，形成了数字产业化与产业数字化两种数字经济发展路径，催生出平台经济、信息经济、共享经济等新经济模式。与此同时，人类逐步进入创新全球化的发展阶段，全球创新要素与资源要素主要流向创新创业活动，网络化和生态化创新是以互联网为代表的数字技术发展的必然要求，区域创新生态构建成为数字经济发展的重要命题。

（二）纽约湾区："世界金融湾区"发挥大金融优势，以金融资源助推数字经济发展

纽约湾区作为国际金融中心，通过大金融优势聚集全球人才与资本要素，以投资推动湾区数字化转型升级，支持突破关键核心技术的理论研究与联合攻关，并以"技术—产业"交互迭代，增强产业链的韧性与弹性，丰富拓展数字经济新兴场景，实现湾区数字经济的聚焦发展。

1. 发展背景

纽约湾区主要位于美国东北部大西洋沿岸的纽约湾，涵盖纽约州、新泽西州和康涅狄格州等31个郡县，主要城市包括纽约、波士顿、费城、华盛顿等。纽约湾区具有极为优越的地理优势，以纽约港为依托，向外辐射大西洋海域，拥有发达的河水系网络和陆空交通网络，具备强大的区位优势和地理影响力。同时，纽约、波士顿、费城等港口城市作为工业化和城市化时间最早、程度最深的区域，在发展过程中形成了多元互补的格局。借助传统港口贸易和工业基础，纽约发展成最早的贸易中心、商业中心和金融中心，世界著名跨国银行和总部聚集纽约。华盛顿是政治和金融中心，作为全美最重要的政治、经济、军事最高指挥机构所在地，聚集了诸多全球性金融机构总部。波士顿依托哈佛大学、麻省理工学院、波士顿大学等高校资源，集聚众多高新企业和科研机构，为区域高科技产业提供智力支持。费城在港口运输的基础上发展重工业，拥有钢铁、造船、国防、航空等国家经济命脉产业。

随着经济不断发展和人口飞速集聚，纽约湾区依托世界级港口大力发展制造业，推动了区域内经济繁荣和城市化水平提升，成为世界级制造业中心。在后工业时代，纽约湾区依托区域汇聚全球各地的人才和资本要素，借助互联网技术等一系列科技创新改革，产业格局整体由制造业向服务业转型升级。一方面，纽约湾区以金融行业为引领的高端服务业得到迅速发展，带动了区域实体经济发展，纽约及其周边城市越来越成为跨国金融机构的集聚地以及世界 500 强企业总部所在地，成为影响全球经济的世界级湾区。另一方面，广告、娱乐、时尚、传媒、文化产业等以高质量人才做支撑的创意产业得到蓬勃发展。在引领产业的带动下，高质量人才和多样化产业集群聚集，形成了极具活力、多元、蓬勃的经济体，纽约湾区进一步凸显其世界大都市的地位。

2. 成功模式

（1）科技创新指导产业转型，平台驱动造就数字生态

科技创新是纽约湾区发展的重要历程，几乎每次技术革命都伴随着湾区产业结构的转型升级，并且新产业也成为湾区的经济发展支柱（陈相，2018）。在过往的几次技术革命下，纽约湾区加强了区域经济发展战略布局，逐渐形成了以纽约为中心城市，以费城、波士顿、华盛顿为轴点的产业发展多元互补格局。纽约由原有的制造业转而发展外向型服务业，逐渐形成了以金融和金融服务业为主导，以房地产、教育、医疗、信息、创意产业等为重要组成的第三产业经济聚集地，国际金融中心与贸易中心地位牢固。周边城市受到中心城市影响，产业转型升级同步发展，促使产业竞争力和影响力不断提升。

在数字经济背景下，湾区内产学研平台为区域产业转型提供创新生态。哈佛大学、耶鲁大学、麻省理工学院等高等院校为湾区源源不断地输送人才智力资源，实现了湾区内知识创新溢出可持续。区域内高级研究院、高新技术研发中心、技术孵化器等科研机构推动前沿科技由知识研究转向应用研发并且落地产业化。与此同时，湾区内聚集了一大批微电子、信息通信等领域的科技企业，规模效应为数字经济发展提供重要动力，成为湾区重要的经济支柱。例如，纽约硅巷位于纽约曼哈顿地区，是继硅谷后美国发展最快的信息技术中心地带，聚集了众多高新科技企业集群，成

为纽约湾区经济发展的主要引擎。从知识溢出到产品研发再到应用发展，数字经济应用场景得到不断拓展，数字科技创新能级与平台经济创新效力持续提升，造就了纽约湾区蓬勃的数字经济生态。

（2）对外开放的贸易投资格局，资本辐射支撑数字经济

金融业作为纽约湾区的独特名片，塑造了纽约湾区"金融湾区"的发展之道。纽约湾区以金融、保险等服务业为主导产业，拥有金融聚集高地华尔街，金融、保险、地产和租赁产业 GDP 占经济总量的三分之一以上。纽约湾区不仅仅拥有全球领先的金融机构——纽约证券交易所，还拥有世界顶尖的银行、保险公司以及其他金融机构，为纽约湾区的数字经济发展提供了坚实有力的资本投资支撑和资金保障。

与此同时，大数据、互联网等数字技术在金融领域深度融合发展，人工智能和区块链技术在提供金融服务方面（市场交易以及欺诈行为监测）发挥了重要的作用，推动一系列数字金融应用创新。纽约湾区具备高度包容开放的投资体系，大量金融服务与风险投资机构在数字经济基础设施建设、支持科技创新研发、投资初创科技企业等方面发挥了重要的支持作用，为湾区数字经济发展提供投融资渠道，进一步将金融和资本势能转化成数字经济发展动能。

（3）多元共治的跨域组织协同，合力统筹规划数字港湾

纽约湾区作为一个跨州建设的都市区，十分重视区域一体化发展，联动政府与社会组织等多方力量共同推进湾区城市规划与社会治理，促进纽约湾区的整体发展。长期以来，纽约都市区发展委员会、纽约新泽西港务局等政府机构与纽约区域规划协会（RPA）、美国区域规划协会（RPAA）等非政府组织合力探讨湾区区域规划和跨域政策协同治理，创新区域治理模式，极大地推动了区域间资源要素的合理统筹配置，以及湾区数字经济的整体发展。

在数字经济背景下，多方协同跨域治理模式发挥着关键作用。湾区内数字基础设施建设得到高度重视和有效规划，人工智能、互联网、区块链、5G 信息基础设施得到大力发展与建设，并且信息基础设施建设通过数字化转型变革带动了新一轮工业革命，进一步促进湾区数字经济发展。

（三）东京湾区："现代化产业湾区"依托完备的产业体系，打造知识型数字湾区

东京湾区作为一个政府主导规划的世界级产业湾区，依托完备的现代化产业体系，始终在国际产业链上发挥着上游产业竞争优势。东京湾区始终以市场需求为导向，洞悉市场瞬息变化与用户最新需求，依托科技与知识发展优势，专研产业上游尖端工艺，促进湾区产业链闭环，实现"世界最大工业带"向"知识型湾区"转型。

1. 发展背景

东京湾区地处日本东京湾，环东京湾沿岸，是以东京为核心发展的沿海城市群。东京湾区最初指代东京都市圈的一都三县（东京都、埼玉县、千叶县和神奈川县），而后在以中央政府为主导的湾区建设中经历《首都圈整备法》五轮区域规划的重大调整，最终确定了以东京都为中心，以千叶县、埼玉县、神奈川县为中间层，以群马县、茨城县、栃木县、山梨县为外层的"一都七县"广域湾区格局（田栋、王福强，2017；叶林、杨宇泽、李萌，2023）。

东京湾区以"港口+工业带"的模式打造出世界级工业产业带。东京湾区具有天然深水港湾优势，以东京湾横滨港、东京港、千叶港、川崎港、木更津港、横须贺港6个港口构成首尾相连的马蹄形港口群，连同羽田、成田两大国际机场和新干线构成海陆空立体交通系统。同时，在优良港口和便捷交通的带动下，东京湾区以中高端制造业闻名世界，以第三产业为主、高端制造业为辅的产业结构，形成了以京滨工业带为主的制造业工业集群和以京叶工业带为主的重化工业集群。湾区内集中钢铁、石化、有色金属、机械、电子、汽车、船舶物流等产业，并聚集奥林巴斯、三菱、尼康、索尼、佳能、富士通、川崎重工众多制造业巨鳄，共同将东京湾区缔造成全球最大的工业产业地带。同时，东京湾区将科技创新作为区域发展抓手，通过产业结构调整和升级，塑造湾区产业链闭环，把握极具国际竞争力的上游尖端技术工艺，形成既具集聚性又具可持续性的现代化产业体系，试图将"世界最大工业带"向"知识型湾区"转型。世界知识产权组织发布的《全球创新指数》显示，自2017年全球创新指数GII开始

以世界创新活动城市创新集群为统计单位起，位于东京湾区的京滨工业带（Tokyo-Yokohama）从 2017 年到 2022 年在世界城市集群科技创新指数中排名蝉联第一[①]。

2. 成功模式：参与国际竞争的制胜法宝——科技先行，保持国际竞争产业链上游优势

（1）政府宏观规划，集聚资源发展湾区数字经济

在世界三大湾区中，东京湾区相较于旧金山湾区和纽约湾区的一大特征是政府主导，从宏观战略视角，整体性、体系化部署湾区规划与发展。为推动湾区可持续发展，日本政府自 1958 年以来先后推进多轮首都圈规划调整。在第一轮首都圈规划中，日本出台了《首都圈整备法》，组建了首都圈整备委员会，强调东京都的首都核心功能，联动港口经济优势，借助交通网络发达的便利和劳动力聚集的优势，驱动东京湾区实现人口、资本、技术、信息等资源要素一极化汇聚，促进经济快速发展。而后，随着一极化发展模式弊处凸显，虹吸效应抑制周边城市发展，首都圈规划以"广域多核都市复合体"理念推动湾区建设由"单核集中"走向"多核互联"，明确各地区职能定位和空间分布，推动中心城区的制造业产业转移，聚集发展高端服务业，形成了"分散型网络结构"的"多核多圈"区域发展格局（赵城琦、后藤秀昭、田中滋夫，2012；陈相，2018；叶林、杨宇泽、李萌，2023）。就此，东京湾区以多核多圈层发展格局进一步推进区域一体化发展，借助东京湾港口和沿岸工业带积极参与全球产业链和贸易链。

此外，为引导湾区经济可持续发展，日本政府对港口经济进行统一战略部署，先后在 1950 年颁布了《港湾法》、1967 年颁布了《东京湾港湾计划的基本构想》，2008 年颁布了《京滨港综合规划》，以政府整体规划明确各个港口的职能分工，形成各自独立经营、内部协调联动、统一对外竞争的广域湾区有机整体，提升了东京湾区的国际竞争力（张良、吕斌，2009）。另外，为了推进区域内跨域协同合作，湾区内组建了跨域协调组

[①]　《Global Innovation Index 2022：What is the future of innovation-driven growth?》，https://www.wipo. int/global_ innovation_ index/en/2022/，最后访问日期：2023 年 10 月 10 日。

织，如首都建设委员会（1950 年）、首都整备委员会（1956 年）、国土综合开发厅（1974 年）等，跨域协调组织用以集中讨论和解决区域内环境保护、废弃物处理、灾害防治以及产业发展等问题，促进区域各主体之间的协调沟通，为区域发展项目与政策切实落地提供重要的组织协调、资金支持和制度保障，成为东京湾区制度创新典范（赵岩、郭小鹏，2019）。

（2）市场导向创新驱动，产学研体系促进产业结构优化升级

东京湾区以市场需求为产业发展导向、以技术创新为区域发展驱动力，充分利用京滨工业带和京叶工业带的发展基础，依托产学研体系，助推产业数字化转型升级，打造湾区高新技术创新高地。东京湾区以政策指导"产学研"体系构建，颁布《关于促进大学等的技术研究成果向民间事业者转移的法律》，建立大学科技转让机构（Technology Licensing Organization，TLO），促进人才培养与创新成果转换。在"技术立国"宏观政策指导下，东京湾区拥有多种类、多层次、多学科的高校与科研基地资源，聚集了东京大学、早稻田大学、东京都市大学等百所高等学校，为区域数字经济科技创新提供人才智力基础。东京湾区内汇聚三菱、丰田、索尼等日本年销售破百亿的大型企业，而总部不在东京湾区内的企业大都会在东京湾区设立"第二总部"，东京湾区具备总部经济发展优势。同时，东京湾区还吸引了大量的科技研发资金，不仅有来自政府的科研基金，还有成为科研主导力量的企业经费。日本企业研究经费约占日本研发经费的80%，培育了强大的技术创新能力，主要用于电子通信、运输机械器材制造、生物医药等技术密集型产品研发，现阶段东京湾区已培育出日本电气、佳能、三菱电机等一大批具有技术研发能力的企业。

此外，东京湾区还拥有世界级高新技术基地、日本科教中心——筑波科学城，筑波科学城汇聚了50%的政府科研投入、30%的科研机构、40%的科研人员以及 140 国高端人员，是全球人才、技术高度密集的创新之城①。筑波科学城建立了开放共享的创新体系，聚集了 31 个国家级科研机构，引入研发类企业，以多种形式灵活促进公司机构合作。科学城加强创新平台内开放共享交流机制，以研究设施公开、研究设施数据库开放、人

---

① 《【科学城巡礼】筑波科学城：世界级科研中心，日本第一科学城是这样炼成的》，https://www.thepaper.cn/newsDetail_forward_7948508，最后访问日期：2023 年 10 月 10 日。

力资源流动开发、国际学术合作交流、研究成果转化等形式，积极推进科技成果开放、共享、转化。产学研体系构建助推东京湾区产业链条纵向整合，脱离了技术的简单拼接和汇聚，专注于附加值高、技术密集型产品的研发投入与生产销售，实现了从研发到生产的技术产品孵化全周期拓展延伸。

（3）构建现代化产业体系，打造知识型数字湾区

东京湾区以科技创新为驱动，依托高度发达、门类齐全的现代化产业体系，推动湾区数字经济的可持续发展。其中，东京都作为国家政治、文化、金融、贸易、信息枢纽中心，主要发展金融服务、信息技术产业；琦玉县作为副都承担部分首都职能，主要发展国际商务与国际交流，千叶县依托成田国际机场和千叶港口重点发展空港经济以及国际物流运输产业；神奈川县以京滨工业带发挥工业聚集地优势，重点发展商业、科研、港口贸易。东京湾区内各城优势互补、功能齐全，共同形成多中心多层次的城市群体系（沈子奕、郝睿、周墨，2019）。

此外，东京湾区不断推进产业结构的转型和升级，先后经历港口经济、工业经济、服务经济、创新经济的发展阶段。在数字经济时代，东京湾区大力推进人工智能、物联网、区块链和量子计算等关键科学技术，在国际数字经济分工与竞争产业链中把握核心技术工艺，促进区域内人才要素、技术要素、资金要素充分流动，搭建起以高端服务业和高端制造业为主的布局鲜明、结构完整的现代化产业体系，打造国际化知识型数字湾区。

七　结论与启示

（一）数字经济区域协同发展的区域比较

本节从经验总结和案例比较两个方面归纳区域数字经济协同发展的实践，一方面从湾区数字经济发展路径切入探究湾区数字经济发展的共性经验，另一方面从案例比较出发探究湾区数字经济发展的特色经验，以此为基础对本章数字经济区域协同发展治理模式进行讨论与总结。

1. 实践探索：区域协同发展经验归纳

在数字经济发展的过程中，各地区立足本地特色与资源优势，从实践中探索出具有区域特色的协同发展经验，促进区域数字经济一体化发展。

长三角以产业链上下游协同为抓手，推动数字产业一体化和区域协同一体化。长三角以数字产业推进区域数字经济协同发展。其一是长三角拥有良好的区位条件和空间布局。作为"一带一路"和长江经济带的重要交汇地带，长三角交通和通信基础设施完备，海陆交通发达，利于区域内创新要素的充分流动与有效配置。在空间布局上，长三角地区内拥有多条产业带，有利于推动区域内产业集群优势互补、协同合作。其二是长三角各地市在数字产业领域具备本地产业优势。借助产业链群，长三角聚集了各地市产业优势，优化区域内产业布局，共同推动区域数字经济整体发展。其三是长三角凭借政府力量统筹规划区域内数字产业合作发展。在长三角区域协同过程中，地方政府参与区域数字经济的战略部署与政策制定，聚集区域内产业发展资源，推动长三角数字产业一体化发展。

京津冀围绕数字人才的"引、育、用、留"四方面展开实践，促进区域内人才流动互通互用，推动数字人才一体化和区域数字经济发展一体化。一方面，三地丰富的产业发展资源，尤其是北京优质的科教资源和人才资源，为京津冀人才引进和人才使用奠定了坚实基础。京津冀地区充分发挥城市群的资源、产业和区域优势，将全国乃至全球人才吸引进来；京津冀畅通区域内部人才流动通道，促进区域内优质人才资源共享。同时，京津冀三地根据本地数字经济产业特点，形成"一地一极"的人才总体格局，最大限度发挥人才作用，推动当地数字经济和数字产业发展。另一方面，政府在区域数字人才战略中发挥主导作用，为京津冀人才培育和人才留驻提供制度保障。京津冀将刚性制度保障与柔性社会风尚相结合，稳扎稳打夯实人才基础，通过建立产学研联动培养机制和人才共享制度培养数字经济发展所需人才，推动三地人才相互交流经验、学习技术，以人才先行带动区域协同。

粤港澳大湾区建立数据要素流动机制，探索数据要素市场配置，充分发挥数据要素潜能，开发区域数字经济发展势能。粤港澳大湾区数据协同离不开国家与湾区的政策支持与制度保障，不仅从顶层设计与制度政策层面为粤港澳大湾区数据协同提供指引，更在实践层面提供可落地的指南。为促进湾区数据要素协同，粤港澳大湾区探索出具有特色的湾区方案：建立粤港澳三地数据跨境、跨域、跨级流动融合长效机制，促进湾区数据要素交换共享畅通；创造性构建了以行政机构为主一级市场和以市场竞争为主数据交易二级市场的两级数据要素市场体系，以广交所和深交所为载体推动建设湾区数据要素统一大市场，推动数据要素流动与共享。此外，粤港澳大湾区充分利用区位优势和独特的制度优势，积极推进湾区数据全球规则制定，既推动湾区内数据共通，更面向世界数据接轨合作。湾区依托广州南沙等区域合作平台，探索数据跨境流动、监管、科研的实践经验，促进区域内数据要素高效流动；探索建立与国际接轨的开放型经济新体制，参与国际数据规则和技术标准制定，提升湾区在数据要素和数字经济中的话语权和影响力。

旧金山湾区以高新技术为核心，以创新精神为引领，构建数字经济创新生态，激发数字经济创新活力。旧金山湾区优美宜人的自然环境、开放包容的文化氛围和制度环境吸引着全球人才、资本、技术等要素汇聚，推动湾区数字经济发展。旧金山湾区的数字经济发展主要是自下而上的，市场在资源配置中发挥主导性作用，通过数字技术创新变革推动产业转型升级。另外，企业、政府、社会多元主体共同参与湾区数字经济治理，最大限度发挥各主体的资源与能力优势，推动区域创新网络和创新生态构建。

纽约湾区作为金融湾区，凭借数字金融优势，以投资形式助力湾区数字技术升级和数字产业转型，实现湾区数字经济发展。纽约湾区利用自身全球领先的贸易投资格局吸引着世界各地的资本，为区域数字经济发展和数字技术更新提供强有力的资金保障；反过来，纽约湾区又将高新数字技术深度应用于金融领域，借助数字技术提供金融安全等方面的服务，推动数字金融应用创新。在数字金融产业的支持下，人才、企业资本等要素纷纷汇集于纽约湾区，为区域内产业转型提供创新生态和智力支持，湾区内各城市数字基础设施建设得到高度重视和有效规划，多方协同的跨域治理机制推动湾区共建共享。

东京湾区依靠政府宏观规划推动数字经济战略部署，重视以市场需求为导向进行数字产业结构优化，构建现代化产业体系，打造知识型数字湾区。东京湾区的一大特征是政府主导规划性建设，东京湾区充分发挥区位优势，通过对首都圈、港口等的统筹规划，驱动数字经济资源要素一极化汇聚，促进区域数字经济快速发展。同时，东京湾区坚持以市场需求为产业结构调整导向，凭借产业发展基础和"技术立国"的宏观政策指导，构建产学研体系以整合区域产业链条。东京湾区围绕数字经济关键技术前沿领域把握核心技术工艺，搭建起以高端服务业和高端制造业为主的布局鲜明、结构完整的现代化产业体系，打造国际化知识型数字湾区。

2. 要点对比：区域间比较分析

通过前文对国内外各区域协同经验的总结与归纳，本部分从空间布局、区域规划、跨域协作、数字要素流动机制、区域内部职能分工五个方面，分别对我国三大城市群以及国际三大湾区进行区域间比较分析，以此总结区域数字经济发展的个性特点与共性规律，为我国未来区域数字经济协同发展提供理论与实践借鉴。

（1）全国三大城市群比较

长三角、京津冀和粤港澳大湾区作为国内较为成熟的三大城市群，无论是数字经济规模还是发展潜力都位居全国前列，将三大城市群进行比较分析，有利于归纳出各区域的发展个性和共性规律，为我国其他城市群提供经验借鉴。

第一，就空间布局而言，尽管三大城市群各有特色，但都体现出"以中心城市为节点，辐射拉动周边城市发展"的特点。长三角的梯次结构和圈层特色较为明显，上海作为中心城市引领整个长三角发展，杭州、南京、合肥等省会城市和苏州、无锡、宁波等经济强市作为副中心也各自形成城市圈，正逐渐形成"一主多副"的空间结构带动区域内其他地区发展。京津冀主要以北京"一核"形成辐射带动格局，天津、石家庄作为次核心城市紧随其后，与其他城市保持紧密的经济联系，形成"中心城市集聚"之势。同时，凭借京津中关村科技城、雄安新区规划建设等区域合作项目实现京津冀区域性中心城市联合，构建"中心城市引领、空间结构支撑"的发展布局。粤港澳大湾区联动性较强，中心城市极化效应显著。广州、深圳、香港作为三大极点共同发挥核心引擎作用带动区域整体发展，区域内快速建设发展的交通网络基础设施为连接区域其他城市、打造区各具特色且优势互补的产业生态体系提供了重要的轴带支撑。

第二，从区域规划来说，京津冀更为明显地体现出政府规划主导的特点，而长三角和粤港澳大湾区则更多体现"市场自然形成为主，政府规划引导为辅"的特点。京津冀是由中央政府主导的、自上而下的区域一体化，三地规划都要在中央政府的统一领导下制定完成。而长三角和粤港澳大湾区则凭借自身区位条件和本地优势充分发挥市场作用，以市场手段推动要素流动配置和产业链条上下游分工，政府在其中主要发挥着提供制度政策保障、完善公共服务等配套设施的作用。

第三，在跨域协作上，三大城市群均建立了形式多样、多元参与的跨区域协作组织和模式，为区域数字经济协同发展搭建了重要平台。长三角构建数字长三角共建联盟等跨域协作组织和科创飞地等跨域协作模式，引导社会多主体参与，助力长三角数字产业生态完善发展。京津冀筑造京津中关村科技城等产业园区，构建石家庄京津冀产学研联盟等合作组织，为区域内数字人才集聚、培养、任用提供了协作平台，为区域经济协同发展提供重要的人才资源保障。粤港澳大湾区发起企事业单位、社会组织多方合作的南方数据服务联盟，并打造南沙（粤港澳）数据服务试验区等多个跨域合作平台，大力畅通数据要素流动渠道，构建数据要素交易市场。

第四，从数字要素流动机制来看，三大城市群的数字要素各有侧重，相应的流动机制既有要素特色，又有机制共性。长三角以数字产业为侧重点，以实现区域内上下游产业链联动为目标，依托数字技术对产业链条进行全方位、多角度的优化升级，推进数字产业链补链、固链、强链、畅链。京津冀以数字人才为侧重点，通过制定人才共享制度推动人才在区域内流动；充分发挥本地数字产业优势，吸引人才随产业流动。粤港澳大湾区以数据要素为侧重点，由社会多元主体共同发力，打破数据要素流动壁垒，推动数据要素市场化流动和交易规范化；发挥数据要素交易市场配置资源作用，用"看不见的手"实现要素与产业的精准匹配。

第五，从区域内部职能分工方面考虑，三大城市群发挥各地资源禀赋优势，以各地分工协作推动整体协同发展，创造、释放要素价值。长三角数字产业区域分工清晰，上海作为中心城市引领区域整体发展，其余省市根据本地产业优势协同配合。京津冀在吸引数字人才方面以京津为主要吸引点，通过搭建人才入冀通道引导人才向河北流动，并根据三地的产业特点构建"一体三极"的区域人才格局。粤港澳大湾区主要以广、深、港、澳为发展重心，四地间建立相互合作的体制机制，带动珠江口两岸城市共同发展。

表 5 - 1　国内三大城市群对比要点

对比要点	长三角	京津冀	粤港澳
空间布局	"一主多副"，圈层结构梯次明显	"中心城市集聚"特征明显	极点带动、轴带支撑
区域规划	市场主导，政府引导	政府主导	市场主导，政府引导
跨域协作	长三角科技创新共同体、数字长三角共建联盟、科创飞地等	京津中关村科技城、石家庄京津冀产学研联盟等	南方数据服务联盟、南沙（粤港澳）数据服务试验区等
数字要素流动机制	数字产业：上下游产业链联动	数字人才：人才共享机制、人才随产业流动	数据要素：打破壁垒，促进数据交换共享；发挥市场配置资源作用
区域内部职能分工	中心城市引领，南北两翼协同；各地发展优势产业	京津引人才入冀；"一体三极"的人才总体布局	广、深、港、澳强强联合，珠江口东西岸城市协同发展

资料来源：作者自制。

（2）世界四大湾区比较

旧金山湾区、纽约湾区和东京湾区作为世界三大著名湾区，在数字经济区域协同发展领域具有独到经验，粤港澳大湾区作为我国面向世界、对标世界三大湾区的国际性湾区，同样具有特色发展路径。本节充分比较世界级四大湾区数字经济区域协同发展经验，为国际性湾区数字经济协同发展提供共性经验。

从空间布局看，四大湾区都具有一个或几个增长极，并以此为中心节点辐射形成区域协同创新生态。粤港澳以广、深、港三大极点为核心发展驱动力，辅以交通基础设施支撑；旧金山湾区依托硅谷的外溢和辐射作用拉动圣何塞、奥克兰和旧金山的产业发展，并辅以宜居环境、交通网络等形成全球高新技术产业聚集区；纽约湾区以"一中心、三轴点"的空间布局构建整个湾区的协同生态，并依托港口优势与内外水域连接，尽可能扩大湾区的地理影响力；东京湾区则利用政府宏观规划力量，形成"一都七县"的广域湾区格局，以"港口＋工业带"模式发展湾区现代化产业。总体而言，四大湾区在原有地理区位基础上，充分重视核心城市的选取和辐射媒介的搭建，为湾区协同发展打造良好的空间布局。

从区域内部职能分工看，四大湾区内各城市定位相异、优势互补，共同推进湾区协同发展，实现湾区要素的价值创造与效益最大化释放。粤港澳大湾区以四地合作、互联互通拉动珠江口两岸城市发展；旧金山湾区以硅谷为高新技术创新基地，拉动圣何塞、奥克兰和旧金山产业发展，共同打造湾区全球创新高地；纽约湾区以纽约港为依托发展区域水系交通网络，将费城、纽约、波士顿等港口城市的优势资源链接在一起，共同造就纽约湾区"金融湾区"的名号；东京湾区"多核多圈"，首都东京、副都埼玉县、千叶县等城市在构建现代化产业体系中各司其职、优势互补，打造世界级产业湾区。

从区域规划看，四大湾区的主导力量各不相同，区域数字经济发展走出了三种各有特色的路径。旧金山湾区与东京湾区的形成路径更为单一且典型，前者以市场自然形成为主导，后者以政府宏观规划为主导；粤港澳大湾区和纽约湾区的主导力量更为多元，受到市场和政府政策的双重影响。三种路径各有优劣：以市场为主导自然吸引产业集聚发展，更有利于激发市场活力；以政府为主导则以制度手段推动湾区协同，提高建设效率；兼顾市场与政府力量则兼具前二者的优点，但在双方力量博弈中需要投入更多精力协调、沟通、平衡。

从数字要素流动机制看，四大湾区的数字要素流动都离不开以制度、政策为代表的政府机制和以技术、资金为代表的市场机制的支持。在政府机制方面，粤港澳大湾区从国家到地方接连出台相关法律法规、政策规划，为湾区数据协同提供顶层设计；旧金山湾区提供宽松开放的制度环境和版权保护政策支持，为数字技术创新可持续发展提供保障；纽约湾区联动政府等多方力量规划跨域治理，为数字金融要素流动打通壁垒；东京湾区凭借政府宏观规划集聚资源发展数字产业，提供组织协调、资金支持和制度保障。在市场机制方面，四大湾区都十分重视市场在资源配置中的作用，以产学研的多元创新协同机制，打造区域产业创新生态，促进区域数字经济协同发展。

从跨域协作看，四大湾区的协作模式充分体现了湾区自身的特色。粤港澳大湾区基于要素优势和区位优势，以数据为重点建立各种跨域协作组织和试验合作区；旧金山湾区的跨域协作模式主要靠市场主体自行发展而成，通过多方主体共同参与形成湾区创新生态系统，打造以人才为核心的创新产业生态；纽约湾区联动政府与社会组织等多方力量共同推进湾区协同规划，将政府事务跨组织、跨区域分配至对应主体，推动资源要素合理统筹；东京湾区的跨域协调组织以首都建设委员会等政府主导组织为主，促进区域各主体间的协调沟通。

表 5-2 世界四大湾区对比要点

对比要点	粤港澳大湾区	旧金山湾区	纽约湾区	东京湾区
空间布局	极点带动、轴带支撑	以硅谷为核心，辐射带动周边城市	以纽约为中心，以费城、波士顿、华盛顿为轴点	"一都七县"层层向外
区域内部职能分工	广、深、港、澳强强联动，珠江口东西岸城市协同发展	以硅谷地区为中心，带动湾区三大城市衍生不同职能定位	以港口为联结，湾区几大主要城市多元互补	"多核多圈"，功能齐全，优势互补
区域规划	市场主导，政府引导	市场主导	政策和市场双重作用	政府主导
数字要素流动机制	数据要素：打破壁垒，促进交换共享；发挥市场配置资源作用	数字技术：制度政策支持；产学研协同创新；资金保障	数字金融：对外开放的贸易投资格局；数字技术支持	数字产业：政府宏观规划；产学研体系建构
跨域协作	南方数据服务联盟、南沙（粤港澳）数据服务试验区等	旧金山湾区创新生态系统等	纽约都市区发展委员会等政府机构与 RPA 等非政府组织合作	首都建设委员会、国土综合开发厅等

资料来源：作者自制。

（二）数字经济区域协同发展的治理经验

本节主要从跨域治理制度、要素流动机制、区域协同创新生态等方面总结数字经济区域协同发展的共性经验，为数字时代区域数字经济协同发展提供治理模式借鉴。

1. 跨域治理制度

跨域治理制度体系的完善与健全是区域间数字经济发展的重要基石。

跨域治理作为区域公共管理的重要模式之一，不仅涵盖地理意义上的"域"，还涉及组织层面的"域"，二者在融合发展中形成整合的"域"（叶林、杨宇泽、李萌，2023）。因此，跨域治理制度不仅包含地理意义上的空间布局和区域规划，还包含组织意义上的组织体制。

在空间布局上，区域数字经济协同发展形成"增长极+辐射媒介"的发展路径。增长极是在区域发展中起着主导作用的核心城市，区域核心增长极以自身为中心节点来连接和带动周边城市的发展，形成区域内产业相互依存、经济协同发展的产业集群或生态。辐射媒介是区域内城市间影响要素流动的传递介质，涉及交通运输和通信技术等基础设施，或者是政策制度和营商环境等。区域数字经济协同发展不仅需要发挥增长极的重要牵引作用，还需要重视辐射媒介的介质传递作用，二者共同促进区域数字经济协同可持续发展。

在区域规划上，数字经济发展模式和路径根据形成过程或者内在属性主要分成以市场自然形成为主导、以政府规划为主导以及由市场与政府力量共同发生作用三种路径。其中，以市场自然形成为主导的发展模式是指区域内各地凭借区位特征和自然禀赋等内在特点和属性，吸引产业聚集发展，并且根据市场竞争优势来承担产业链条不同环节的分工。旧金山湾区发展路径是以市场自然形成为主导的区域数字经济发展模式的典型。以政府规划为主导的数字经济发展模式则是国家和政府按照地区环境条件，通过战略、政策等自上而下事先规划区域内各地的职能定位与分工，东京湾区数字经济发展是该发展模式的范本。市场与政府力量共同作用下的数字经济发展模式是在市场"无形的手"与政府"有形的手"共同作用下形成的区域内部资源统筹协同与产业转型发展模式，纽约湾区、粤港澳大湾区与长三角城市群是该发展模式的典型代表。

在组织体制上，跨区域协同组织和跨区域协作是实现数字经济跨区域有效治理的重要形式。可构建广泛多元、包容并蓄、开放信任的跨区域协作组织，打造多主体互动的跨域合作平台，建立区域性合作伙伴关系，围绕区域数字经济发展目标，基于区域内发展空间与资源条件，以整体性、系统性、协同性，促进跨区域社会主体共同参与、共商共议、协同解决治理问题，发挥多方主体、多边参与的跨区域治理共同体在区域治理中的支持作用，共同助力和推进区域数字经济的协同治理。

2．要素流动机制

要素流动机制的畅通是区域间数字经济协同的重要支柱。推动数字经济区域协同一体化和高质量发展，要让要素在更大范围内充分流动，发挥要素的创造性、连接性和共享性，推动资源配置协调、市场效率协调、区域生产力协调，实现数字要素势能转化成数字经济发展的动能。

推动要素自由流动，优化区域资源配置。依托数字技术提升信息透明度、减少信息不对称、降低交易成本，促进要素的自由流动，促进区域内资本要素、技术要素以及数据要素等在生产、分配、流通、消费环节的有效配置和高效调节，不断打破要素间的流动壁垒，拓展要素配置范围，进行区域内要素与产业的精准匹配，实现数字技术对各数字要素的有效赋能，促进区域数字经济的协调发展。

促进要素充分释能，助推区域市场变革。随着数字技术的高速发展与融合应用，数字经济各要素的潜能得到充分释放，进一步推动数字经济的变革发展。一方面，通过推动数字要素间高融合、高渗透来实现传统产业的结构升级优化，对产业链上下游进行全方位、多角度和全链条的动态调整，以实现产业链供需精准对接与互联互通。另一方面，要素的自由流动助力区域生态创新与创新能力的发展，催生出数字经济新产品、新模式、新业态，重构企业的组织形式、生产方式、业务流程、商业模式，加快行业内部质量变革、效率变革、动力变革的进程，同时也带动区域数字经济产业格局的变革和重塑。

实现要素价值创造，赋能区域分工协作。促进数字经济区域协同合作，充分发挥各地的资源禀赋优势，突破区域间的地理空间壁垒，推进区域内各地分工协作以及整体协同发展，实现区域内要素价值创造与效益最大化。

3．区域协同创新生态

构建区域协同创新生态是推进区域间数字经济协同发展的重要途径。在数字经济背景下，以大数据、互联网、人工智能为代表的数字技术发展逐渐应用到社会的各个领域，催生出数字经济，并且衍生出与之相适应的网络化创新模式以及生态化创新系统①。数字经济创新产业生态是政府、企业、用户、研究机构、投资机构、贸易协会等经济主体之间相互作用和共同形成的动态结构系统，系统内各主体间以共生演化关系共同促进生态创新，实现区域整体数字经济发展。

从宏观视角来看，数字技术融合发展推动产业变革，引发"第四次工业革命"，使得技术发展不是局限在某一领域，而是存在于不同的领域，并带动区域内各行业、各产业、各组织的产品与服务的创新升级。因此，从国家视角下推进区域协同创新生态的构建，不仅需要加强数字基建部署的"硬建设"，还需要完善和推动数字经济的技术标准、数字规则、监管机制、营商环境等配套体制机制的"软建设"，进而共同引导和带动区域内数字经济的包容、科学、高效、创新、可持续发展。

从中观组织视角来看，政府、企业、科研机构等不同组织和群体共同参与和构建数字经济创新生态。区域协同创新生态内嵌套了无数个创新网络，创新网络间各主体、各部件、各要素都为系统有效运行各司其职、相互配合、协同互动。围绕区域系统创新生态构建，可建设区域研究院、产业联盟、创新社区、开发基金等平台，联合产学研各方共同构建创新生态，推动更广泛的参与者加入多元共治，实现大数据前沿科技势能与经济动能之间的高效转化。

从微观视角来看，数据在其中发挥重要的引领与驱动作用。数据作为"使能技术"（Enabling Technologies）与"通用技术"（General Purpose Technologies，GPTs）（Bresnahan and Trajtenberg，1995）贯穿在数字经济时代生产与生活活动的应用场景中，并在互联网、大数据、人工智能等数字技术融合发展中，共同驱动数据价值释放，以"数据链"带动"产业链""创新链""资金链""人才链"协同发展，构建实体经济、科技创新、现代金融、人才资源协同发展的产业体系，进而引领我国数字经济的质量变革、效率变革、动力变革。

---

① 《数字经济时代产业创新生态的构建》，https://m.thepaper.cn/baijiahao_12272225，最后访问日期：2023年10月11日。

第六章　数字经济发展的社会环境
与风险应对

一　数字经济发展的关键要素

数字经济的发展和转型受到多重要素的影响，其中数字基础设施是数字经济发展的坚实底座，人力资本是数字经济转型的重要驱动力，数据要素则是数字经济做优做强的强力引擎，这些关键要素为我国数字经济的发展带来了全新的机遇，也为社会、经济的转型与变革带来了新的挑战。

（一）数字基础设施

数字基础设施作为数字经济发展的坚实底座，促进了产业、城市发展的数字化、智能化转型，也有力地推动了不同区域间的协同发展，但仍需进一步优化数字基础设施的布局，完善数字基础设施发展的建设思路，最大化发挥数字基础设施对数字经济发展的支撑作用。

1. 数字基础设施夯实数字经济坚实底座

数字基础设施指共享的、无限的、异构的、开放的和不断发展的社会技术系统（Tilson et al. ，2010），可以为数字创新提供通信、协作或计算能力方面的支持（Nambisan，2017），主要包括网络基础设施、算力基础设施和应用基础设施三个层面。[①] 数字基础设施是数字经济发展的基石，

---

① 《数字中国发展报告（2022 年）》，http://www.cac.gov.cn/rootimages/uploadimg/168640233
1296991/1686402331296991. pdf? eqid = b2fc873300006510000000006648e93e0，最后访问日
期：2023 年 11 月 11 日。

是传统产业升级和数字转型的重要支撑，是促进数字经济高质量发展的关键要素，为中国数字化转型提供了底层驱动力。2022 年，我国网络基础设施、算力基础设施、应用基础设施的规模和服务能力均快速增长，一体化协同发展水平稳步提升。基于数字基础设施及建立在其基础上的数字技术应用，提高了资源配置效率，优化了结构，推动了中国经济发展的质量变革、效率变革与动力变革。同时，围绕数字基础设施，还要全面升级社会治理与惠民服务的内容与形式，促进经济社会的转型发展与协同共进。

（1）数字基础设施赋能产业转型升级

以数字基础设施为基础的技术支持及其构成的"平台"力量，有力支撑产业转型发展，进而形成新产业体系与新业态。一方面，数字基础设施作为先进技术与先进制造业、新能源、新材料等的技术领域交叉融合，在引发群体性、颠覆性的技术变革与突破的同时，推动了一系列新技术、新产品、新模式、新业态的大量涌现，从而实现了先进制造业与现代服务业、数字经济与实体经济的融合发展。另一方面，数字基础设施形成的网络化平台形成了新的结构性力量，可以充分发挥技术对于经济发展的放大、叠加、倍增、融合等作用，实现网络效应、平台效应、赋能效应对数字经济发展的关键赋能。数字基础设施赋能产业转型升级，形成"一业带百业"的倍扩效应（郭朝先、王嘉琪、刘浩荣，2020），扩大了每一个细分领域的市场规模，激发了市场的蓬勃活力。例如，5G 的建设与发展不仅带动了围绕 5G 本身上中下游的发展，包括基站升级、网络建设、产品应用及相关场景的开发等，而且刺激了器件原材料、基站天线、小微基站、通信、网络设备、光纤光缆、光模块、系统集成与服务商、运营商等各细分产业链的发展。此外，5G 的相关应用还将带动汽车、制造、农业、交通、零售等多个应用场景与相关领域的转型发展，进而形成新的产业生态，推动数字经济的整体转型发展。

（2）数字基础设施推动城市发展智慧化

数字基础设施带来了政府、企业、社会等治理模式的深刻变革，在重塑政府治理流程、提升治理的精准化与高效水平、优化政府服务及其供给等方面发挥着重要作用，有效促进了城市数字化和智能化转型发展。各区域以 5G、人工智能、大数据、物联网、云计算、区块链等新技术为主的基础设施广泛布局，带动信息网络、物流网络以及交通网络等广泛扩充，有利于各区域数字化治理与服务供给的融合发展。从治理主体来看，数字基础设施提供的统一平台推动了部门协同与社会参与，有利于协同治理体系的构建，可充分促进城市协同发展与智慧发展。从治理方式来看，在技术与平台的支持下，数字基础设施推动了治理从"个人判断""经验主义"的模糊、粗放化治理转变为精准化数字治理、智慧治理，提升了城市治理的运转效率与质量。从治理手段来看，云计算、大数据、5G 等技术的应用，全面增强了政府在风险感知与防范、科学决策等方面的能力，实现了感知与决策的智慧化与精确化。从服务内容来看，数字基础设施广泛布局及其与传统公共服务领域的交叉应用，一方面提升了部分服务场景的智能化服务供给，提升了服务效能与体验感，另一方面则扩大了公共服务供给的覆盖范围，加速了公共服务均等化进程。

（3）数字基础设施空间溢出效应助力区域协同发展

数字基础设施的深入布局借助空间溢出效应，可以推动自上而下的要素共享机制的形成，加速要素资源的自由流动，大幅度提升资源配置效率，增强市场发展黏性，打破市场分割局面，广泛扩充城市网络，为区域社会与经济协调发展助益。第一，数字基础设施促进要素流动。通过数字基础设施布局广泛，以技术携带资源流通，优化区域间技术、金融、资本等要素的合理、良性、高效配置，提升资源配置能力，促进各行业跨区域融合、上下游联动，推动区域协调发展。同时，数字基础设施以创新资源要素配置为突破口，以数字化知识和信息为关键生产要素，充分释放"数字红利"，为区域经济发展带来重大变革。第二，数字基础设施凭借技术优势加速资源互联互通，有利于推动全国统一大市场建设，打破市场分割局面。一方面，基于数字基础设施培育要素流动的交易市场，营造良好的要素流通环境，打通各要素流通堵点，促使市场各主体信息共享，强化资源与要素整体配置能力，补齐市场分割短板。另一方面，数字基础设施有利于推动政府与企业之间的资源互联互通和开发共享能力，推动政府数据与社会数据的融合统一，改变政企分割局面，促进要素共享机制的构建与发展。继而基于统一的要素流动市场和高效、自由的要素流动机制，推动区域发展协同。此外，数字基础设施还有利于扩充城市网络。在数据算力、融合与共享的基础上，在各个区域的交通、教育、商务、医疗、金融、安防等多个方面搭建起智能场景，形成无边界衔接的城市网络，改变区域与市场间的分割状态，促进区域一体化发展。

2. 数字基础设施对数字经济发展的支撑力尚有不足

数字基础设施的发展可以充分发挥数字经济的倍增效应，丰富数字化应用场景的多元化实践，也为城市发展提供可持续的内生动力。但是目前数字基础设施在建设布局、实践应用与统筹规划等方面仍存在不足，对数字经济的持续发展造成了一定挑战（徐春光，2023；梁炳辉，2023；郭朝先、王嘉琪、刘浩荣，2020）。

（1）数字基础设施布局协同不足

中国数字经济表现出迅猛发展态势，已成为国内经济高质量发展的新引擎、深化供给侧结构性改革的重要抓手。但是，区域之间与城乡之间的数字基础设施建设仍存在一定的差异，对数字基础设施的应用能力亦有不同，难以激发落后区域数字经济发展潜力，未能共享数字技术红利。

第一，区域经济发展与数字基础设施建设投入、应用不平衡。数字经济发展依赖于预期经济基础和数字基础设施应用能力。往往传统经济基础越好、市场化程度越高的区域，对于技术、人才等资源要素的吸引能力也越强，数字基础设施建设投入越多，数字经济发展水平亦越高。其中，东部地区凭借完善的数字基础设施和较高的数字技术应用水平、创新水平，为数字经济的发展奠定了良好基础。中部地区尽管土地要素和能源充裕，但是数字基础设施尚不完善，数字经济发展的潜力仍有待进一步挖掘。西部地区产业基础相对薄弱，数字技术和创新水平也相对滞后，数字基础设施建设和应用仍有较大的发展空间。这一产业基础与数字基础设施建设的差异，导致区域数字经济发展存在较大差距。

第二，农村地区数字基础设施布局落后。数字经济时代，新兴数字技术成为乡村振兴的关键引擎，数字化基础设施建设成为农村数字建设与经济发展的重要依托。然而，农村地区新兴数字技术应用有待深化，大数据、云计算、物联网等新兴技术的应用尚待进一步普及，其信息化工作大多聚焦业务数据应用、通信网络建设、辅助办公等初级层面，而农业农村信息采集、信息服务、信息处理、信息共享、信息交换等方面的自动化与智能化程度仍较低，继而导致农村地区无法共享数字技术红利，难以激发数字经济赋能乡村产业发展的动能。

（2）数字基础设施应用体系有待优化

数字基础设施的价值发挥不仅在于合理的布局，更在于科学的应用。目前，数字基础设施应用在互联互通、共享利用方面还面临众多堵点难点，数字基础设施应用体系仍需进一步优化，要充分挖掘和释放数字基础设施应用对数字经济的驱动能效。

第一，数字基础设施应用在互联互通、共享利用方面还面临众多堵点难点。尽管我国网络基础设施、算力基础设施、应用基础设施规模不断扩大、服务能力不断增强，但网络频段增多、应用场景细分以及消费与产业应用的多元化，尤其是算力需求的快速激增，对数字基础设施的建设与应用提出了更高的技术要求，仍需进一步建设高速泛在、天地一体、云网融合、智能敏捷、绿色低碳、安全可控的数字基础设施，打通经济社会发展的信息"大动脉"。① 推进光纤网络扩容提速和 5G 规模化应用，提高物联网在各大产业与社会治理领域中的应用水平，建设泛在智联的网络基础设施。同时，不断提升国家数据中心集群的网络节点等级，打通数据直连通道、优化通信网络结构，推进全国算力一体化协同发展。

第二，数字基础设施的建设、应用还需考虑使用与维护问题，警惕"建易管难"问题。数字基础设施具有技术迭代速度快、运营维护成本高等特点，且需相关的电力、电子设备的配套服务，因此数字基础设施不管在前期建设还是在后期的应用阶段都需要投入大量的资金。此外，综合考虑数字基础设施的建设与运维成本同样是合理规划数字基础设施在数字经济发展领域的关键应用的重要前提。可见，合理的运维管理规划是有效应用数字基础设施的关键，亦要求相关主体在数字基础设施布局前期就对后期的应用与运营管理、维护等工作与成本进行合理的规划，防止出现"建易管难"的现象。

---

① 《数字中国发展报告（2022 年）》，http://www.cac.gov.cn/rootimages/uploadimg/168640233 1296991/1686402331296991.pdf? eqid = b2fc8733000065100000000006648e93e0，最后访问时间：2023 年 11 月 11 日。

（3）数字基础设施建设缺乏完善的统筹规划

数字基础设施的广泛建设与合理布局是促进中国经济数字化转型和高质量发展的重要支撑，但目前数字基础设施建设仍缺乏完善的统筹规划。数字基础设施对数字经济赋能作用的发挥面临缺乏标准兼容、协同融合的现代化基础设施体系，不同类型的新型数字基础设施及其与传统基础设施之间的关系仍未厘清的问题。另外，未能有效发挥政府与市场两个方面的积极性，未能对数字基础设施建设发展提供稳固支持（郭朝先、王嘉琪、刘浩荣，2020）。

第一，缺乏标准兼容、协同融合的现代化基础设施体系。传统基础设施与数字基础设施在很多时候是交叉融合的，二者互相渗透、融合发展，才能真正有效发挥数字基础设施与传统基础设施的合力。一方面，数字基础设施布局尚未形成统一的建设规划，无法形成技术合力。仍需进一步加强不同类型的数字基础设施之间的协同，合理规划布局。例如，5G是互联网核心信息网络支撑，数据中心是互联网平台的重要载体和数据赋能的重要依托，人工智能技术则是互联网的核心支撑，但是技术与相关的数字化基础设施建设定位与规划仍未厘清，难以发挥强大的技术合力。另一方面，还需要有效发挥数字基础设施与传统基础设施的协同作用，构筑现代化基础设施体系。既需要通过数字基础设施增强对传统基础设施的数字化、网络化与智能化，又需要推动数字基础设施与传统基础设施的有效衔接，促使数字基础设施配合传统基础设施发挥出服务赋能、业态赋能、创新赋能、机制赋能等技术能效，推动数字经济的长期包容性增长。

第二，仍需进一步发挥政府与市场两个主体在数字基础设施投融资建设体系方面的积极性。充分释放数字基础设施对数字经济发展的赋能作用不仅需要发挥政府在数字基础设施建设布局、发展规划、政策设计和财政资金的导向作用，也要充分利用市场机制的灵活性，调动多元主体和各类资本参与数字基础设施建设的积极性。然而在数字基础设施建设方面，政府与市场的关系尚未理顺，仍需要进一步完善政府、国企和民企之间的合作机制，政府需降低数字基础设施投资进入门槛，破除对民营企业的隐性障碍，通过税收减免、融资优惠等多元政策措施激励市场主体参与数字基础设施建设，拓宽数字基础设施建设的融资渠道与建设思路，为数字经济的发展提供更加坚实的支撑。

（二）人力资本

数字经济的发展对人力资本与人才培养体系提出了新要求，数字人才体系发展正面临诸多挑战。在数字化的时代背景下，仍需发挥线上线下的聚集与结合、信息网络的共享与联通、大数据应用的高效与精准匹配的优势，不断驱动人力资本结构的优化，更好发挥人力资本对创新的贡献作用。

1. 数字经济时代的人才需求结构发生革命性变化

人力资本作为驱动创新与产业转型的关键要素，深刻影响着数字经济的高质量发展。数字经济时代下，人才需求结构发生了革命性的变化，对复合型数字人才的需求日渐增大，数字人才培养体系的变革与发展也更加迫切。

（1）数字化转型发展对复合型数字人才的需求增大

人力资本是产业发展的基石。全球进入数字时代以来，人工智能、机器人、工业互联网等技术革新深刻影响着社会对人才队伍的需求。产业数字化与数字产业化的发展对人才队伍提出了掌握数字技能的要求，也创造出了一大批数字业态的新岗位。据世界经济论坛发布的《2020年未来就业报告》预测，到2025年数字经济发展将创造9700万个新的劳动岗位。[1]中国人力资源和社会保障部发布的《中华人民共和国职业分类大典（2022年版）》中净增了97个数字职业。[2] 数字时代，中国产学研界急需一大批具有数字素养、掌握前沿数字技术的数字人才，以支持数字产业转型升级以及"数字中国"建设。对于产业企业而言，数字人才是推动组织数字化革新的战略资源。数字人才支持企业在产业链与价值链上的数字化转型，推动企业数字治理发展。对于政府而言，数字人才是推动治理数字化转型的重要力量。数字人才支持政府更为科学有效地收集、分析社会民生数

---

[1] The Future of Jobs Report 2020，https://cn. weforum. org/reports/the-future-of-jobs-report – 2020，最后访问日期：2023年10月11日。

[2] 《中华人民共和国职业分类大典（2022年版）》，http://www. mohrss. gov. cn/xxgk2020/fdzdgknr/jcgk/zqyj/202207/t20220712_457477. html，最后访问日期：2023年11月11日。

据，以数据治理推动政府治理流程再造与治理数字化转型，提升政府政策制定科学性，释放数据在治理过程中的效能。对于研究界与教育界而言，数字人才是推动数字技术突破与应用的核心力量。数字人才探索数字技术的可能，并积极将前沿数字技术应用于产品制造，将数字技术转化为商业价值。教育界中的数字人才在进行科技创新的同时，也反哺研究界并促进教育数字化转型，助力教育体系培育更多的复合型数字人才。

数字技术已经深入渗透至生产生活的方方面面。正因如此，数字化转型发展不仅需要大量的技术人才支持，需要更多"技术＋应用＋管理"的复合型数字人才，以适应不同场景下数字化转型的多元挑战。在技术层面，产业数字化与数字产业化发展要求数字人才具备数字素养，掌握前沿数字技术。同时，数字人才需要具有一定科学创新素养与能力，以进一步探索尖端数字技术的可能。在应用层面，数字化转型需要对数据技术在各类场景中的应用有深刻洞察的应用型数字人才，以尽可能释放数字技术在提升产业效率与推动产业革新上的潜力。在管理层面，数字人才需要对数字技术在产业场景中的应用潜力具有深刻洞察，不仅积极地将数字技术应用于产品生产过程，还将数字思维、数字治理等理念带入产业当中，帮助产业组织进行数字化转型重塑，充分挖掘与释放数字化时代的商业价值。"技术＋应用＋管理"的复合型人才掌握数字技术，对于数字技术在产学研中的应用具有深刻洞察，并对数字技术如何推动组织数字化转型有着独到见解，因而有利于促进技术在各类场景中的应用与落地，为经济与社会的数字化转型发展提供智力支撑。

（2）数字经济区域协同发展对数字人才培养体系提出新要求

数字产业发展需求牵引数字人才资源的培养与发展，城市间产业协同牵引数字人才体系协同发展。在数字化转型的过程中，中国各个城市因资源禀赋以及产业发展现状的异质性，选择了符合自身情况的数字化转型策略，呈现各具特色的数字化路径。在中国城市数字化转型快速推进的同时，城市间产业协同的发展趋势牵引数字人才体系协同，带来区域内城市间数字人才发展一体化的新生态。城市间建立数字人才协同机制，使得区域内城市可共同牵引与共享数字人才资源，实现数字人才与各城市产业特点的适配，进一步释放人才资源推动数字经济发展的潜能。数字人才协同机制还让数字人才在各城市的产业间有效流动，为区域内数字经济发展注入人才"活水"。在数字人才培养层面，数字人才协同机制鼓励与引导城市产学研在培养数字人才上的合作。数字人才协同机制根据城市的高等教育资源、科研创新能力、产业需求情况，发挥各城市的资源禀赋，使得城市之间的产业企业、教育机构与科研机构在培养数字人才上加强沟通与协调，推动区域城市间数字经济协调发展。

2. 中国数字人才体系发展正面临诸多挑战

在数字经济时代，中国数字人才体系发展仍面临着人才储备总量不足、人才培养体系协同性不足、人才引进牵引力不足等诸多挑战，制约着数字经济的建设与发展。

（1）在数字人才供给上，当前中国数字人才储备总量不足

中国数字人才供给总体缺口较大。中国数字经济发展潜力巨大，相应地需要大量数字技术人才支撑产业数字化与数字产业化转型。然而，众多研究已发现中国数字人才供给不足，且供给缺口还在增大。中国信息通信研究院 2021 年发布的《中国数字经济就业发展研究报告：新形态，新模式，新趋势》[①]估算，2020 年中国数字人才缺口在 1100 万人左右。根据人瑞人才与德勤公司估算，中国数字人才总体缺口在 2500 万至 3000 万人，且这一数字正逐年增加。[②] 中国数字人才供给体系亟待完善，以回应数字经济发展的需求。进一步地，当前我国数字经济产业中既懂技术又会应用，还具有管理意识的复合型数字人才储备相对不足。中国数字经济产业的进一步发展要求有更多的"技术＋应用＋管理"的复合型人才参与数字经济建设。

第一、第二产业数字人才短缺情况更为严峻。当前中国数字人才的培养与储备主要集中于第三产业。然而在中国全面数字化转型的过程中，第一产业与第二产业同样需要大量"数字工匠"等复合型数字人才，以支撑

---

① 《中国数字经济就业发展研究报告：新形态，新模式，新趋势（2021 年）》，https://dag. ahmu. edu. cn/_upload/article/files/6c/e2/eca41cdb4eb6ac600a805d2699e3/2f91bf22 – 1032 – 4e0f – 96af – 1cab248bb70d. pdf？eqid = 9bf383cd0002481f000000056458a025&eqid = b4ce4c78 0000caa5000000066471c163，最后访问日期：2023 年 10 月 11 日。

② 《产业数字人才研究与发展报告（2023）》，https://www. 163. com/dy/article/I7JE0TNO0511 A72B. html，最后访问日期：2023 年 12 月 11 日。

各产业全面数字化转型。数字人才供给在产业之间的不平衡情况制约了农林牧业等第一产业以及制造业等第二产业的数字化转型能力，进一步加剧了各产业间发展的不平衡。中国数字经济发展仍需要注重培养"数字工匠"在内的高技能数字人才，鼓励与引导数字人才进入各个产业，支持数字农业、智能制造等传统产业数字化转型，为中国数字经济发展持续注入动能。

中国数字人才体系存在区域间发展不平衡的问题。由于教育资源以及产业基础分布等因素，当前中国数字人才聚集于东南沿海地区，而中西部地区数字人才供给相对不足。中国数字人才资源分布已呈现核心城市牵引的城市群集聚效应，众多数字人才集中于产业基础相对发达的长三角、粤港澳大湾区以及京津冀城市群。这一数字人才分布模式不利于中西部地区城市数字产业发展以及城市数字化转型，进一步加剧了国内区域之间数字经济发展的不平衡问题。

（2）在数字人才培养上，当前中国数字人才培养体系协同性不足

产学研数字人才培养体系协同性不足。大量科研技术人才集中于学术界，产业人才与管理人才则集中于数字经济产业龙头企业。企业中高精尖技术人才储备相对不足，学术界中应用类人才储备薄弱。教育界与业界对数字人才培养的目标与方式不同，也对数字人才流动产生重要影响。数字经济产业中各主体在人才培养上的协同性不足进一步导致数字人才培养与数字经济产业发展需求契合度不高、学界技术创新难以落地、业界企业科技创新能力弱等问题。在教育界，数字人才培养体制与数字经济产业发展需求适配性不强，人才培养体系具有一定滞后性，没有很好地跟上数字经济产业快速变化的人才需求。教育体制在教学设计、成果评估上对于培养复合型人才、交叉领域人才的关注度不够。在产业界，数字人才的长期培养体制有待进一步完善，需要倡导"终身学习"，支持产业企业结合发展需求培养数字人才。

中国城市间数字人才协同性有待增强。目前京津冀、长三角、粤港澳大湾区等城市群已形成一定数字人才协同机制，在人才资源引进、培养、流通、共享方面取得初步成效。然而，城市间数字人才协调的相关制度措施仍有待完善。城市间各级政府需要加强对话交流，在发挥区域核心城市

的牵引作用的同时，协调城市之间数字发展需求与数字人才引进培养，进一步驱动区域内数字空间建设与协调城市群数字产业发展。

（3）数字人才引进上，中国数字人才体系牵引力有待加强

中国数字人才资源市场亟须健全。中国数字人才引入与流动仍缺少专业型、综合型人才平台支持，数字人才在区域间、城市间、产业主体间的流动保障不足，各主体在人才资源引进、培养与共享上的协调机制仍不完善。为优化数字人才资源配置，中国需要进一步建立健全国内数字人才资源市场，通过市场机制集聚数字经济人才，使得数字人才引进与流动更为便利，有效地将人才与产业需求匹配，为中国数字经济发展注入数字人才动力。

数字人才体系需要进一步强化国际意识。中国数字经济规模已达 50.2 万亿元，位列世界第二。然而，在数字人才培养体系层面，相较于美国、日本、欧盟等数字经济发达经济体，中国对数字人才的吸引力不足。中国数字人才队伍建设需要具有国际视野，不仅要健全国内人才大市场，而且要增强国际人才吸引力。中国数字人才培养体系需要进一步加强与国际的交流对话，参考借鉴国际上数字人才引进、培养与保障措施，持续完善中国数字人才资源市场，以增强国际牵引力。

二 迈向更加普惠包容的数字经济发展格局

随着互联网技术在全球范围内的发展与普及，一方面，网民规模不断突破新高，网民对互联网的多元化运用激发了对网络基础设施的需求；另一方面，各国政府也越来越重视互联网基础设施建设以推动社会发展。二者相辅相成，共同推动数字经济的快速发展。此外，互联网企业蓬勃发展，不断开拓新的经营领域，进一步推动了平台经济的爆发式增长。当前，数字经济正在迈向一个更加普惠包容的发展格局，对各国提出了隐私保护、数据安全、数字平等、数字包容、数字监管等方面的要求。

（一）隐私保护与数据安全

在数字时代，数据成为全社会的重要生产要素。随着数据在社会生产

生活的全方位渗透，数据的流通与关联已成为数字经济发展的重要基石。同时，由此产生的商业层面与政务服务层面的隐私保护和数据安全问题逐渐凸显，对公民与社会安全构成了严重威胁。隐私保护与数据安全同用户息息相关，也是营造安全、可信赖的数字经济发展环境的前提条件。用户数据不仅是个人需要注意并保护的问题，而且既需要商业层面提供平台服务的企业履行好信息保护的义务，又需要政务服务层面提供共享数据的政府明晰其权责。

1. 商业层面的数据、信息滥用与隐私保护

信息化时代下，人们在自觉或不自觉地创造和输出海量的信息，以应对复杂的信息化环境。这些广泛的数据要素被应用于市场调研、商业分析、安全监控、风险评估、医疗健康等多个领域，给人们带来了便捷和效益，有力促进了数字经济的增长，但同时带来了隐私泄露与滥用的潜在威胁。

（1）数字时代用户数据赋能数字经济增长

数据是数字经济发展的基石，是数字经济增长的重要因素。在数字时代，社会运行的每时每刻都会产生海量数据，包括商业交易数据、用户行为数据、个人特征数据等各类别数据，涵盖数字、文本、图像、视频等各种类型。数据在流通与互相关联中产生价值，并贯穿于生产、消费、分配等社会经济活动中，在提升社会生产效率、优化生产资源配置上发挥着不可替代的作用。不仅在经济发展层面，数据也深刻影响着政府治理行为。社会民生经济数据的收集与分析使得政府决策具有数据支撑，可以提升决策的科学性与精准性，推动数字时代中国政府治理体系和治理能力现代化建设。

商业层面的数据挖掘分析与关联流通释放数据价值。大数据技术、机器学习等算法的进步极大地提升了企业的数据收集、存储与分析能力。大数据技术使得平台企业可以快速分析海量用户行为数据，在各类数据中提炼分析用户行为特征，将抽象的数据以可视化的形式呈现。进一步，在机器学习等算法的支持下，将用户行为数据与地理数据、社会民生数据进行关联分析，可以更有针对性地分析用户行为数据特征，提炼用户画像，为企业提供更具科学性的信息参考。借助用户行为数据分析与用户画像提

炼，企业可以根据用户偏好实现精准化、定制化服务，优化自身提供的产品与服务，从而吸引更多用户、提升自身商业价值，赋能数字产业增长。当前世界范围内众多企业将用户行为数据分析作为战略发展研究的重要组成部分，已经形成了如谷歌广告、亚马逊信息服务公司等成功案例。

（2）商业数据滥用对用户权益与社会安全构成威胁

数字要素流通对数字经济发展至关重要，然而，用户数据流通可能带来消费者隐私泄露风险。数据是数字经济时代的重要生产要素，数据关联与流通创造重要社会价值，为数字经济发展注入动能。无数互联网用户使用在线平台进行浏览、消费、娱乐等行为时，留下了大量个人信息、行为等数据。这些用户数据因具有巨大的商业潜力而被企业存储与使用。数据分析可以产生巨大的商业价值，也会带来不容忽视的隐私侵犯风险。在采集与存储阶段，消费者个人数据在不知情的情况下被企业收集与存储，构成对消费者知情权的侵犯。同时，个人信息在消费者不知情的情况下被收集、使用与传播，造成对消费者个人隐私、名誉的侵犯，甚至对消费者个人人身与财产安全构成威胁。当前中国正着力建立健全国内数据要素市场，但有关用户数据交易的法律制度仍有待完善，用户数据采集、存储、交易、分析等的使用边界还没有得到清晰的界定，数据使用的权责有待厘清。因大数据技术与数据存储技术的进步，数字时代用户数据的存储与转移成本远低于以往，且由于数据技术壁垒的存在，政府、消费者与第三方机构难以直接对用户数据的采集、存储与使用进行监管，监管成本较高使得消费者个人隐私不能得到充分保障。

企业对个人信息滥用形成对消费者个人行为的监视与控制。企业通过用户在互联网平台上留下的个人信息与行为数据，可以在机器学习等算法的支持下，对用户个人行为进行分析与预测。消费者因使用互联网平台而留下个人数据，使得个人行为轨迹、生活消费、社交聊天等生活数据都可被企业采集与存储。消费者个人生活隐私因数据采集与滥用而充分暴露于互联网之中，这一因用户数据滥用而形成的个人行为监视被称为监视资本主义（surveillance capitalism）（Zuboff，2015）。企业对个人用户数据分析的滥用歪曲了消费者与市场行为。一方面，大数据技术的发展催生出推荐算法，推动了平台对数据的有效分析，提升了数据使用效能；另一方面，平台基于数据分析筛选了消费者所得到的信息，扩大了消费者与市场之间的信息不对称。因而，消费者行为受到不完整的、企业所偏好的信息的引导，形成被推荐算法"俘获"、被平台"杀熟"的情形，这构成对消费者权益的侵害。同时，也因为消费者与平台企业在数据技术能力、市场力量等方面的不对等地位，企业相对于消费者个人在用户数据处理上具有更为明显的优势（陈本皓，2020），如企业对用户数据采集与使用的解释权、消费者因必须使用企业服务而被动同意企业采集使用数据等。

全球化与数字经济时代下信息出境的国家安全风险。在中国数字经济飞速发展的过程中，数字化企业收集与汇聚了大量数据，推动了产业的快速增长。在全球化与数字化转型并行的时代，数据因具有超越边界、易于跨境转移的特点，将数字经济时代国家之间的产业更为紧密地联系在一起。在这一背景下，跨境数据交换成为产业常态。然而，因数字时代下数据蕴含着巨大的国家战略价值，无规制的数据跨境流动可能构成对国家安全的挑战。企业所拥有的社会经济数据包含国家经济运行动态等敏感信息，在进行数据跨境流动时将伴随着国家安全风险。特别是有关公共通信服务、能源、交通、水利、金融等基础设施与重要行业的数据在进行跨境流动时，容易对国家安全构成严重威胁。全球化时代，跨境数据流动既需要兼顾商业经济运行，也需要平衡国家战略利益。建立针对数据类型与规模的数据出境分级监管制度，对完善数据要素交易市场、维护数据安全具有重要意义。

2. 政务服务层面的数据共享与数据安全

在数字时代，数据成为全社会的重要生产要素。随着数据在社会生产生活的全方位渗透，数据的流通与关联已成为数字经济发展的重要基石。政务服务数据是数字经济时代数据的重要组成部分。2015 年国务院印发了《促进大数据发展行动纲要》，提出"大力推动政府信息系统和公共数据互联开放共享，加快政府信息平台整合，消除信息孤岛，推进数据资源向社会开放"。此外，国务院还相继发布了《关于建立健全政务数据共享协调机制加快推进数据有序共享的意见》《关于加强数字政府建设的指导意见》《全国一体化政务大数据体系建设指南》等重要文件，强调建设"标准统一、布局合理、管理协同、安全可靠"的全国一体化政务大数据体系，支持政务数据融合、共享和开发利用，促进政务数据依法依需有序流通。政务服务数据的开放共享充分实现政务数据价值，打破纵向与横向间部门数据孤岛，加强营商环境建设，推动政府治理数字化转型，对国家治理体系与治理能力现代化建设具有重要意义。

（1）政务服务数据共享促进政府治理数字化转型

政务服务数据在部门间流通与共享是政府治理数字化转型的基础。在政府治理过程中，政府各部门因权责分立采集不同类别、不同标准的政务数据。各部门政务服务数据标准不同，且数据使用权责不同，难以共享与流通。政府部门之间数据流通存在制度壁垒，造成"数据孤岛""数据烟囱"等问题，限制了数据在提升政府治理效能方面的作用。打破数据流动壁垒，促进政务服务数据在纵向与横向部门间的流动共享，使得政府跨部门协同治理成为可能，以数字化提升政府治理效能。进一步地，政务服务数据在部门间的流通共享，可以推动政府治理流程再造，而数字化思维重塑政府治理逻辑，可以推动政府治理体系与治理能力现代化建设。建设政务服务一体化数据平台，促进政务服务数据在不同区域间、部门间流动，使宏观经济、医疗、教育等各行各业的数据可以相互关联。数据融合为各级政府进行决策提供了客观的、多维的、全面的数据支持，有利于提升政府决策的科学性与精准性。政务服务数据关联与流通让"数据跑代替人跑"，使"一站式""一次办"政务服务成为可能，推动线上线下政务服务融合，提升政务服务效能。

政府在治理过程中收集了大量的社会经济数据，政务服务数据向社会公开共享对促进数字经济发展具有重要意义。信息与通信技术、大数据技术的发展催生了一批提供"云服务"等数据计算与存储产业的平台企业。政府与数字化产业企业在政务服务数据上的合作推动了政务服务数字化转型的进程。政务服务数据的公开共享推动了政务服务数据与产业、学术研究界间数据的联动。公共数据作为数据要素进入数字经济各行各业的生产活动，推进各类数字经济主体在数据要素市场上的合作共治，促进了中国数据共治体系的建立健全。政务服务层面数据共享赋能数字经济产业发展，也反哺政府决策的科学性与精准性，进一步释放政务服务数据的治理价值。政府需要充分理解、分析并利用好数字经济的客观发展规律，和各类数字经济互补者共同打造有效率的数字社会与数字经济，共同构建有效的数字治理体系。

（2）中国当前政务服务数据共享仍面临碎片化、数据安全等诸多挑战

政务服务数据共享标准化程度不足。当前中国各级政府已初步建立政务大数据平台，但部门间政务服务数据在采集、存储、共享上的标准不一。数据统一标准的缺失，造成政务服务数据因不同来源数据在变量定义、采集方式等规范上的差异而无法有效联动。此外，数据统一标准的缺失还造成政务服务数据采集质量低下、数据重复采集与采集空白等问题，影响部门间政务服务数据管理与有效共享，同时阻碍政务服务数据对社会公开共享。

政府各部门间数据共享协同成本高。当前中国各级政府已建立政务服务数据共享的相关制度，但在政务服务数据共享的操作过程中，政府数据"不愿公开""不敢公开"的案例仍时有发生，政府间"数据壁垒""数据烟囱"现象仍然普遍存在。政府部门在公开数据的实际操作中，会选择性地公开或不公开数据。纵向与横向部门间政务服务数据管理权责有待进一步厘清，需要建立健全政务大数据平台的管理维护机制与部门间政务服务数据的协调机制，降低部门间在数据共享上的协同成本。

政务服务数据共享规范缺失造成数据安全风险。政府拥有的社会数据量大、维度广，特别是政府数据包含大量社会经济运行数据，具有重要的国家战略意义。然而，在政务服务数据对外公开与连接的过程中，现有法律法规对政务服务数据共享的相关规定仍不完善，构成公民数据隐私侵害、泄露国家安全机密的风险。在没有明确共享边界与使用说明的情况下，政务服务数据被不正当使用，构成对国家政治安全的威胁。政务服务数据共享使用规范不明也可能导致公民数据在未经允许的情况下被使用，造成数据滥用问题。政府数据共享可能造成公民敏感数据外泄，造成对公民隐私的侵犯。特别是政企合作中对政务服务数据共享未进行脱敏等操作，或共享范围不明导致公民个人敏感数据泄露，造成对公民隐私的侵害。

政务服务数据开发利用程度不足，政务服务数据共享的治理价值仍有待进一步释放。政务服务数据跨地区与跨部门间数据综合分析水平有待进

一步提升。横向上各地政务大数据平台向相关部门收集了各类数据，纵向上上级部门汇聚了大量地方政府部门的政务服务数据。然而，大量政务服务数据仅停留在平台存储阶段，数据返还与分析返还的缺失制约了政务服务数据汇聚释放治理价值的实现。各级政府有待进一步挖掘数据治理价值，提升政务数据分析水平。激发各级政府对政务服务数据与社会数据的创新应用，并及时将数据分析发现通过数据简报等方式返还给有关部门，可以使政务服务数据共享的价值真正落实到政府行动当中，推进国家治理体系与治理能力现代化。

（二）政企协同：平台治理的新挑战

平台通过治理才能健康发展，政府和企业都是平台治理的主体，需切实履行主体责任，加强彼此之间对网络安全信息、资源的共享。然而，平台经济对政府和企业的影响并不一致，平台经济在赋权企业的同时削弱了传统意义上政府的权力，垄断、恶性竞争等问题亟须政府再造新型监管模式以应对平台治理带来的新挑战，同时需要企业更好地理解和承担社会责任。

1. 平台经济对经济社会和政商关系的影响

平台经济作为一种新兴经济形态，存在共享经济、数字经济、数字资本主义等相近概念（谢富胜、吴越、王生升，2019）。其中，平台可以定义为"作为媒介连接双方或多方用户，通过整合相关市场主体的力量，形成一个具有双边市场特征、实现彼此增值的经济形式"（陈宏民等，2023）。按照功能分类，可将平台分为市场制造型、受众制造型和需求协调型；按照连接性质分类，可将平台分为纵向平台、横向平台和观众平台；按照所有权结构分类，可将平台分为垂直一体化平台和独立拥有平台。在经济社会和政商关系两个维度上，平台经济都发挥着重要作用。

平台经济已成为引人注目的经济、社会现象。近年来，平台经济提供的商业服务已成为公众特别是城市居民生活中的基础设施，涉及人们生活、娱乐、办公的方方面面。同时，平台深度嵌入政务服务，成为多种公共服务的搭载者和提供方。科技巨头的崛起打上了信息时代的烙印，平台经济的蓬勃发展乃至野蛮扩张则带来了公共治理的新问题、新挑战。例如，在零工经济中，工人面临权益和公平问题，给工人的健康和福祉带来不利影响；平台经济的迅速增长带来了监管和法律问题；平台收集大量用户数据，引发了有关用户隐私、数据泄露以及个人信息滥用的担忧；少数几个主要的平台公司占领了广大的市场，可能引发反垄断担忧，且平台使用的算法可能无意中会产生偏见和歧视；并非每个人都能平等地获得数字平台或具备参与平台经济所需的技能，这可能会加剧社会和经济不平等。

（1）平台经济的经济社会影响

平台经济作为一种新兴经济业态，重组了现有的产业格局，推进了劳动过程的改变，并产生了深远的社会影响，其中既有机遇也有挑战。平衡各方利益，确保平台经济的可持续性和公平性，是政府、企业和社会共同面临的重要任务。

数字平台监管失效已成为全球多国普遍面临的问题。其根本原因是，数字时代技术、产业组织和商业模式的重要变化对自发秩序和制度秩序有效发挥作用产生了广泛且强烈的约束力量，给市场运行带来巨大挑战（江小涓、黄颖轩，2021）。平台垄断问题已成为数字经济时代的标志（熊鸿儒，2019）。近年来，各国数字寡头的反垄断争议不断。而在我国，平台垄断与竞争治理问题也开始出现。一些中国科技巨头在各自的领域内形成了垄断地位。例如，阿里巴巴和京东在电子商务领域占据主导地位，腾讯在社交媒体和在线游戏领域具有较大的市场份额，百度在搜索引擎领域占据主导地位。这种市场垄断可能会限制其他竞争对手准入，影响市场竞争的公平性。一些科技公司被指控滥用用户数据，采取不正当竞争手段。中国在2021年采取了一系列重要举措来加强反垄断监管，主要针对科技巨头和数字经济领域，包括对阿里巴巴、腾讯的反垄断调查，修改《反垄断法》，发布反垄断指导意见等。这些措施旨在维护市场竞争的公平性，保护消费者权益，同时鼓励创新和经济增长。然而，这一进程仍在不断发展中，需要继续监督和调整以确保有效的反垄断监管。

平台经济利用算法在给消费者带来精准化、个性化商品与服务推荐的同时，也带来"大数据杀熟"现象的普遍存在。"大数据杀熟"，也即"算法价格歧视"，指的是"平台经营者利用算法分析消费者的喜爱偏好，对其进行精准画像，瞄准用户的消费心理，通过定向推送广告和发放优惠券等形式，实现价格歧视的行为"（陈群峰、周恩惠，2023）。企业利用平台，通过收集客户的个人信息、购买历史、地理位置等因素来制定个性化的价格策略。这使得企业可以最大限度地提高利润，因为它们能够准确估算平台上客户的偏好支付意愿。利用平台经济进行的算法价格歧视会带来垄断隐患，在市场、经营者和消费者三个维度上，分别可能产生损害竞争性利益、攫取消费者剩余和损害消费者隐私的后果（陈群峰、周恩惠，2023）。平台的"大数据杀熟"引发了监管挑战，使得监管机构需要权衡促进竞争和保护消费者权益的需求。一些国家和地区已经采取法规来规范这一实践，要求企业在平台上透明地披露其价格策略。

平台经济给市场秩序和劳动者带来了不确定因素。大平台之间竞争垄断地位时，常常采取"价格战"等不良手段，破坏市场秩序，造成资本市场不稳。平台为获取垄断地位还会挤占小微商户的生存空间，不利于打造良好的国民经济生态。平台经济的发展对个体劳动者的劳动过程也产生了深刻的影响。平台经济重组了直接劳动过程，催生了"零工经济"，造成知识劳动、传统劳动、按需劳动等多种劳动类型的不稳定（Sun, Chen, and Rani, 2023；谢富胜、吴越、王生升，2019）。平台重塑了劳动再生产过程，将数字产消者的活动纳入资本积累过程（谢富胜、吴越、王生升，2019）。数字经济发展引致的低技能劳动力替代效应远甚于人口红利下降的低技能劳动力短缺效应，且微观个体禀赋、宏观经济环境与政府治理水平对低技能劳动者权益的影响具有明显差异性（柏培文、张云，2021）。算法权力结构下的不平等内嵌于更加多元的权力关系景观之中。例如，平台算法对外卖员的劳动管理，呈现"时间内嵌"、"情感劳动"和"游戏化"等方面的特征（孙萍，2019）。

（2）平台经济对政商关系的影响

平台经济的兴起改变了中国的政商关系结构。改革开放推动了中国的市场化转型，政商关系成为中国政治经济结构的重要组成部分，大部分集中在地方层次展开。地方政府在经济增长中扮演的角色得到重视，与此同时，政企关系呈现个人化和地方化的特征（傅勇、张晏，2007；周黎安，2007）。互联网经济和平台企业的兴起改变了这种地方化的政治经济结构，推动政商关系在中央层面展开（黄冬娅、杜楠楠，2022）。

在中国，平台经济不断发展，其技术能力、规模和垄断倾向使其拥有越来越多的市场权力。一方面，有学者认为，平台企业的市场权力使得它们可以挑战传统政府监管模式（樊鹏，2018），带来社会治理风险（吕鹏、房莉杰等，2020）。也有学者提出，大型技术公司的政策参与可能挑战国家权力边界、引发系统性风险和危害政治安全，并削弱地方政府对经济的管控力度（张茂元，2021；樊鹏，2018）。另一方面，中国平台经济的监管体系也在逐步建立和强化，国家权力在平台经济中的再造，相较于对传统经济部门监管的重塑体现出相当的连续性（黄冬娅、杜楠楠，2022）。新型的"国家－雇主－雇员"三方关系体现为科技巨头在重塑公司文化的过程中采用市场改革、国家复兴和科技进步的话语（Tse and Li，2022）。国家和科技资本的互动体现出一种不对称的共生关系（Lei，2023）。

（3）平台型企业的角色

在世界范围内，平台经济正在快速发展，逐渐改变着人们的生活方式和经济结构。特别是互联网和移动互联网的高速发展，使得平台型企业成为企业履行社会责任的新载体，它们的影响力不断扩大，任务也更为重大。这就需要平台型企业更好地理解和承担企业社会责任，同时，企业面临着更为复杂的挑战。

作为新时代的主要商业模式，平台型企业已经深入经济社会的各个领域，从电商、共享经济到在线娱乐、社交媒体等。它们不仅改变了消费者的使用习惯和生活方式，而且在商业模式、就业形态、社会伦理等方面产生了深远影响。因此，平台型企业承担的社会责任越发重要。企业社会责任是企业在追求经济利润的同时，对经济、社会和环境等负责，实现经济、社会和环境的可持续发展。对于平台型企业而言，这显得尤为重要。因为平台型企业通常涉及大量用户，其商业决策往往能影响到社会的各个层面。比如，共享经济的兴起影响到城市交通和房屋租赁市场，电商平台的垄断行为会对其他小企业和消费者产生影响，社交媒体的推荐算法可能会影响到信息的质量和公平。

在平台经济背景下，平台型企业成为企业履行社会责任的新载体。相比于传统企业，平台型企业在履行社会责任适用的主体边界与内容边界方面均存在差异。在社会责任治理方面，平台型企业一方面通过对平台内用户的社会责任管理实现了社会责任管理模式的创新，由传统的点对线型社会责任治理走向了网状型的社会责任治理；另一方面，在社会责任治理机制与治理手段方面融合了政府治理与市场治理两种功能，通过平台门槛机制、认证机制、激励考核机制、监督惩戒机制实现对平台双边用户的社会责任行为治理，通过信号机制与声誉评价机制实现社会责任治理手段的数据化与透明化。同时，在社会责任评价机制方面，平台型企业在一定程度上扮演了对平台内用户企业的社会责任评价的第三方角色，实现了由外部第三方评价转向平台自组织式评价，而对平台企业的整体企业社会责任评价仍需要平台用户的"倒逼"式评价与政府发挥协调作用（阳镇，2018）。

同时，平台型企业面临着许多挑战，如法律法规滞后、监管困难、公众认知不足等。而且，由于平台型企业的商业模式和规模的特殊性，它们所承担的社会责任也具有特殊性。例如，它们需要更加关注数据安全和隐私保护，更加重视网络欺诈和虚假信息的监管，更加重视对数据算法的公平和透明。

面对这些新的挑战，平台型企业也有新的机遇。它们可以通过技术创新，推动社会正义和公平；通过提供优质服务和产品，满足多元化的社会需求；通过与公众进行互动，提高社会的认知度和接受度，进而树立良好的公众形象。未来，随着平台经济的进一步发展，平台型企业的社会责任也将会得到更多的关注。平台型企业应当与政府、公众、非政府组织等合作，共同推进社会进步。这既关乎企业本身的利益，也关乎社会的期待。

2. 平台治理的现状与展望

目前，平台治理已形成数种典型管理模式，而我国的平台治理方兴未艾、稳健发展。中国政府非常重视对平台经济的监管。近年来，有关部门发布了一系列政策和法律法规，以规范平台经济的发展，抑制不良行为，保护消费者权益，推动行业健康发展。然而，随着技术的发展以及市场环境的变化，中国的平台经济监管仍面临诸多挑战，如脱实向虚的金融风险，数据盗用和滥用等问题仍需重视和解决。中国的平台治理在加强监管、打破垄断、保护数据隐私、促进技术创新和商业模式创新等方面仍有待进一步发展和改进。

（1）平台治理现有管理模式

针对互联网产业的迅速发展带来的监管挑战，平台治理的有效施政具备高度的重要性和紧迫性。不同的互联网监管模式包含不同的理论渊源、价值理念、监管要素。当前，平台治理的管理模式主要体现为政府管制、平台自治和社会监督。

政府管制。政府管制指的是借用公权力制约平台市场主体的各种不正当行为，并激励平台交易过程中的资源优化配置、市场自由竞争和消费者权益保护（杨学敏、梅宏、郑跃平，2023）。市场主体的行为常常因外部性的存在而发生偏差，政府监管则在维护市场秩序方面发挥着不可替代的作用。政府管制可分为经济管制和社会管制两种类型。经济管制的主要目标为控制产品价格、准入许可、行业标准等要素。社会管制旨在保护环境、劳动者以及消费者的健康与安全，常采用价格调控、行政处罚、市场主体的准入标准、社会政策制定、社会福利系统评估等监管工具（钱贵明、阳镇、陈劲，2022）。

平台自治。平台自治是指平台企业作为监管主体，主动对其市场运行施加交易规则并予以监管，调节生产经营活动、组织利益相关方关系和组织各类经营管理活动的行为（杨学敏、梅宏、郑跃平，2023；钱贵明、阳镇、陈劲，2022）。平台自治建立在平台企业同时具备私人性和公共性双重特性的基础之上，既具备逐利的市场逻辑，又在平台公共场域中扮演着"类政府"的公共社会角色（钱贵明、阳镇、陈劲，2022）。平台自治秩序的重点包括保护消费者权益、内容合规审核、知识产权保护、交易纠纷处理。平台自治的特点主要体现为协商性、灵活性、本地性、民主性、有限性（江小涓、黄颖轩，2021）。

社会监督。社会监督指的是以独立营利性机构、社会组织和科研院所为代表的第三方中介组织，以及平台消费者群体等多元社会力量共同监督平台治理。第三方机构常常具备较强的专业评估能力、多样的监督工具资源以及较高的组织合法性，能为信用评级、质量检测、交易纠纷、责任界定等问题提供独立的洞察见解与协调建议（杨学敏、梅宏、郑跃平，2023）。随着平台体量的增长，双边用户和特定平台形成稳定的共生系统，用户由此产生更高的黏性、忠诚度、归属感，生成监管平台的动机（钱贵明、阳镇、陈劲，2022）。

三种平台治理的管理模式在现实情境中面临着不同的困境。依托于法律的政府管制模式在实际运作中往往欠缺灵活性、效率与可操作性，且难以匹配平台生态的复杂性，致使监管结果产生偏离甚至反转。平台自治模式缺乏公权力的支撑与保障，平台协议的制定缺乏民主程序，且平台企业具有逐利动机。社会监督模式仍属于初步探索时期，在理念共识、运行机制和监督方式等方面尚未形成系统完善的互联网平台监督体系，难以实施独立有效的监督行动（杨学敏、梅宏、郑跃平，2023）。

（2）我国的平台治理

面临互联网产业的高歌猛进，国家的有形之手在经济发展中的作用亦面临着震荡、转型与调适。长期以来，对中国互联网的研究侧重于国家在内容治理中的审查角色。当下，国家建立和完善互联网行业监管的诸多行动凸显了国家的监管角色。事实上，在审查和监管之外，中国互联网产业的发展离不开国家扮演的发展角色。互联网产业的轻资产特征和商业模式的垄断倾向，以及发展中国家互联网基础设施建设可能出现的市场失灵，使得美国互联网巨头轻易占据了全球互联网产业的金字塔顶端。与欧洲市场也被美国头部互联网企业占据相比，可以说，中国互联网产业的成长和强大与国家扮演的角色息息相关。

即便如此，在中国互联网经济发展中，国家要扮演积极的发展角色仍面临着挑战。一方面，国家对互联网产业发展的推动作用，并不一定完全是国家理性决策的结果。相反，国家的发展角色有时也是国家其他目标以及部门和地方利益的副产品。另一方面，国家的发展政策也并非都能如愿以偿地推动互联网产业的发展。相关政策很可能因部门之间的利益冲突而难以执行。此外，国家对企业的扶持政策也可能遭遇失败。

互联网企业在我国经历了蓬勃发展乃至无序扩张的阶段。面对迅猛的新经济业态发展以及随之而来的社会后果，行政、法律层面的政府管制也需即时响应，以更好地匹配经济基础，促进生产力的进一步发展。当前，我国在大数据治理、跨平台信用体系、网络精准监测等监管手段创新上还处于探索阶段。司法保护或救济措施的及时性、有效性往往不足，不能适应数字时代竞争司法救济的需求（熊鸿儒，2019）。应稳步推进数字经济维度的反垄断法修订和配套规章指南的完善，对平台垄断的突出问题做出必要的回应（王先林、方翔，2021）。

传统的垂直监管模式已不能满足"互联网＋"跨界融合发展的需要。互联网平台上商家的经营活动往往是跨领域、跨地区的。现有的体制架构大多是条块化和属地化的，各部门条块分割的监管体制造成"政出多门"，部门之间协调不够，甚至存在不同部门之间的政策、标准要求等相抵触的现象。在线上线下加速融合的趋势下，线下业务不断向线上扩展，原有的线下监管问题通过"互联网＋"进一步放大，新业态如何界定，线上和线下管理部门如何划分职责和实现协同，都是新的监管难题（熊鸿儒，2019）。因此，国家需扮演好发展角色、监管角色，以及做好两者之间关系的协调。在新经济越来越成为经济发展的重要推动力的背景下，必须重视国家在互联网产业发展中的积极角色，避免消极影响，平衡监管和发展目标为中国的互联网产业发展提供有力的理性决策和支持（黄冬娅、梁渊栎，2022）。

（3）平台治理的展望

在21世纪的信息时代，数字经济的发展为社会各个领域带来了诸多变革，互联网平台已成为当今社会经济生活的重要载体。然而，这种发展也带来了平台治理的新挑战。该问题的复杂性在于其涉及众多参与者，包括平台运营者、用户等，他们的权益均需要得到保护。针对这一治理难题，我们需要探寻新的治理方法和思路。应对数字经济带来的平台治理挑战，我们需要深入理解平台经济的运行机制，厘清多方主体的角色定位，明确各方的角色和责任，发展新的治理模式和工具，并在实践中不断探索和完善。

针对平台治理的当下困境，学界重视政府与平台企业的有效互动与通力合作，提出"平台协同监管模式""合作监管""共同治理"等新概念。杨学敏、梅宏、郑跃平（2023）提出，构建互联网平台协同监管模式是解决当下平台治理的重要抓手。协同监管模式以复杂性监管场景需求为出发点，以价值均衡为牵引，推动以主体协同、规则协同与功能协同为构成要素的复杂系统协同。其两个重要维度是，基于多元主体整合跨边界的制度资源、市场资源和社会资源，融合发挥各自的作用及优势；充分利用并整合互联网平台网络系统所具有的无边界的、独特性的和碎片化的技术资源与数据资源（杨学敏、梅宏、郑跃平，2023）。张丙宣和华逸婕（2019）提出，合作监管已日渐成为重要的监管模式。例如，在共享单车领域，在无序和强制两种状态下，单独监管、少数主体合作监管、多数主体合作监管、超级综合监管四种模式中，超级综合监管发挥的作用最大，而超级综合监管模式是将多元主体监管纳入平台监管的典型策略。吕鹏、周旅军、范晓光（2022）则提出共同治理的概念，也即"在平台上进行治理"，平台治理可分为内部治理、外部治理和共同治理。由此，国家和数字平台企业形成"共栖"（co-inhabitance）的平台治理场域，平台企业实现了与国家的合作，从而形成共同治理格局。

（三）数字鸿沟与数字包容

在数字经济的快速发展过程中，各个国家和地区都在积极探索数字化转型，数字技术的普及和应用已经成为经济发展的重要支撑，然而，数字经济的发展也带来了数字鸿沟问题，这成为制约数字经济可持续发展的主要瓶颈之一。

1. 数字鸿沟的扩大

数字鸿沟，是指在技术进步和社会发展的过程中，不同社群在获取和利用数字技术资源方面所存在的差距。数字经济在全球范围内遭遇不平等问题的挑战。随着数字经济和数字金融的发展，全球发生的数字鸿沟备受关注，数字鸿沟扩大及其带来的负面影响迫切需要抑制。数字鸿沟来自信息技术发展的不平衡，不仅存在于城市与农村之间，造成发达国家与欠发达国家之间的更大差距，而且在同一社区内部制造"信息富人"和"信息穷人"。在市场经济条件下，没有政府的强干预，数字经济和数字金融的发展会自发地产生和扩大数字鸿沟，加剧社会贫富分化（张勋、万广华、吴海涛，2021）。

数字鸿沟的定义已具备丰富的内涵与外延，可分为第一、第二、第三代数字鸿沟等多个维度。其中，第一代数字鸿沟指的是拥有者和缺乏者在接入信息与通信技术方面的鸿沟；第二代数字鸿沟除接入信息与通信技术外，还包括 ICT 素养和培训方面的鸿沟、ICT 利用水平方面的鸿沟等；第三代数字鸿沟，即信息和知识鸿沟，不仅表现在信息与通信技术的接入和利用上的鸿沟，还表现在信息资源和知识上的鸿沟。超越第三代数字鸿沟，则指的是从社会分化、社会排斥、社会不平等的角度解释数字鸿沟的内涵。

数字经济也带来了不平等问题扩大的风险。在全球化和科技发展的大背景下，数字经济正在中国以及世界各地快速发展，成为推动全球经济发展的一大动力。然而，随着数字经济的飞速发展，如何处理它所带来的包括不平等在内的问题，也成了亟待解决的难题。市场在稀释和部分消除由国家内部资源分配带来的不平等的同时，也造成了新的不平等。特别是随着金融化的发展，金融资本的力量放大了社会不平等①。

针对数字鸿沟加剧社会不平等的问题，我们需要引入数字包容的概念，数字包容为其提供了技术驱动的解决路径。数字包容是指所有人都有平等的机会和恰当的技能，通过连接网络和使用数字技术参与社会生活并从中受益。数字包容一方面要求技术提供方通过创新信息与通信技术、通过定制化设计提高易用性等手段，开发更加符合数字包容要求的产品和服务，使用户享受技术商家所提供的降低技术门槛的包容性产品；另一方面要求用户通过自身学习和能力素养迭代的方式来改变技术的易用性，从而主动适应技术（图书情报知识编辑部，2022）。此外，政府的角色也必不可少。在数字经济时代下，数字包容政策的制定和实施对弥合数字鸿沟、促进数字参与以及提升大众在数字时代的满足感和幸福感具有重要意义（卜淼，2022）。

2. 数字经济发展背景下的数字鸿沟问题

从横向上看，我国数字鸿沟的具体表现形态是多样的，既有微观主体视角下个人层面的数字鸿沟，也有宏观地理范围视角下地区层面的数字鸿沟，这使得个体机会不平等加剧，也使得地区发展不协调加剧，进而落入强者越强、弱者越弱的马太效应陷阱。

（1）个体机会不平等加剧

数字经济发展可能使多维贫困的状况恶化，特别是对弱势社群带来不

---

① 《黄冬娅：平台企业的兴起改变了中国的政商结构 | 告别 2021·提问思想者⑤》，https://www.jiemian.com/article/6961291.html，最后访问日期：2023 年 10 月 11 日。

良影响。研究发现，数字金融发展给能够接触到互联网的居民带来了便利以及机会，却挤占了未能接触到互联网的居民原先可能获得的资源，这种数字鸿沟使得位于贫困线附近和贫困线以下的居民因数字金融的发展而越来越贫困，因为数字金融发展主要导致面临数字劣势的贫困居民失业概率的提升（何宗樾、张勋、万广华，2020）。

然而，发展数字经济是必然趋势。对于无法接触到互联网的农村家庭而言，数字金融主要通过促进农业向非农业的就业结构转型，带来工资性收入和农业经营性收入的增加，进而促进消费，增加国内需求（张勋、万广华、吴海涛，2021）。因此，在推进数字金融发展的同时，应着力提高金融服务的覆盖率和可得性，尤其是照顾农村的贫困人口，引导其积极应对数字经济对就业市场的挑战，成为脱贫攻坚的重要支撑（何宗樾、张勋、万广华，2020）。此外，提升数字素养是解决个体层面数字鸿沟问题的重要路径。一方面，应通过"网络扶智"、"智慧教育"和"信息素养"等方面的行动，实践教育信息化2.0"更加注重教育公平"、"更加注重创新引领"和"更加注重育人为本"的理念，作为同步消除三代鸿沟的施策路径（冯仰存、任友群，2018）。另一方面，对于农民、老人、中小企业等数字化程度较低的人群和企业，应进行定向财政扶持，拓展数字经济应用场景，提高数字经济的普惠性和共享性（夏杰长、刘诚，2021）。

（2）地区发展不协调加剧

数字经济推动经济社会的大跨步迈进，但未能实现不同区域的同步发展。欠发达地区由于数字化基础设施不足、专业人员缺乏等原因，可能错失数字经济发展机遇，难以充分享受"数字红利"。由此，数字经济可能在一定程度上成为加剧地区发展不协调的风险因素。

数字经济对东、西、中部的地域发展差距具有重要影响。当前，中国东部地区数字经济发展水平最高，中部、西部及东北地区均未达到全国平均水平，整体而言，中国数字经济综合发展水平仍然较低（罗小芳、王素素，2021）。数字经济、制造业集聚和地区差距的空间分布均呈现"东强西弱、南强北弱"的不均衡特征。数字经济加剧了地区发展差距，尤其是集聚经济的发展进一步拉大了地区之间的发展差距（段博、邵传林、段博，2020）。夏杰长、刘诚（2021）研究发现，数字经济在推动区域创新产出方面有较突出的成效，但相对而言发达地区在数字经济发展初期受益更多，欠发达地区要在政府实施数字普惠政策后，才能迎头追赶，逐渐缩小区域差距。

数字经济对城乡差距亦具有重要影响。长期以来，中国的经济社会发展呈现城乡二元结构，城市与乡村之间的发展差距明显。研究发现，数字经济发展与城乡居民收入差距之间存在 U 形关系，即数字经济发展初期会缩小城乡收入差距，但数字经济的进一步发展会拉大城乡收入差距，产生数字鸿沟问题（陈文、吴赢，2021）。数字经济发展通过影响城镇化和城乡居民相对创业水平影响城乡居民收入差距。在发展早期，数字经济能够促进城镇化以及更多提升乡村的创业水平，但在发展后期，数字经济会导致"逆城镇化"以及更多提升城市的创业水平。农村基础设施建设的推进和农村金融发展水平的提升都可以显著地调节数字经济发展与城乡居民收入差距之间的 U 形关系，加强数字经济初始发展阶段对缩小城乡收入差距的积极作用，抑制数字经济发展后期拉大城乡收入差距的消极作用（陈文、吴赢，2021）。

解决数字不平等问题在当代中国具有重要意义。习近平总书记在中央财经委员会第十次会议上强调，"共同富裕是社会主义的本质要求，是中国式现代化的重要特征"①。实现共同富裕，就要提高发展的平衡性、协调性、包容性。在此导向下，公平、效率和平等在中国会成为更重要的政治和政策议题②。解决数字不平等问题有助于实现更公平的社会资源分配，增进社会公平；有助于推动数字经济发展，提高全社会的生产效率；有助于增加全民接受教育、自我提高的机会，从而提升全民教育水平，对人才的培养起到积极作用。

---

① 《习近平：扎实推动共同富裕》，https://www.gov.cn/xinwen/2021-10/15/content_5642821.htm，最后访问日期：2023 年 10 月 11 日。
② 《黄冬娅：平台企业的兴起改变了中国的政商结构 | 告别 2021·提问思想者⑤》，https://www.jiemian.com/article/6961291.html，最后访问日期：2023 年 10 月 11 日。

第七章　数字经济发展的未来趋势
与政策建议

一　我国数字经济发展的趋势与方向

近年来，互联网、大数据、云计算、人工智能等数字技术加速创新，日益融入经济社会发展各个领域和环节之中。数字经济发展呈现速度快、范围广、影响深的特点，数字经济正在成为重组全球要素资源、重塑全球经济结构、改变全球竞争格局的关键力量。发展数字经济是把握新一轮科技革命和产业变革新机遇的重大战略决策。因此，要把握数字经济发展趋势和规律，正确认识数字经济发展的未来趋势，抓住数字经济发展的关键机遇，并配以一系列政策制度，推动数字经济健康发展。同时，充分发挥海量数据和丰富应用场景优势，促进数字技术与实体经济深度融合，赋能传统产业转型升级，催生新产业新业态新模式，不断做强、做优、做大我国数字经济。

（一）发展根基：数字经济体系从初步构建到安全规范

相较于传统经济形态，数字经济的连接性、渗透性、开放性更强，融入实体经济和社会生活的程度更深。得益于超大规模市场优势，我国数字经济总量规模不断壮大、应用领域不断拓展，在国民经济中的地位持续上升。随着数字经济的快速发展，人们在享受"数字红利"的同时，也面临着"数字风险"带来的挑战。必须统筹发展和安全，为数字经济保驾护航。

1. 数字经济治理体系规范化：从无序生长到健康发展

新一代信息技术创新活跃，大数据、物联网、人工智能等数字经济核心产业创新能力强、成长潜力大、综合效益好，推动经济发展动力从主要依靠资源和低成本劳动力等要素投入转向创新驱动。[①] 数字经济的高收益吸引了一大批企业进入数字经济市场。然而，早期的数字经济发展缺乏统一的顶层设计来指引发展方向，配套的法律制度缺失，对于数字经济发展过程中的伦理道德问题缺少充分的探讨。因此，早期的数字经济发展呈现快速但无序的态势。数字经济健康发展有利于推动构筑国家竞争新优势。为了推动数字经济长期有效发展，必须配以规范化的治理体系，营造健康安全的发展环境。必须进一步加强规范和监管，筑牢数字经济健康有序发展的根基。

近年来，我国愈加重视对数据、算法等领域的治理，加大治理力度，规范平台经济竞争秩序，强化反垄断，查处不正当竞争行为和防止资本无序扩张，数字经济治理成效逐渐显现，已经形成规范有序的健康发展态势。一方面，数字经济立法不断强化，相关法律法规逐渐健全，逐步实现数字经济治理有法可依，近年来相继颁布了《电子商务法》《数据安全法》《个人信息保护法》，并进一步修改了《反垄断法》，不断完善平台企业垄断认定、数据收集使用管理、数据合规共享、消费者权益保护等方面的法律规范，为监管提供法律依据。另一方面，利用数字化信息技术，推行智慧监管，强化政府监管能力，为规范数字经济提供有力抓手。物联感知、掌上移动等技术手段弥补了监管短板，提升了对新技术、新产业、新业态的监管能力，充分加强了对数字经济领域的监测，优化了知识产权保护、反垄断、反不正当竞争、网络交易监管等领域的信息化水平，强化了对平台经济的监管执法。同时，逐步构建统一在线监管平台，实现监管数据和行政执法信息的共享和利用，进一步提升了数字经济发展监管能力。此外，不断促进监管机制创新，尝试建立数字经济部际联席会议[②]等监管协

---

① 《大力推动我国数字经济健康发展》，http://www.qstheory.cn/dukan/qs/2022－01/16/c_1128261733.htm，最后访问日期：2023 年 10 月 11 日。

② 《国务院办公厅关于同意建立数字经济发展部际联席会议制度的函》，https://www.gov.cn/zhengce/content/2022－07/25/content_5702717.htm，最后访问日期：2023 年 10 月 11 日。

调机制，强化部门间协同监管，为规范数字经济健康有序发展形成强大合力。有关部门还重视调动行业自身形成行业自律，明确企业的主体责任和义务，发挥社会各界的监督作用，规范行业发展。总体上坚持发展和监管规范并举，在发展中规范、在规范中发展，通过健全市场准入制度、公平竞争审查制度、公平竞争监管制度，建立全方位、多层次、一体化监管体系，实现事前事中事后全方位领域的监管。

2. 数字经济安全防线牢固：从单纯追求增长到统筹发展和安全

在数字时代，数字化衍生出安全新形势、新需求，驱动安全界限不断向网络物理融合空间拓展，不仅要保障线上网络系统安全可靠运转，更要依托网络保障线下经济社会稳定运行。如上所述，数字经济的连接性、渗透性、开放性更强，融入实体经济和社会生活的程度更深，安全风险也随之提高。在数字中国、数字经济的建设过程中，发展与安全是两大核心命题。数字经济快速发展的同时，也面临"大而不强""快而不优"等问题。为了保障数字经济产业链和供应链稳定，应当强化安全稳定风险监测预警，及时分析研判苗头性问题，尽快解决潜在风险，打通痛点堵点。

随着网络安全问题逐渐向数字业务、应用场景等数字化融合领域延伸，我国也在推动数字经济快速发展的同时不断完善数字安全体系，筑牢数字经济发展安全防线。第一，网络安全防护能力不断强化，逐步完善网络安全监测预警和信息通报工作机制，提升网络安全态势感知、监测预警和应急处置能力，同时进一步健全国家、省、企业三级联动的工业互联网技术检测服务体系。第二，智能化、自动化安全类产品将逐步实现规模化应用，充分在数字经济时代安全体系中凸显重要价值。智能化、自动化安全技术具有多种优势，不仅可实现威胁的快速感知、主动捕获、关联预测、动态对抗，还支持轻量化、场景定制化、全局安全联动部署，有效应对5G、物联网、工业互联网等新技术、新场景衍生出的特殊安全需求。第三，数据安全作为数字安全的重要组成部分，也将迎来发展契机。从市场角度来看，在数字经济时代背景下，无论是综合型网络安全企业还是专精型数据安全厂商，均在加速布局数据安全。从政府治理角度来看，关键信息基础设施安全保护、数据安全保护和网络安全审查等制度不断完善，数据安全和个人信息保护认证体系逐步健全，为保障国家数字安全、网络安全、数据和个人隐私安全提供强大支撑。

（二）高质量发展：数字经济从做大做强转向做强做优

在人工智能、物联网、量子信息等关键数字技术领域不断发展的基础上，数字经济领域的关键核心技术创新力度和优势产业发展质量备受关注，我国正在"做大"基础上努力实现数字经济的"做强做优"。当前，"数量缺口"逐步填满，但"质量缺口"还比较大，数字产业当前正从"数量追赶"向"质量追赶"转换，以培育数字经济长期发展的竞争优势。

1. 产业转型结构优化：从规模扩张转向创新提质

数字经济时代，越来越多的企业在数字生产力和市场需求的双重驱动之下，不断创新研发、设计、生产、服务、运营模式、商业模式，不断在实体与数字空间中优化数字产品与服务的能力。传统产业的数字化转型和数字化产业的创新发展是推动数字经济做强做优的两大重点要求。

从传统产业数字化转型来看，基于工业互联网，传统产业逐渐找到发力点，形成数字生产服务、数字商业模式与数字金融服务有效融合的发展路径。同时，也有越来越多的新型实体企业在数字化时代中凭借技术优势和场景优势，在实体经济数字化转型升级、构建数字产业新生态、技术赋能产业链、供应链等方面发挥重要作用。其中，产业互联网作为产业数字化转型的重要路径与载体，对传统产业具有重要的赋"能"、赋"值"与赋"智"作用，使得研发设计、生产流程、企业管理乃至用户关系等多个环节与维度都呈现智能化发展的趋势，为我国传统产业的生产效率与国际竞争力都开辟出了更加广阔的空间。

从数字产业化发展来看，数字基础设施产业化、创新平台数字产业化、新个体经济的数字产业化等几个部分的发展十分迅速，在拓展规模的同时也将促进数字产业化的提质增效与多元发展。未来，数字技术设施产业化由于政府投入规模的增加将进一步走向大规模产业化，5G、工业互联网、区块链等众多领域将迸发巨大的市场潜能。创新平台数字产业化将在大型平台经济企业的基础上，进一步创新、优化数字生产性服务业的发展，涌现出大量面向企业的新型产业数字服务平台企业。新个体经济的数字产业化发展空间巨大，发展将更加多元与包容，面向数字艺术、新电商、社交等服务市场也将涌现出大量的数字自由职业者，推动数字经济发展更加多元与自由。

2. 数字经济潜力挖掘：从投资拉动转为扩大内需

数字需求指在具备数字技术和经济基础设施后，政府、企业、终端消费者等多元主体对各种数据、网络、应用程序、算力等产生的消费需求。[①]围绕企业主体的数字消费市场主要体现在面向产业集群的数据流通机制上，包括由此产生的大量的数据服务新产业、新业态与新模式；围绕政府的数字消费市场则主要体现在政府公共数据消费的增长上；围绕消费者的数字消费市场则集中体现在数字医疗健康、数字文旅、数字教育、互动娱乐等领域。释放数字需求是拉动数字经济健康稳定发展的根本和数字化转型的内在动力，尤其是直播电商、数字金融、远程办公、虚拟会展等多种新型数字消费的稳定增长更是成为数字经济背景下不可逆的、重要的长期趋势。

在国家扩大内需的战略背景之下，从供需两端双向发力，形成供需良性循环，充分释放数字需求，已经成为突破数字化转型深水区的关键举措。一方面，数字产品与服务的智能化升级将创造出更多的数字新需求，直播经济、虚拟会展等模式再度拓展网络消费空间，文博、电影、旅游等领域数字化创新加快，以及智慧商圈、数字景区等沉浸交互式场景大量涌现，不断激发消费新动能，充分发掘数字经济发展的最大潜能。另一方面，新型数字消费作为拉动内需的重要动力与抓手，充分激发数字新需求可以有效保障数字经济高速度高质量发展。同时，不仅企业、消费者端的需求将引领数字服务与产品的发展与优化方向，政府端的数字消费需求同样可以极大地促进企业供给的快速增长，从而形成良性的数字经济循环。

3. 产业集群规模扩大，从单一竞争转向多边合作

近年来，一批新型实体企业在实体经济数字化转型升级、构建数字产业新生态、技术赋能产业链和供应链等方面发挥了重要作用。部分企业凭借技术优势和场景优势，推动线下实体产业数字化改造升级。新型实体企业是一种兼具数字技术能力和实体属性的新企业类型，不仅自身具有较高

---

① 《数实融合助力产业高质量发展的方法与路径》，http://www.iii.tsinghua.edu.cn/info/1131/3509.htm，最后访问日期：2023 年 10 月 11 日。

的数字化水平，而且具备较强的对外数字技术输出能力。

新型实体企业如何更好地助力实体经济发展，实现"以实助实"，关键在于打通、融合及开放。以西藏为例，京东集团将零售、物流基础设施网络以及供应能力向偏远地区延伸，让西藏农产品上行更有效，让当地购物更便捷，极大释放了西藏的产业发展活力和居民消费潜力。培养新型实体企业，首先要发挥龙头企业的带动效应。龙头企业具备相对完整的产业链和市场规模，要发挥龙头企业的规模效应，以带动中小创新型企业发展。并且，龙头企业应适当为中小企业提供发展机会，通过研发外包、服务外包、制造业务外包等，推动中小企业进行创新，形成产业集群。从政府端来看，需要加大对实体企业的资本与金融支持力度，出台一系列惠企政策，提供相应的税收优惠和补贴，降低新型实体企业的成本。设立更多的孵化器以及更多的公共研发平台，为新型实体企业的发展创造研发交流的空间。

（三）协同发展：经济社会从分散发展走向普惠共赢

普惠共享、满足人民美好生活需要，是数字经济健康可持续发展的根本要义。数字经济发展的最终目的是普惠民生，发展成果由全社会共享。近年来，数字经济在打破时空阻隔、提高有限资源的普惠化水平、方便群众生活、满足多样化个性化需要等方面发挥着不可或缺的作用。我国数字经济发展正转向深化应用、规范发展、普惠共享的新阶段，需要联合相关部门，以加快新型信息技术设施建设、助力行业数字化转型、促进企业融通发展等为抓手，积极推动数字经济发展，促进普惠共赢。

1. 数字经济协同发展：从局部受惠转向共享普惠

数字经济发展速度快、辐射广、影响深，对于推动经济高质量发展具有重要作用。近年来，我国更是因地制宜、精准施策，积极寻找推动数字经济协同发展的现实路径，从根本上改变了我国数字经济大而不强、快而不优的现状。

数字经济协同发展强调释放不同地区的优势，注重发达地区、优势产业的带动作用，通过构建区域间协同发展和优势互补的机制，着力缩小区域间数字经济的发展差距，形成区域数字经济协调发展的格局。随着我国数字经济迈向全面扩展期，数字经济与实体经济加速融合，数字经济活动加快向不同产业链上下游延伸拓展，数字产业化和产业数字化协同发展，促进数字化发展红利从单个环节扩展延伸到整个链条、从相关性强的行业扩展延伸到不同领域、从大型企业扩展延伸到广大中小微企业，从发达地区扩展延伸到欠发达地区，形成普惠共享的数字经济协同发展体系。

城乡融合发展同样是数字经济协同发展的重要抓手，加强中西部不发达地区数字基建建设力度，夯实数字经济发展的基础，是实现城乡数字经济协同发展与普惠共赢的重要趋势。立足资源禀赋条件，优化数字基建布局。例如，中西部地区基于成本优势和土地、气候等多重禀赋条件，可建设超大数据处理中心，提高中西部区域数字基建水平，同时为东部地区提供低成本、高效率、高质量的数据处理服务，从而实现发达地区与不发达地区的产业联动与协同发展。此外，我国数字基建也将逐渐从"重硬轻软"转向"软硬兼顾"，完善硬件建设，优化软件功能，更加高效地建设数字基建，促进数字经济的整体发展与优化。

数字经济协同发展同样强调企业主体之间的跨界合作。在数字时代，企业跨界生存现象频现，原有行业界限模糊甚至相互融合。由于数字技术的广泛应用以及企业组织的数字化，交易成本和组织成本得以同时降低，组织和市场的相互渗透加深，各企业之间通过市场加强沟通，突破了原本竞争为本的生存逻辑，转而追求协同共生。工业经济增长的动能是供应端的规模效应。生产和销售规模越大，整合上下游资源能力越强，边际成本越低，供应能力更强，从而在市场中建立竞争壁垒。数字经济增长的动能从供应端的单边走向供求双边的连接互动。协同激励越充分，供应和需求就越匹配，效率就越高，就能创造出更大的价值。例如，在首届小米 IoT（Internet of Tings）开发者大会上，百度与小米联合宣布，将在物联网（IoT）与人工智能（AI）领域展开合作。[①] 可见，数字经济协同发展也离不开企业之间的相互合作。

2. 数字化治理能力提升：从多元异质到协同共生

数字经济具有数据体量庞大、创新创业活跃、线上线下融合、市场结

---

① 《百度宣布和小米达成深度合作：联手布局物联网、人工智能》，https://www.thepaper.cn/newsDetail_forward_1883132，最后访问日期：2023 年 10 月 11 日。

构复杂等特点，传统经济治理方式越来越难以适应数字经济治理的现实需要。同时，数字经济时代也对政府服务效能提出了新的挑战。在这一背景下，我国越来越重视基于互联网技术与信息化手段来推动传统经济治理变革、升级与重构，优化政府在社会经济服务方面的协同能力，构建规范有序、包容审慎、鼓励创新、协同共治的数字经济发展环境。

在治理方式和治理手段方面，基于大数据的决策支撑能力和数字化手段的综合治理能力是数字经济治理模式进一步创新和优化的一大重要趋势。要充分利用互联网、大数据、云计算、人工智能、区块链等现代信息技术，精准把握数字经济发展成效与存在的问题、分析和判断数字经济发展形势和趋势，在打造数字化政府的基础上系统提升数字经济治理效能，推进政府决策科学化和社会治理精准化，充分提升治理协同效能。

在重塑公共服务模式、提升数字政府服务效能方面，打破信息和数据壁垒、实现跨区域协同是助力数字经济协同发展的关键前提。公共服务逐渐向数字化、网络化、一体化、智能化迈进，未来"跨省通办"事项范围将进一步扩大，电子证照互通互认加快推进，尤其在区域协调发展不断深化的背景下，通过标准对接、数据开放，逐步实现跨省（市）监管协同、高效治理。"一网通办""一网统管""一网协同"的发展与开放共享的数据资源体系的形成，也将为数字经济营商环境建设提供良好氛围与环境，为数字经济协同发展提供坚实保障。

二 优化政策助力数字经济高质量发展

结合国内数字经济发展现状及特点，从推动产业数字化和数字产业化、完善区域数字经济发展顶层设计、优化数字经济治理体系、深化数据要素市场、发展全民数字素养五个方面提出政策建议。

（一）继续推动产业数字化、数字产业化，助力数字经济高质量发展

加快推动数字产业化、推进产业数字化转型成为数字时代推动高质量发展、打造数字经济新优势的重要选择。一方面，产业数字化须从引导企

业制定产业应用场景、建设产业园区、推进数字产业链建设等方面加快转型升级；另一方面，数字产业化发展应当促进新兴技术和前沿领域相结合、提升核心产业发展水平，由政府扶持数字时代新经济形态发展。

1. 进一步加快中国产业数字化转型升级

中国产业数字化转型是中国数字经济的重要增长点，尤其需要关注制造业等传统产业的数字化转型进程。引导企业以产业应用场景为导向，从企业组织架构、业务服务、人才队伍等方面进行数字化转型。积极探索企业经营全过程、全价值链、全要素的应用场景，以解决企业生产经营过程中的问题为目标，以数字化应用场景创新推动技术融合、产品融合、要素融合、网络融合，制定应用场景创新路线图，明确应用场景创新优先级，循序渐进，逐步推进。在此基础上，深入聚焦技术、人才、服务等具体领域的数字化转型，持续完善配套措施。一方面，通过财政激励等政策途径，引导企业积极运用云服务等技术手段推动企业上云、产业上云；另一方面，降低企业数字化转型技术门槛与资金壁垒，推动企业生产链充分数字化转型，充分释放数据在产业中的应用潜力。

推动产业园区与产业集群数字化建设，建设带有5G、工业互联网等数字时代"新基建"的产业园区，以园区集聚推动产业数字化转型，完善产业转型中的数据要素配置以及产业服务供给。首先，引导产业园区加快数字基础设施建设，利用数字技术提升园区管理和服务能力，为促进数据要素配置奠定坚实基础。其次，积极探索平台企业与产业园区联合运营模式，丰富技术、数据、平台、供应链等服务供给，提升线上线下相结合的资源共享水平，引导各类要素加快向园区集聚。同时，围绕共性转型需求，推动共享制造平台在产业集群落地和规模化发展。最后，探索发展跨越物理边界的"虚拟"产业园区和产业集群，加快产业资源虚拟化集聚、平台化运营和网络化协同，构建虚实结合的产业数字化新生态。

完善数字时代产业链、供应链，突破集成电路等产业供应链发展瓶颈，以产业数字化转型推进数字产业链建设。立足不同产业特点和差异化需求，推动传统产业全方位、全链条数字化转型，提高全要素生产率。不断完善5G、集成电路、新能源汽车、人工智能等重点产业供应链体系，深化新一代信息技术集成创新和融合应用，加快平台化、定制化、轻量化服务模式创新，打造新兴数字产业新优势。

2. 提升数字产业与新兴产业发展水平

发挥我国社会主义制度优势、超大规模市场优势，瞄准传感器、量子信息、网络通信、集成电路、关键软件、大数据、人工智能、区块链、新材料等战略性前瞻性领域，提高数字技术基础研发能力，全面推动数字领域科技创新能力提升。以数字技术与各领域融合应用为导向，推动行业企业、平台企业和数字技术服务企业跨界创新，优化创新成果快速转化机制，加快创新技术的工程化、产业化。鼓励发展新型研发机构、企业创新联合体等新型创新主体，打造多元化参与、网络化协同、市场化运作的创新生态体系，支持一批企业、高等院校、科研机构突破关键技术，并将技术突破在产业落地、释放价值。

提升算力行业等数字时代核心行业产业化发展水平，着力提升基础软硬件、核心电子元器件、关键基础材料和生产装备的供给水平，强化关键产品自给保障能力。完善数字时代重点行业产业链、供应链建设，实施产业链强链补链行动，加强面向多元化应用场景的技术融合和产品创新，提升产业链关键环节竞争力。协同推进信息技术软硬件产品产业化、规模化应用，加快集成适配和迭代优化，推动软件产业做大做强，提升关键软硬件技术创新和供给能力。

政策扶持智慧零售、共享经济等数字时代新经济形态发展。推动平台经济健康发展，引导支持平台企业加强数据、产品、内容等资源整合共享，扩大协同办公、互联网医疗等在线服务覆盖面。深化共享经济在生活服务领域的应用，拓展创新、生产、供应链等资源共享新空间。发展基于数字技术的智能经济，加快优化智能化产品和服务运营，培育智慧销售、无人配送、智能制造、反向定制等新增长点。完善多元价值传递和贡献分配体系，有序引导多样化社交、短视频、知识分享等新型就业创业平台发展。

（二）完善区域数字经济发展顶层设计，建设数字空间

区域数字经济的发展呈现"点－线－面"的空间特征，因此推动区域数字经济发展顶层设计需要从三方面层层递进。首先在"点"，推进智慧

城市建设，完善配套基础设施，为数字经济发展奠定基础；其次在"线"，通过产业联动牵引促进城市间数字经济协同发展，推动政策对接、要素流通、技术交流；最后在"面"，以区域数字经济发展规划、产业政策、产学研平台为契机，促进区域数字经济协同发展。

1. 点：智慧城市建设夯实数字经济发展基础

认识到以城市为载体进一步推动数字经济产业发展、发展数字经济需要智慧城市建设落地。加快推进5G等城市数字基础设施建设，为数字经济发展夯实建设基础。立足于城市产业现状以及数字应用场景，因地制宜选择城市数字化转型战略，加快城市内数字基础设施建设，推动原有产业数字化转型并支持新兴数字产业发展。高效布局人工智能基础设施，构建先进普惠、智能协作的生活服务数字化融合设施，提升市政公用设施和建筑智能化水平。在基础设施智能升级过程中，充分满足老年人等群体的特殊需求，打造智慧共享、和睦共治的新型数字生活环境。与此同时，结合新型智慧城市建设，加快城市数据融合及产业生态培育，提升城市数据运营和开发利用水平，着力推进城市数字经济转型发展。

2. 线：产业联动牵引城市间数字经济协同发展

推动区域核心城市与周边城市的政策对接，加快构建数据要素市场规则，培育市场主体，完善治理体系，推动区域城市各领域通信协议兼容统一，打破技术和政策壁垒，努力实现互通互操作，形成完整贯通的数据链，促进数据要素市场流通。搭建全国信息资源共享平台，完善数据要素市场化配置机制，形成统一"数据大市场"，促进数据要素在区域范围内的有序流动，以协同效应突破空间壁垒。与此同时，引导要素高效率配置，为区域数字经济高质量发展提供重要方向。不断完善区域要素的市场化配置，引导各要素向关键领域和高效益、高产出、高技术、高成长性产业流动，推动要素的高效率配置，为区域技术变革与创新研发提供重要基础，助力区域数字化产业转型和结构调整。此外，重视数字时代高质量人才培育，持续加大人力资本投资，加强区域城市间人才互留互通，助力知识经济创新共享，为数字经济提供智力支持。建立城市间长足政策对话与合作机制，政策对话激励数字发展核心城市与后起城市协作，并通过产业转移及需求牵引，产生核心城市数字经济发展对外辐射效应。

3. 面：政策协同促进数字经济空间共振

在国家层面完善区域内数字经济发展的战略规划，结合区域内各个城市的区位、产业、资源优势特点，强化区域内数字经济发展顶层设计。既要充分识别不同区域的资源禀赋与现实产业基础，找准各自发展的优势和短板，制定好具有区域特色的数字经济发展规划，不断释放地区数字经济发展潜力，又要兼顾周边区域数字经济和产业结构状况，一体谋划不同区域在发展数字经济中的定位和作用，有的放矢、精准施策，形成促进区域数字经济协调发展的政策体系。要加强技术、人才、资金、基础设施与公共服务等方面的政策支持，优化法规监管、金融支持、税收激励、网络安全等方面的体制机制，为发展数字经济营造良好环境。

梳理区域内各城市产业链现状，通过产业转移、承接、扶持等方式完善区域内产业要素配置，促进城市间产业发展协同。同时，立足于各城市在产业基础、人才队伍、教育资源、科技创新能力等方面的资源禀赋，一方面通过确立城市发展战略定位以完善城市间数字经济发展分工，打造区域发展协商生态化平台，构建区域科研创新共同体，塑造战略性新兴产业集群和创新链条，带动区域内物资流、资金流、人才流、技术流，构建区域数字经济互动网络；另一方面加强产学研深度融合，基于信息化、数字化和智能化发展需求，深度推进政府、企业、高校三者间的高效联动，打造高度开放和深度创新的区域数字经济高质量发展基地，达到区域内数字经济发展的数据协同、政策协同、产业协同、人才协同。

（三）建立健全中国数字经济治理体系，形成政产学研协同共治生态

数字经济的发展不能仅从企业层面进行改变，更需要从政府、社会层面推进，建立健全数字经济治理体系。政府在治理体系中发挥着至关重要的作用，需要深化数字政府建设，构建和完善政务数据全流程管理体系及数据共享机制，推动"放管服"改革和政产学研合作。

1. 进一步深化数字政府建设

数字政府建设在中国经济社会的数字化转型过程中发挥着重要作用，是构建中国数字经济治理体系的关键抓手，也是国家治理体系和治理能力

现代化的重要推动力。数字政府建设需要强化政府对数据要素的认识。深化数据技术在政务服务流程中的应用，进一步探索"一网通办"等政务服务数字化转型路径，提升利企便民的政务服务能力。政府不仅需要收集与存储数据，还需要通过数据挖掘分析手段将数据应用在政府决策中，提升政府决策的科学性与精准性。

在深化数据与技术应用的同时，我国数字政府建设需要建立健全政务数据全流程管理体系。通过数据全流程管理，在政务数据的采集、存储、分析、共享、赋能各阶段中，提升数据管理体系的制度化、标准化水平，促进政务数据共享的同时及时识别数据风险，确保政务数据安全。

2. 完善政府间、城市间数据共享机制

数据在政府数字化转型中扮演着核心角色。然而，当前我国各层级政府间数据联通与共享机制仍不完善，标准不一、共享意愿低等因素阻碍着政务数据在部门间共享。数字政府建设需要进一步完善纵向横向间政府部门数据共享机制，明确各级政务数据共享的边界及职责，应对政务数据共享中的"不敢共享、不愿共享"等难题，破除"数字孤岛""数字烟囱"等困局，以数据流通与共享提升政府治理水平。

在城市间，数字经济建设需要健全区域间城市数据联动共享机制。建立健全城市间、区域间数据共享框架，制定数据共享标准、共享协议，搭建城市间数据共享技术平台，让数据在城市间畅快流通。强化区域内城市政府间政策交流与沟通，通过在区域级别或省级出台跨城市数据协同机制、在城市间达成数据合作协议、建立跨城市交流平台等途径，破除城市间数据协同的政策阻碍，进一步发挥数据共享在促进区域数字经济协同发展中的作用。

3. 进一步建立健全中国数字经济的多元共治生态

数字经济的健康与可持续发展离不开政产学研各主体的互动与协同，中国数字经济的进一步发展需要完善政府、市场、行业、高等院校、科研机构、社会公众共同组成的数字经济多元共治生态。中国数字经济多元共治生态建设需要坚持政府引领，以政府数字化建设带动数字中国建设，推动全社会数字化转型。

数字化转型有利于促进政府治理能力与治理体系现代化，构建良好数字经济市场。这要求进一步推动政府"放管服"改革，不断优化营商环境，提升政府对企服务能力，支持数字经济企业发展。同时，进一步健全对数字经济产业与平台企业市场行为的监管体系，以立法、设立行业准则等途径落实算法、数据使用的边界与规范，保护数据安全与消费者权益。推动数字企业反垄断行动常态化，打击平台企业在算法俘获、信息扭曲上的数据滥用行为，维护消费者权益，优化数字经济市场生态。

促进数字经济多元共治需要加强政产学研多方合作。在教育界，加快教育体系数字化转型，将数字素养培养有机融入教育教学体系，加强懂技术、懂应用、懂管理的复合型数字经济人才储备；在产业界，加深产业企业与教育研究机构合作，将数字产业需求与学术前沿相结合，以产学研融合加速产业数字化与数字产业化转型；在政府端，继续在推动数字经济共治中发挥关键作用，在推动治理数字化转型的同时，积极出台政策协调数字经济各主体在科技研发、人才培养、市场培育、制度创新等方面的合作，打造数字经济发展的产学研合作生态，包括：财政支持重大前沿高新技术研发项目，促进研发成果在数字产业中的转化；健全数字人力资源平台，完善数字人才保障措施，吸引数字人才进入生态圈；等等。

（四）深化数据要素市场战略，健全全国数据要素市场体系

国内数据要素发展一方面要做大做强全国数据要素市场，完善相关法律体系，建立健全数据要素的流通机制；另一方面要加快构建知识产权制度，以此为数据要素市场发展提供坚实的制度保障。

1. 做大做强全国数据要素市场

推进数据基础设施建设，制定数据要素规范，打造全面与实时的数据共享平台，夯实可信、可用、安全、稳定的数据基础。建立一套适应数据要素规律、保护数据产权、促进数据流通、保障数据安全的法律规范体系，引导数据拥有者、使用者在市场中开放共享数据，助力数据要素市场建设。以数据要素市场化释放数据要素在数字化转型中的价值，通过数据要素交易推进数据在智慧城市建设、区域数字经济协同、政府数字化转型等方面的应用。

2. 健全数据要素知识产权制度

参考现有的全球范围内数据要素知识产权制度的成功经验，结合我国数据知识产权保护实践与我国法律体系特点，完善我国数据要素知识产权制度。针对收集、生成、分析、存储和使用数据的各主体，需要清晰地定义他们的权益，包括数据的所有权、使用权和许可权。加强数据知识产权的行业监管，规范数据要素市场交易，确保数据知识产权制度的平等、公平使用，推动数据要素市场化流动，以激发数据要素市场活力。

（五）发展全民数字素养，强化数字技术人才队伍建设

发展全民数字素养需要由浅入深逐步推进：首先需要缩小数字鸿沟，保障社会公众最基本的数字权益；其次强化数字人才体系建设，为国内数字化转型提供专业人才；最后针对特殊人群深化全民数字素养计划，确保弱势群体在数字时代的发展过程中"不掉队"。

1. 缩小城乡间、区域间数字鸿沟，以数字化推动公共服务普惠化

加快推进乡镇地区、偏远地区数字基础设施建设，提升乡镇地区与偏远地区家庭互联网接入率与手机互联网接入率，缩小城乡之间、区域之间数字接入与使用不平等。结合对口帮扶等路径，通过发展乡村电子商务、乡村电子金融等途径，扶持地区建设数字经济平台，推动城乡之间数字使用平等。以治理数字化转型推动文化教育等公共服务领域普惠化，弥合城乡之间、区域之间数字鸿沟，以城乡数字融合协调城乡数字经济融合。

2. 强化全国数字人才体系建设

通过强化数字技术在高等教育、职业教育中的定位，将数字技术融入课程体系中，加强数字人才培养能力。通过支持企业培训、联合培养等途径，打造一批"懂技术也懂业务"的数字产业复合型人才，服务行业企业数字人才队伍建设。进一步完善数字人才服务平台，通过人才安居、"活水计划"等政策完善人才平台建设，增强数字人才服务保障能力，"筑巢引凤"提升全国数字人才吸引力。引导教育机构、产业企业等主体参与数字人才体系建设，根据产业生产实际需求与数字经济发展现状定制培训课程，以多主体多元共治培养数字技术应用人才。

3. 深化全民数字素养与技能提升计划实施

充分明确数字素养培育在基础教育中的定位，通过基础教育体系提升全民数字素养。建设数字包容型社会，为老年人、残障人士等弱势人群优化数字平台，针对性提升数字时代中弱势人群的数字素养以及数字使用技能，保障弱势群体在数字时代得到公平对待。提高公众对数据使用的认知程度，推广学习、运用数字技术的课程和资源，引导全社会参与使用数据技术，营造全社会认识数据技术、使用数据技术的氛围。

参考文献

白东蕊、岳云康主编，2021，《电子商务概论》（附微课 第5版），中国工信出版集团、人民邮电出版社。

柏培文、张云，2021，《数字经济、人口红利下降与中低技能劳动者权益》，《经济研究》第5期。

包海波、林纯静，2019，《长三角城市群创新能力的空间特征及影响因素分析》，《治理研究》第5期。

卜淼，2022，《国外数字包容政策与实践进展研究——以英国、新加坡、新西兰为例》，《数字图书馆论坛》第7期。

陈本皓，2020，《大数据与监视型资本主义》，《开放时代》第1期。

陈宏民、熊红林、胥莉、杨云鹏、卓训方，2023，《基于平台视角下的数据交易模式及特点分析》，《大数据》第2期。

陈怀超、田晓煜、范建红，2022，《数字经济、人才数字素养与制造业结构升级的互动关系——基于省级面板数据的PVAR分析》，《科技进步与对策》第19期。

陈群峰、周恩惠，2023，《数字经济时代算法价格歧视的反垄断法规制》，《中国政法大学学报》第3期。

陈文、吴赢，2021，《数字经济发展、数字鸿沟与城乡居民收入差距》，《南方经济》第11期。

陈相，2018，《国外先进地区经验对粤港澳大湾区创新发展的启示》，《科技创业月刊》第3期。

丁旭光，2017，《借鉴旧金山湾区创新经验，构建粤港澳大湾区创新共同体》，《探求》第6期。

段博、邵传林、段博，2020，《数字经济加剧了地区差距吗？——来自中国 284 个地级市的经验证据》，《世界地理研究》第 4 期。

樊鹏，2018，《利维坦遭遇独角兽：新技术的政治影响》，《文化纵横》第 4 期。

方创琳，2014，《中国城市群研究取得的重要进展与未来发展方向》，《地理学报》第 8 期。

冯仰存、任友群，2018，《教育信息化 2.0 时代的教育扶智：消除三层鸿沟，阻断贫困传递——"教育信息化 2.0 行动计划"解读之三》，《远程教育杂志》第 4 期。

傅勇、张晏，2007，《中国式分权与财政支出结构偏向：为增长而竞争的代价》，《管理世界》第 3 期。

郭朝先、王嘉琪、刘浩荣，2020，《"新基建"赋能中国经济高质量发展的路径研究》，《北京工业大学学报》（社会科学版）第 6 期。

何宗樾、张勋、万广华，2020，《数字金融、数字鸿沟与多维贫困》，《统计研究》第 10 期。

胡厚翠，2022，《数字经济驱动经济高质量发展的实现路径——以合肥市为例》，《陕西行政学院学报》第 36 期。

黄冬娅、杜楠楠，2022，《平台企业政府事务部门专门化与政企关系发展——基于国家制度环境的分析》，《社会学研究》第 6 期。

黄冬娅、梁渊栎，2022，《超越审查与监管——互联网产业发展中的国家角色》，《文化纵横》第 4 期。

黄群慧、余泳泽、张松林，2019，《互联网发展与制造业生产率提升：内在机制与中国经验》，《中国工业经济》第 8 期。

江小涓、黄颖轩，2021，《数字时代的市场秩序、市场监管与平台治理》，《经济研究》第 12 期。

焦勇，2020，《数字经济赋能制造业转型：从价值重塑到价值创造》，《经济学家》第 6 期。

雷鸿竹、王谦，2022，《中国地方政府数字经济政策文本的量化研究》，《技术经济与管理研究》第 5 期。

李春发、李冬冬、周驰，2020，《数字经济驱动制造业转型升级的作用机理——基于产业链视角的分析》，《商业研究》第 2 期。

李克，2022，《推进 5G 与教育双向赋能和融合创新》，《光明日报》1 月 29 日，第 10 版。

李平、邓洲、张艳芳，2021，《新科技革命和产业变革下全球算力竞争格局及中国对策》，《经济纵横》第 4 期。

李晓华、刘峰，2013，《产业生态系统与战略性新兴产业发展》，《中国工业经济》第 3 期。

李燕，2019，《粤港澳大湾区城市群 R&D 知识溢出与区域创新能力——基于多维邻近性的实证研究》，《软科学》第 33 期。

李正茂、雷波、孙震强、王桂荣、陈运清，2022，《云网融合：算力时代的数字信息基础设施》，中信出版集团。

廉军伟、曾刚，2021，《科创飞地嵌入区域协同创新网络的运行机理——以浙江新昌县为例》，《科技管理研究》第 16 期。

梁炳辉，2023，《数字经济促进共同富裕的影响机制与驱动路径》，《技术经济与管理研究》第 5 期。

刘艳飞、高廷恺，2022，《中国数字产业政策工具特征与范式协同》，《福建论坛》（人文社会科学版）第 10 期。

刘志阳，2023，《让数字消费激发经济新活力》，《光明日报》4 月 17 日，第 2 版。

吕鹏、房莉杰等，2020，《寻找"座头鲸"：中国企业是如何进行社会创新的?》，社会科学文献出版社。

吕鹏、周旅军、范晓光，2022，《平台治理场域与社会学参与》，《社会学研究》第 3 期。

罗小芳、王素素，2021，《数字经济、就业与劳动收入增长——基于中国家庭追踪调查（CFPS）数据的实证分析》，《江汉论坛》第 11 期。

彭艳秋，2023，《合肥："芯屏汽合 + 急终生智"跑出黑马速度》，《中共合肥市委党校学报》第 22 期。

濮小金，2008，《电子商务理论与实践》，机械工业出版社。

钱贵明、阳镇、陈劲，2022，《平台监管逻辑的反思与重构——兼对包容审慎监管理念的再反思》，《西安交通大学学报》（社会科学版）第

1 期。

赛迪智库数字经济形势分析课题组，2021，《2021 年中国数字经济发展形势展望》，《中国工业和信息化》第 1 期。

上海推进科技创新中心建设办公室编，2023，《上海科技创新中心建设报告 2022》，格致出版社、上海人民出版社。

邵春堡，2022，《加快传统产业数字化转型》，《人民日报》11 月 8 日，第 9 版。

沈子奕、郝睿、周墨，2019，《粤港澳大湾区与旧金山及东京湾区发展特征的比较研究》，《国际经济合作》第 2 期。

孙萍，2019，《"算法逻辑"下的数字劳动：一项对平台经济下外卖送餐员的研究》，《思想战线》第 6 期。

田栋、王福强，2017，《国际湾区发展比较分析与经验借鉴》，《全球化》第 11 期。

图书情报知识编辑部，2022，《信息公平与数字包容》，《图书情报知识》第 2 期。

王超贤、颜蒙、张伟东，2023，《数字经济的本质逻辑、边界构成与发展策略——基于产业、"技术－经济"范式和经济形态三重视角的比较分析》，《电子政务》第 1 期。

王道征，2021，《"数字丝绸之路"视域下的中越数字经济合作》，《湖北经济学院学报》第 3 期。

王梦菲、张昕蔚，2020，《数字经济时代技术变革对生产过程的影响机制研究》，《经济学家》第 1 期。

王思霓，2023，《数字经济背景下青年人才培养模式及对策研究》，《中国青年研究》第 4 期。

王先林、方翔，2021，《平台经济领域反垄断的趋势、挑战与应对》，《山东大学学报》（哲学社会科学版）第 2 期。

王园园、冯祥玉，2023，《数字经济、人口红利与共同富裕》，《山西财经大学学报》第 6 期。

吴成鹏、张衔春、胡映洁，2022，《粤港澳大湾区治理框架比较研究：基于制度环境视角》，《热带地理》第 2 期。

夏杰长、刘诚，2021，《数字经济赋能共同富裕：作用路径与政策设计》，《经济与管理研究》第9期。

夏杰长、姚战琪、徐紫嫣，2021，《数字经济对中国区域创新产出的影响》，《社会科学战线》第6期。

谢富胜、吴越、王生升，2019，《平台经济全球化的政治经济学分析》，《中国社会科学》第12期。

熊鸿儒，2019，《我国数字经济发展中的平台垄断及其治理策略》，《改革》第7期。

熊励、蔡雪莲，2020，《数字经济对区域创新能力提升的影响效应——基于长三角城市群的实证研究》，《华东经济管理》第12期。

徐春光，2023，《数字新基建、市场分割与区域经济协调》，《技术经济与管理研究》第4期。

阳镇，2018，《平台型企业社会责任：边界、治理与评价》，《经济学家》第5期。

杨慧梅、江璐，2021，《数字经济、空间效应与全要素生产率》，《统计研究》第4期。

杨巧云、乔迎迎、梁诗露，2021，《基于政策"目标-工具"匹配视角的省级政府数字经济政策研究》，《经济体制改革》第3期。

杨学敏、梅宏、郑跃平，2023，《互联网平台协同监管模式构建：从单一化到整体性——基于复杂适应性系统理论》，《电子政务》第3期。

姚常成、沈凯玙，2023，《要素流动视角下数字经济与区域经济的包容性增长效应》，《经济地理》第4期。

叶林、杨宇泽、李萌，2023，《粤港澳大湾区跨域治理机制探索：基于国际三大湾区的比较研究》，《公共治理研究》第1期。

叶堂林、吴明桓、牛寒茵，2023，《依托数字经济及其产业生态助推区域高质量发展研究》，《工业技术经济》第6期。

游宁龙、沈振江、马妍、邹晖，2017，《日本首都圈整备开发和规划制度的变迁及其影响——以广域规划为例》，《城乡规划》第2期。

余东华、李云汉，2021，《数字经济时代的产业组织创新——以数字技术驱动的产业链群生态体系为例》，《改革》第7期。

余文涛、吴士炜，2020，《互联网平台经济与正在缓解的市场扭曲》，《财贸经济》第 5 期。

占晶晶、崔岩，2022，《数字技术重塑全球产业链群生态体系的创新路径》，《经济体制改革》第 1 期。

张丙宣、华逸婕，2019，《共享经济的监管：一个分析框架——以共享单车为例》，《浙江社会科学》第 5 期。

张贵，2021，《飞地经济的发展逻辑及效能提升》，《人民论坛》第 26 期。

张辉、石琳，2019，《数字经济：新时代的新动力》，《北京交通大学学报》（社会科学版）第 2 期。

张杰、周晓艳、李勇，2011，《要素市场扭曲抑制了中国企业 R&D?》，《经济研究》第 8 期。

张可云、杨丹辉、赵红军、陈晓东、汤正仁，2022，《数字经济是推动区域经济发展的新动力》，《区域经济评论》第 3 期。

张良、吕斌，2009，《日本首都圈规划的主要进程及其历史经验》，《城市发展研究》第 12 期。

张茂元，2021，《技术红利共享——互联网平台发展的社会基础》，《社会学研究》第 5 期。

张明新、常明芝，2019，《5G 应用背景下媒体融合发展的前景》，《新闻爱好者》第 8 期。

张昕蔚，2019，《数字经济条件下的创新模式演化研究》，《经济学家》第 7 期。

张勋、万广华、吴海涛，2021，《缩小数字鸿沟：中国特色数字金融发展》，《中国社会科学》第 8 期。

张岩，2023，《上海数字经济的优势与创新发展研究》，《江南论坛》第 3 期。

赵城琦、后藤秀昭、田中滋夫，2012，《东京首都圈规划修订过程及其成果评价——以第 1~3 次首都圈基本规划为对象》，《城市与区域规划研究》第 1 期。

赵岩、郭小鹏，2019，《日本大都市圈广域联合治理模式创新研究——以首都圈首脑会议为例》，《日本问题研究》第 3 期。

浙江省发展和改革委员会服务业处课题组、张曙明、杨熙，2023，《推动浙江服务业数字化转型》，《浙江经济》第 5 期。

周黎安，2007，《中国地方官员的晋升锦标赛模式研究》，《经济研究》第 7 期。

Bresnahan, T. F. and Trajtenberg, M. 1995. "General Purpose Technologies 'Engines of Growth'?" *Journal of Econometrics* 65 (1): 1, 83 – 108.

Brynjolfsson, E. and Kahin, B. 2000. *Understanding the Digital Economy: Data, Tools, and Research*. MIT Press, Cambridge, MA.

Bukht, Rumana and Heeks, Richard. 2018. "Defining, Conceptualising and Measuring the Digital Economy." *International Organisations Research Journal* 13 (2): 143 – 172.

Frosch, R. A. and Gallopoulos, N. E. 1989. "Strategies for Manufacturing." *Scientific American* 261 (3): 144 – 153.

House of Commons. 2016. "The Digital Economy, House of Commons Business", Innovation and Skills Committee, London.

Kling, R. and Lamb, R. 2000. "IT and Organizational Change in Digital Economies." in *Understanding the Digital Economy*, edited by E. Brynjolfsson & B. Kahin, pp. 295 – 324. MIT Press, Cambridge, MA.

Lane, N. 1999. "Advancing the Digital Economy into the 21st Century." *Information Systems Frontiers* 1 (3): 317 – 320.

Lei, Y. W. 2023. *The Gilded Cage: Technology, Development, and State Capitalism in China*. Princeton: Princeton University Press.

Nambisan, S. 2017. "Digital Entrepreneurship: Toward a Digital Technology Perspective of Entrepreneurship."? Entrepreneurship theory and practice? 41 (6): 1029 – 1055.

Rothwell, R. and Zegveld, W. 1981. *Industrial Innovation and Public Policy: Preparing for the 1980s and 1990s*. London: Frances Printer.

Sun, P., Yujie Chen, and Rani, U. 2023. "From Flexible Labour to 'Sticky Labour': A Tracking Study of Workers in the Food-Delivery Platform Economy of China." *Work, Employment and Society* 37 (2).

Tansley, A. G. 1935. "The Use and Abuse of Vegetational Concepts and Terms. " *Ecology* 16 (3): 284 – 307.

Tapscott, D. 1996. *The Digital Economy: Promise and Peril in the Age of Networked Intelligence.* New York: McGraw-Hill Press.

Tilson, D. , Lyytinen, K. , & Sørensen, C. 2010. "Research Commentary— Digital Infrastructures: The Missing is Research Agenda. " Information Systems Research 21 (4): 748 – 759.

Tse, T. and Li, X. 2022. "Recoupling Corporate Culture with New Political Discourse in China's Platform Economy: The Case of Alibaba. " *Work, Employment and Society* 0 (0).

Zuboff, S. 2015. "Big Other: Surveillance Capitalism and the Prospects of an Information Civilization. " *Journal of Information Technology* 30 (1): 75 – 89.

图书在版编目（CIP）数据

公共治理的数字化转型. 2022：数字经济与治理创
新／郑跃平等著. -- 北京：社会科学文献出版社，
2023.12

ISBN 978 - 7 - 5228 - 2884 - 8

Ⅰ.①公…　Ⅱ.①郑…　Ⅲ.①电子政务 - 研究 - 中国
Ⅳ.①D63 - 39

中国国家版本馆 CIP 数据核字（2023）第 225369 号

公共治理的数字化转型（2022）
——数字经济与治理创新

著　　者／郑跃平 等

出 版 人／冀祥德
责任编辑／胡庆英　孟宁宁　李　薇
责任印制／王京美

出　　版／社会科学文献出版社·群学出版分社（010）59367002
　　　　　　地址：北京市北三环中路甲 29 号院华龙大厦　邮编：100029
　　　　　　网址：www. ssap. com. cn
发　　行／社会科学文献出版社（010）59367028
印　　装／三河市尚艺印装有限公司

规　　格／开本：787mm × 1092mm　1/16
　　　　　　印张：20.25　字数：322 千字
版　　次／2023 年 12 月第 1 版　2023 年 12 月第 1 次印刷
书　　号／ISBN 978 - 7 - 5228 - 2884 - 8
定　　价／128.00 元

读者服务电话：4008918866